高等职业教育新形态精品教材

大学生创新教育与创业指导

主　编　付海涛
副主编　王立霞　张胜男　李　红
参　编　曾实现　莫　玲　谭旭磊
　　　　文晓龙　谭　勇
主　审　张振东

北京理工大学出版社
BEIJING INSTITUTE OF TECHNOLOGY PRESS

内容提要

本书根据高等院校人才培养方案和课程建设目标，针对高等院校学生特点而编写，以培养大学生创新创业能力为目标，是高等院校培养创新创业人才的通识课程教材之一。全书共八个模块，主要内容包括创新认知：创新、创新意识与创新精神，创新思维：枷锁突破与思维重构，创新能力：创新能力培养与创新技法，创业认知：创业、创业者与创业风险，创业准备：创业机会、创业团队与创业资源，创业架构：商业模式与创业计划，创新实践：创新发明与创新创业训练项目，创业实践：新企业的创办与管理。

本书可作为高等院校各类专业的教学用书，也可作为大学生进行创业的参考用书。

版权专有　侵权必究

图书在版编目（CIP）数据

大学生创新教育与创业指导 / 付海涛主编.--北京：北京理工大学出版社，2023.7（2025.1重印）

ISBN 978-7-5763-2568-3

Ⅰ.①大… Ⅱ.①付… Ⅲ.①大学生－创业－高等学校－教材 Ⅳ.①G647.38

中国国家版本馆CIP数据核字（2023）第125717号

责任编辑： 王梦春　　**文案编辑：** 孙　玥
责任校对： 刘亚男　　**责任印制：** 王美丽

出版发行 /	北京理工大学出版社有限责任公司
社　　址 /	北京市丰台区四合庄路6号
邮　　编 /	100070
电　　话 /	（010）68914026（教材售后服务热线）
	（010）63726648（课件资源服务热线）
网　　址 /	http://www.bitpress.com.cn
版 印 次 /	2025年1月第1版第5次印刷
印　　刷 /	河北鑫彩博图印刷有限公司
开　　本 /	787 mm×1092 mm　1/16
印　　张 /	17
字　　数 /	371千字
定　　价 /	46.50元

图书出现印装质量问题，请拨打售后服务热线，负责调换

FOREWORD 前言

党的二十大报告提出:"必须坚持科技是第一生产力、人才是第一资源、创新是第一动力,深入实施科教兴国战略、人才强国战略、创新驱动发展战略,开辟发展新领域新赛道,不断塑造发展新动能新优势。"国家的发展离不开大学生的力量,他们是知识的代表,是科技领域的新生力量。当代大学生肩负着继承和发展民族大业的重要使命,大学生创新创业能力的培养关乎时代发展和社会走向。

创新创业不仅能解决大学生就业难的问题,并进而形成带动就业的倍增效应,缓解就业压力;而且能将创新成果转化为社会和消费使用,带动经济转型,实现产业升级。创新创业是大学生实现自我价值和社会价值的根本途径。大学生凭借自身的知识水平程度,激发内在的创新潜能,通过创业实践,将大学生的创新构想转化为社会现实,从而实现自己的创新和创业梦想。这样,既表明了自身的价值得到了社会的认可,也能通过创新和创业为整个社会的发展做出一定的贡献。

创新创业课程是面向在校学生开设的一门通识教育的必修课程,旨在培养学生的创新创业精神和意识,初步掌握创新创业基本理论,锻炼和提升创业基本素质及能力。通过本课程的学习,要求学生可以达到以下几个方面的目标:第一,培养创新精神和科学创业观。主动适应国家经济社会发展和人的全面发展需求,正确理解创新创业与职业生涯发展的关系,自觉遵循创新创业规律,积极投身创新创业实践。第二,教授创新创业知识。认识创新创业的基本内涵和创新创业活动的特殊性,掌握创新思维、创新方法、创新实践的基本要求,使学生掌握开展创新创业活动所需要的基本知识。第三,提升创新创业能力。掌握创新思维的方法、理论和技巧,掌握创业资源整合与创业计划撰写的方法,熟悉新企业的开办流程与管理,提高创新创业综合素质和能力,重点培养学生识别创业计划、防范创业风险、适时采取行动的创业能力。

本书在结构体系上，本着必需、够用、实用的原则，从解析大学生求职择业的现状入手，按照就业和创业能力培养分解为若干模块构建教材结构体系。每个模块按照学习指南、知识目标、能力目标、素养目标、案例导入、案例思考、实践案例、模块实训来编排内容，涵盖创新认知：创新、创新意识与创新精神，创新思维：枷锁突破与思维重构，创新能力：创新能力培养与创新技法，创业认知：创业、创业者与创业风险，创业准备：创业机会、创业团队与创业资源，创业架构：商业模式与创业计划，创新实践：创新发明与创新创业训练项目，创业实践：新企业的创办与管理，对大学生就业创业进行全程可操作性指导。

本书由山东科技职业学院创新创业教师团队与校外创新创业导师及企业专家联合编写。其中，各章"实践案例"部分取自南昌大学徐鹏杰同学的创业经历，由教育部优秀创新创业导师、山东工大创营创业服务有限公司董事长于世平整理编写；"模块实训"部分由教师团队与潍柴动力股份有限公司管理专家李红、工程师宁召歌及歌尔股份有限公司管理人员程继洋等企业专家共同商讨编写。在此对他们的工作表示衷心的感谢！本书在编写过程中参阅了大量文献，在此向原作者致以衷心的感谢！

由于编写时间仓促，编者的经验和水平有限，书中难免存在不妥和疏漏之处，恳请各位读者批评指正。

编　者

CONTENTS 目录

模块一　创新认知：创新、创新意识与创新精神 ········· **001**

　　任务一　创新概述 ········· 002
　　任务二　创新意识 ········· 012
　　任务三　创新精神 ········· 021

模块二　创新思维：枷锁突破与思维重构 ········· **032**

　　任务一　创新思维概述 ········· 033
　　任务二　突破思维枷锁 ········· 048
　　任务三　重构创新思维 ········· 052

模块三　创新能力：创新能力培养与创新技法 ········· **065**

　　任务一　创新能力概述 ········· 066
　　任务二　培养创新能力 ········· 070
　　任务三　创新技法 ········· 076

模块四　创业认知：创业、创业者与创业风险 ········· **098**

　　任务一　认识创业 ········· 099
　　任务二　创业必备素质 ········· 108
　　任务三　创业风险管理 ········· 119

模块五 创业准备：创业机会、创业团队与创业资源 ········ 132

任务一 识别创业机会 ········ 134
任务二 组建创业团队 ········ 142
任务三 获取创业资源 ········ 158

模块六 创业架构：商业模式与创业计划 ········ 173

任务一 关于商业模式 ········ 175
任务二 商业模式画布 ········ 177
任务三 商业模式类型设计 ········ 185
任务四 关于创业计划书 ········ 192
任务五 创业计划书的撰写 ········ 195
任务六 创业项目路演 ········ 202

模块七 创新实践：创新发明与创新创业训练项目 ········ 209

任务一 开展创新发明 ········ 211
任务二 创新成果的转化与保护 ········ 214
任务三 创新创业训练项目简介 ········ 219

模块八 创业实践：新企业的创办与管理 ········ 232

任务一 新企业组织形式 ········ 233
任务二 新企业选址 ········ 238
任务三 新企业注册登记 ········ 242
任务四 新企业管理 ········ 248

参考文献 ········ 264

模块一
创新认知：创新、创新意识与创新精神

学习指南

知识经济时代是一个创新的时代，我国在党的十七大报告时就提出了"自主创新"的概念，2015年更是号召大众创业，万众创新，同时实施大学生创业引领计划，支持新兴产业创业。当代大学生作为国家建设的后备军、生力军，在走向社会时不仅可以按部就班地去寻找"工作"，实现就业，还可以尝试改变思路，进行创新创业实践，实现自主就业。

创新是人类历史发展的原动力，是人类生存进化的内在客观需要，是经济发展的唯一路径，是人类社会文明与进步的必然选择。

本模块以创新为核心，重点介绍创新概述、创新意识、创新精神三部分内容，使当代大学生对创新、创新意识及创新精神有基本认识，了解其内涵与意义，能够逐步建立起与创新相适应的新观念。

学习目标

知识目标
1. 熟识创新的概念，对创新有基本认识；
2. 了解创新意识的概念、特点，掌握培养创新意识的要点；
3. 了解创新精神的内涵。

能力目标
1. 运用创新的类型对所熟知的企业进行分类；
2. 能够初步树立创新意识。

素养目标
1. 培养大学生的创新意识及创新精神；
2. 养成积极创新的习惯。

案例导入

把饭碗掌握在中国人自己手上

袁隆平一生致力于杂交水稻技术的研究、应用与推广，创建了超级杂交技术体系，为我国粮食安全、农业科学发展和世界粮食供给做出杰出贡献，也让我国的杂交水稻技术一直在世界上处于领先地位。

1961年7月的一天，袁隆平在试验田选种，意外发现一株"鹤立鸡群"的稻株，穗子又大又饱满，籽粒多达230粒，仔细一推算，用它做种子，水稻亩产可达上千斤，而当时高产水稻才不过五六百斤。袁隆平回忆说："我好高兴，把它收起来，第二年播下去，结果呢，没有一株像母株那么好，高的高，矮的矮。我原来抱有很大的希望，结果我失望了，失望之后，突然来了灵感，正是杂交稻才有分离现象。"

而在当时，世界权威遗传学认为水稻不具有杂交优势，这次意外发现，坚定了袁隆平培育杂交稻的信心。灵感来得突然，而研究之路漫漫。在田里逐一寻找三年后，1964年，再次发现一株"天然雄性不育株"，再耗时9年，杂交水稻"三系配套法"终于成功，比常规稻增产20%左右，实现了杂交水稻的历史性突破，为从根本上解决我国粮食自给难题做出重大贡献。

20世纪90年代，美国经济学家布朗向世界发出"谁来养活中国"的疑问。在此背景下，我国提出了超级稻育种计划，袁隆平带领的科研团队接连攻破水稻超高产育种难题，超级稻亩产700千克、800千克、900千克、1 000千克和1 100千克的五期目标已全部完成，一次次刷新世界纪录。目前，我国杂交水稻种植面积超过1 700万公顷，占全国水稻总面积的50%，仅每年增产的粮食就可养活7 000万人。袁隆平用高产、更高产、超高产的现实，对这一世纪发问，给出了中国人自己的答案。

资料来源：廖俊杰，吴建材.创新创业教育[M].广州：广东教育出版社，2019.

案例思考

你认为什么是创新？创新有什么意义？

任务一　创新概述

创新是以新思维、新发明和新描述为特征的概念化过程，是人类特有的认识能力和实践能力，是人类主观能动性的高级表现形式。创新广泛存在于政治、军事、经济、社会、文化、科技、管理等领域，是推动民族进步和社会发展的不竭动力。

一、创新的概念

1. 创新的概念

创新一词古已有之。《广雅》有云,"创,始也";新,与旧相对。创是始的意思,所以,创造不是后造,而是始造,创新就是造出了一个前所未有的事物。《魏书》有"革弊创新",《周书》中有"创新改旧",用新的、好的代替和改造旧的、坏的。现代汉语"创新"一词来源于英语 Innovation(创新)的翻译。其起源于拉丁语,原意有三层含义:第一,更新,就是对原有的东西进行替换;第二,创造新的东西,就是创造出原来没有的东西;第三,改变,就是对原有的东西进行发展和改造。

现代社会,人们对创新有了明确的概念,创新是指人类为了满足自身需要,不断拓展对客观世界及其自身的认知与行为的过程和结果的活动。具体来讲,创新是指人为了一定的目的,遵循事物发展的规律,对事物的整体或其中的某些部分进行变革,从而使其得以更新与发展的活动。

创新包含了以下几种含义:

(1)创新是一种有目的的活动,是为了解决实践问题而发生的。

(2)创新存在于经济、社会、文化、生活的方方面面;创新的主体包括国家、企业、大学、科研院所、团体、个人。

(3)创新的结果是以取得实效为评价尺度的,必须有成效才能称为创新。

(4)创新具有时间和空间上的相对性。

2. 创新与其相似概念的区别

与创新相似的概念有很多,如创意、创造、发现、发明、创业等。

(1)创意。创意主要指人的智慧,是一种能创造物质财富和精神价值的思维。创意最基本的含义就是创造新的主意,也就是通常说的好点子,同时指产生这个点子的逻辑思维过程。但创意往往更多的是早期的构思,而并非一种真正的产品。例如,在马车上安装喷气发动机。好的创意,最终会引导出创新的结果。如果一个好的创意并没有付诸实施,只是停留于口头或纸面,则只可能是创意,不会形成创新的结果。

(2)创造。创造从字面上理解,就是指第一次提出、造出的东西,也就是人首次产生崭新的精神成果或物质成果的思维与行为的总和,其特征表现为首创。例如,科学的发现、技术的发明、文学艺术上的创作等,都是创造性的活动。

(3)发现。发现是第一次明确表述早已存在的客观事实、规律与现象,属于认识世界性质,从而获得天然性的成果。例如,牛顿发现万有引力、法拉第发现电磁感应现象等。

(4)发明。发明是通过思维或试验过程首先为一项科学或技术难题找到或发现了解决方案、解决方法,属于改造世界性质,获得非天然性成果。例如弓箭就是发明,因为弓箭不是天然存在的,而是人们创造出来的。再如,五笔字型输入法、电动自行车、手机等。

(5)创业。创业是指创新的实践性应用。这个概念比较好理解。例如,"苹果皮之父"潘泳的奋斗过程。

创新、创意、创造、发现、发明、创业这六个概念既相互区别，又相互联系。而且这六个概念的界限并不是非常明确，有时会出现重合，例如，发明和发现可以说是创造，创意、发明、发现往往是创新的前期阶段。

通过比较说明，创新不仅包括研发阶段，还包括推广阶段。创新是充分运用发明、发现等，将其转化为市场中可交易的商品。直白地说，创新是把作坊或实验室中诞生的成果投放到市场中去。只有当新的东西出现在消费市场或以新的方式被生产出来时，才可以称为创新。

案例 1-1

创新，为人民美好生活添砖加瓦

2021年12月8日，国家药品监督管理局应急批准腾盛华创医药技术（北京）有限公司新冠病毒中和抗体联合治疗药物安巴韦单抗注射液及罗米司韦单抗注射液注册申请。这是我国首个获批的自主知识产权新冠病毒中和抗体联合治疗药物，标志着中国拥有了首个全自主研发并经过严格随机、双盲、安慰剂对照研究证明有效的抗新冠病毒特效药。

中国首个抗新冠病毒特效药获批上市，背后离不开"创新"二字。从高端医疗设备研发，到药物"绿色制造"，从重大呼吸系统疾病的防、诊、治，到中医药临床疗效的评价规范……越来越多科技工作者面向人民生命健康，立足医学科技自立自强，集中力量开展关键核心技术攻关，推动我国健康科技创新整体实力大幅提升。

科技创新深刻影响着国家经济发展水平，同样也深刻影响着人民生活福祉。2021年6月25日，中国首条高原电气化铁路拉萨至林芝铁路（简称"拉林铁路"）正式开通运营。中国国家铁路集团有限公司牵头组织国内机车车辆科研和装备制造企业组建创新联合体，成功研制了复兴号高原双源动力集中动车组，在拉林铁路开通时同步上线运营，历史性地实现了复兴号对31个省区市的全覆盖，"坐上动车去拉萨"的梦想得以实现。

2021年7月，中国具有完全自主知识产权的高速磁浮交通系统正式下线，因600公里的时速被网友称为"贴地飞行"。高速磁浮是全球交通科技竞争的战略高地，这标志着中国已掌握常导高速磁浮全套技术和工程化能力。未来，在城市群内的高速通勤化交通、核心城市间的一体化交通和远距离高效连接的走廊化交通等应用场景中，高速磁浮可以满足人们多元化的出行需求。

核能供热示范工程投产让人们感受到了冬日的温暖；特高压输电技术将我国西部、北部的清洁能源输送到全国；地质灾害信息平台实现灾害精准化监测预警，为生命安全提供科技守护；太阳能警示灯等科技设备护航车辆安全通行；层出不穷的新业态扩容就业"蓄水池"、带动消费升级……科技创新、模式创新等创新元素渗透到衣食住行的各个方面，为14亿中国人的美好生活不断添砖加瓦。

资料来源：廖俊杰，吴建材. 创新创业教育[M]. 广州：广东教育出版社，2019.

二、创新的特点

创新与发明不同。发明是指通过试验，促成新概念、新设想或新技术的产生，它是一种科技行为。创新本质上是一个经济概念，是把新概念、新设想或新技术转变成经济上的成就。创新具有以下特点：

（1）目的性。任何创新活动都有一定的目的，它贯穿创新过程的始终。创新强调效益的产生，它不仅要知道"是什么""为什么"，还要知道"有什么用，怎样才能产生效益"。所以，创新是一个创造财富、产生效益的过程。

（2）变革性。创新是对已有事物的改变和革新，是一种深刻的变革。

（3）新颖性。创新不是模仿、再造，而是对现有的不合理事物的扬弃，革除过时的内容，确立新事物。因此，新颖性是创新的首要特征。

（4）超前性。创新以求新为灵魂，具有超前性。这种超前是从实际出发、实事求是的。

（5）价值性。创新有明显、具体的价值，对经济社会具有一定的效益。创新可以重新组合生产要素，从而改变资源产出，提高组织价值。创新利润对于企业来说是最重要、最基础的部分。

（6）风险性。创新可能成功，也可能失败，这种不确定性就构成了创新的风险。因此，在创新过程中，只准成功、不许失败的要求，实际上是不切实际的。只能通过科学的设计与严格的实施，来尽量降低创新的风险。

（7）动态性。创新是一个动态的过程。在知识经济条件下，唯一不变的就是一切都在变，而且变化得越来越快。因此，任何创新都不可能是一劳永逸的，只有不断地变革和创新，才能适应时代的要求。

案例 1-2

"00后"大学生创业者

李同学是一名大学生，他从小就爱发明创造，获得多项国家、省、市级创新大赛奖项和专利，是大家眼中的"科技达人"，并因此走上自主创业之路。李同学选择的创业方向是中小型禽类智能屠宰系统，这是一个相对冷门的领域。

李同学的父母从事乳鸽屠宰加工，利润低到每只乳鸽只有 0.1～0.3 元，还要面对激烈的同质化竞争。李同学刚升上初中二年级时，就积极响应国家"大众创业、万众创新"的号召，发明了道路安全节能照明系统，获得广东省青少年科技创新大赛一等奖。他发明的城市斜坡（挡土墙）坍塌自动预警系统获得第 30 届全国青少年科技创新大赛二等奖。由于闲暇时常在父母工作的屠宰场帮忙，一个关于自动化屠宰的念头，开始在这个"科技小达人"的脑海中萌生。

上了高中后，李同学逐步改进、设计出一套家禽自动加工系统。"自动化屠宰设备最大的特点是节省人力，比如说以前在屠宰点，需要安排一个人放血，一个人煮热水,一个人脱毛,至少三个人才能正常运作。现在只需一个人加一台设备就可以运作了,一个月至少可以节约一万多元的开支。"这套系统让李同学的父母劳动时得以解放双手,也让李同学对书本上写的"科技是第一生产力"有了更深的理解。

升入大学就读机器人自动化专业后,李同学更加努力和拼搏,他对创新驱动发展有了更多认识,在创新创业领域也获得一些成就。他带队斩获全国大学生机器人大赛季军,立项并结题多个大学生创新创业训练计划国家级、省级项目,同时迅速将自主研发的自动化屠宰设备迭代。之后他与团队注册了公司,推开了创业之门。公司办公场所由政府免费提供,也获得了经费和政策支持。不过,李同学很快就发现,创业比单纯的科技竞赛难得多。禽类加工利润每只为几角到几元,机器一有失误,进货价几十元一只的活禽就达不到销售标准,哪怕只有1%的次品率,都会亏钱。整个创业团队的成员都是大学生,没有自己的流水线,所以只能借用其他屠宰场的流水线和活禽进行测试,每个月有7~12天往返于学校和屠宰场之间。团队根据屠宰场老板的需求和建议不断研究改进系统,在技术上精益求精,设计上尽量在保证质量的前提下兼顾经济性,研发贯穿自动烫毛、脱毛、掏膛、冲洗全流程,并在短时间内进行了7轮产品迭代,获得7项发明专利。

在中国的"00后"一代中,有千千万万个像李同学这样的创业一族。"十四五"时期,中国经济发展更加追求质量和效益,加强科技创新是重要着力点。

资料来源:廖俊杰,吴建材.创新创业教育[M].广州:广东教育出版社,2019.

三、创新的类型

1. 思维创新

思维创新是一切创新的前提,其重点是改变传统的观念模式,建构全新的思维观念。

创新思维直接表现为一种创新性思维活动,任何人都不应该封闭自己的思维。如果思维成为定势,就会严重阻碍创新。"只有想不到,没有做不到"就是思维创新的真谛。

2. 理论创新

理论创新是指人们在社会实践活动中,突破原有理论体系或框架的束缚,对旧理论和方法进行新修正,形成对理论禁区和未知领域的新探索。理论创新的"新"体现在以下三个层次。

(1) 突破原来的整个理论体系、理论框架。

(2) 在原有体系和框架上对若干内容有所突破、修正,改写或添加新内容。

(3) 对理论禁区或认识上的未知领域进行积极和大胆的探索。

3. 产品创新

产品创新就是研究、开发和生产出更好的、满足消费者需要的产品。具体表现在以下几个方面。

(1) 开发出具有新功能的产品。例如,3D打印行业的翘楚3D systems发布的

Cube3D 打印机。

（2）产品结构方面的改进。例如，电子记事本、笔记本计算机、超薄洗衣机等都是通过改进原有产品结构获得市场认可的。

（3）外观方面的改进。例如，苹果计算机一度依靠推出彩壳流线型 PC 机，而显著提高了市场占有率。

4. 技术创新

技术创新是指采用新的生产方法或新的原料生产产品，以达到保证质量、降低成本、保护环境或使生产过程更加安全省力的目的。技术创新可在以下 4 个层面上实现。

（1）革新工艺路线，这是生产方式思路的改变。例如，用精密铸造、精密锻造、粉末冶金代替金属切削生产复杂的机械零件，可大大缩短生产周期、降低成本。

（2）替代和重组材料。例如，从环保角度出发，以农产品为原料生产的一次性水杯、餐具和包装盒等工业产品。

（3）革新工艺装备。例如，用计算机绣花机代替手工绣花；用数控机床代替手动操作机床等。

（4）操作方法的革新。例如，用更省力、更高效的操作方法，代替过去的一些传统的、不适应现代技术进步的操作方法。

5. 制度创新

制度创新是指人们在现有的生产生活环境下，通过创设新的、更能有效激励人们行为的制度或规范体系，来实现社会的持续发展与变革。制度创新的核心内容是社会、政治、经济和管理等制度的革新，其直接结果是激发人们的创造性和积极性，促使新的知识和社会资源的合理配置，产生新的社会财富，最终推动社会的进步。

6. 管理创新

管理创新是指企业把新的管理要素（包括管理方法、管理手段、管理模式等）或要素组合引入企业管理系统，以有效地实现组织目标的活动，是组织管理者为科技创新活动创造的必要保障条件。"正确地做事情，做正确的事情"的管理理念就是对管理创新的一种实践。例如，美国通用汽车公司在 20 世纪 20 年代采用事业部制，解决了统一领导与分散经营的矛盾，使规模经营与适应市场的要求得到了统一，极大地增强了竞争力。

案例 1-3

华为的崛起——创新是企业发展的动力

2000 年，任正非在《创新是华为发展的不竭动力》一文中写道："华为 10 年的发展历程，使我们体会到，没有创新，要在高科技行业中生存下去几乎是不可能的。"

华为的创新实践之一：技术创新

华为到 2012 年年底已拥有 7 万多人的研发队伍，占员工人数的 48%，是全球各类组织中研发人数最多的公司。从 1992 年开始，华为就坚持将每年销售额的至少 10% 投入研发。仅 2013 年这一年，华为就为研发投入了该年销售额的 12.8%，多达

53亿美金。在过去10年的研发投入中,更是累计超过200亿美金。华为在全球有16个研发中心,2011年又成立了面向基础科学研究为主的2012实验室,这可以说是华为的秘密武器。

截至2017年年底,华为共有74 307件授权专利。仅2018年上半年,就产生授权专利1 775件。在中国企业中,华为的发明专利排名第一。

华为在欧洲等发达国家市场的成功,得益于两大架构式的颠覆性产品创新,一个叫作分布式基站(是新一代用于完成网络覆盖的现代化产品),另一个叫作SingleRAN,后者被沃达丰的技术专家称作"很性感的技术发明"。这一颠覆性产品的设计原理,是指在一个机柜内实现2G、3G、4G三种无线通信制式的融合功能,理论上可以为客户节约50%的建设成本,也很环保。

华为的竞争对手们企图对此进行模仿创新,但至今未取得实质性突破,因为这种多制式的技术融合背后有着无比复杂的数学运算,并非简单的积木拼装。正是这样一个有革命性、颠覆性的产品,过去几年给华为带来了欧洲和全球市场的重大斩获。

华为的创新实践之二:"工者有其股"的制度创新

作为一个民营企业,任正非完全可以拥有华为的控股权。但任正非一反常理,从华为创立的第一天起,他就让知识管理者和劳动者为他们自己打工。到目前为止,华为有将近8万股东,可谓"工者有其股",这无疑是人类商业史上未上市公司中员工持股人数最多的企业,也无疑是一种创举,既体现了创始领袖的奉献精神,也考验着管理者的把控能力:如何在如此分散的股权结构下,实现企业的长期使命和中长期战略,同时满足不同股东的各种利益诉求,其实是极富挑战的——前无经验可循,后有诸多挑战。

总的来说,华为在管理领域最大的制度创新就是"全员持股"。这是华为最大的颠覆性创新,也是华为创造奇迹的根本所在。

华为的创新实践之三:产品微创新

早期,无论是西方公司还是华为,卖设备给运营商都是采取代理商模式,但是,华为改变了这种做法,由代理模式改为了直销模式。这个模式起初是被逼出来的,由于华为早期产品质量不过硬,经常出问题,公司只能守着客户去服务。华为的老员工经常说一个词,叫作"守局",这里的局指的是邮电局,就是今天的运营商。由于设备随时会出问题,华为那些年轻的研究人员、专家,经常在一台设备安装之后,就守在偏远县、乡的邮电局一两个月,白天设备在运行,晚上就跑到机房去检测和维护。设备不出问题是侥幸,出故障是大概率。

由此逼出了华为的微创新文化。例如,华为的交换机卖到湖南后,一到冬天就会有许多设备短路。为了查找原因,公司把一台出故障的设备拉回深圳。技术人员夜以继日地研究到底哪里出了问题,最后发现外壳上有动物(猜测是老鼠)的尿渍残留,就猜想是不是症结在这儿?

经过反复试验,他们最终确定,老鼠尿液里所含的某些成分是导致设备短路的原因。湖南冬天的时候老鼠在屋内到处窜，交换机上的污渍可以肯定是老鼠尿。于是，华为的工程师们就针对这一具体问题进行产品改造，解决了问题。

华为能够从一家小公司成长为让全球客户信赖的大企业和行业领导者，其多年不间断的、大量的贴近客户需求的微创新是一个重要因素。正是由于华为跟客户频繁地、零距离地沟通，才改变了西方公司独霸电信市场的格局。

华为的创新实践之四：市场开发创新

任正非的管理带有鲜明的军人特色，如"一点两面三三制"。尖刀队先在前面撕开口子，两翼部队蜂拥而上，把这个口子从两边快速拉开，然后，"华尔街就是你的了"。

"一点两面三三制"是华为公司的一种经典的市场作战方式，对华为多年的市场成功助益甚多，至今仍然被市场一线的指挥官们奉为经典。

除此之外，华为还有"重装旅"。一线营销人员发现机会后，立即报告给公司。总部马上成立商务、技术等专家组（重装旅）奔赴前线。

华为的创新实践之五：决策体制的创新

美国的美世咨询（Mercer）公司在2004年对华为进行决策机制的咨询。让任正非主持办公会，任正非不愿意，就提出了一个模型，叫作轮值COO。7位常务副总裁轮流担任COO，每半年轮值一次。轮值COO进行了8年，结果是什么呢？

首先，是让任正非远离经营，甚至远离管理，变成一个头脑越来越发达，"四肢越来越萎缩"的领袖。真正的大企业领袖在企业进入相对成熟阶段时一定是"畸形"的人，脑袋极其发达，聚焦于思想、文化和企业观念层面的建设；"四肢要萎缩"，四肢不萎缩，就会时常指手画脚，下面的人就会无所适从。

10年前，任正非是"大半个"思想家和"小半个"事务主义者。10年后，任正非完全脱离开事务层面，成为完全意义上的华为思想领袖。轮值COO的成功实践，促使了华为在3年后又开始推行轮值CEO制度。EMT管理团队由7位常务董事组成，负责公司日常的经营管理，7个人中3位是轮值主席，每人轮值半年。3年来的运营效果是显著的，最大成效之一是决策体系的动态均衡。

其次，避免了山头问题。任正非认为，华为的轮值COO、CEO制度，从体制上制约了山头文化的坐大，为公司包容、积淀了很多五湖四海的杰出人才。同时，这种创新体制也使整个公司的决策过程越来越科学化和民主化。今天的华为已经从早年的高度集权演变到今天的适度民主加适度集权的组织决策体制。

轮值CEO制度，相对于传统的管理理论与实践，可以称得上是划时代的颠覆性创新，在有史可寻的人类商业管理史上恐怕找不到第二例。有中国学者质疑这一体制的成功可能性，但至少华为迄今为止的试验是相对成功的。

资料来源：刘雅丽，刘亚革，李红英，等.创新创业案例与分析[M].2版.北京：高等教育出版社，2023.

四、创新的基本原则

在创新活动中遵循创新原则是提升创新能力的基本前提，是攀登创新云梯的基础。有了这个基础，就掌握了开启创新大门的"金钥匙"。

创新原则就是指创新活动所依据的法则或标准，是我们在创新活动和创新过程中需要遵循的原则。

1. 科学原理原则

创新必须遵循科学技术原理，不得违背科学发展规律。

2. 市场评价原则

创新要想经受市场考验，实现商品化和市场化，就要按市场评价的原则来分析，就要考察创新对象商品化和市场化的发展前景，看它的性能是否优良、价格是否优惠。

3. 相对较优原则

创新不盲目追求最优、最佳、最美、最先进。在创新过程中，利用创造原理和方法，可以获得许多各有千秋的创新设想，这时，就需要人们按相对较优的原则，对设想进行判断选择。

4. 机理简单原则

在创新的过程中应始终贯彻机理简单原则，可进行如下检查：①新事物所依据的原理是否重叠，超出应有范围；②新事物所拥有的结构是否复杂，超出应有程度；③新事物所具备的功能是否冗余，超出应有数量。

5. 构思独特原则

所谓"构思独特"，可从以下几个方面来考察：①创新构思的新颖性；②创新构思的开创性；③创新构思的特色性。

6. 不轻易否定原则

不轻易否定原则是指在分析评判各种产品创新方案时应注意避免轻易否定。在飞机发明之前，科学界曾从理论上对飞机进行了否定的论证；过去也曾有权威人士断言，无线电波不可能沿着地球曲面传播，无法成为通信手段。以上事例告诉我们：不要随意在两个事物之间进行简单比较，我们应在尽量避免盲目地、过高地估计自己设想的同时，注意珍惜别人的创意和构想。

以上是在创新活动中要注意并切实遵循的创新原则，这些都是根据千百年来人类创新活动成功的经验和失败的教训提炼出来的，是创新智慧和方法的结晶。它们体现了创新的规律和性质。按创新的原则去创新并非束缚思维，而是把创新活动引到安全可靠、快速运行的大道上来。

五、创新的一般过程

从心理学角度来说，创新过程一般可分为准备阶段、酝酿阶段、顿悟阶段和验证阶段；从时间和空间角度来说，创新过程一般可分为明确问题阶段、确定方案阶段、实行方案阶段、回顾总结阶段；从创造性解决问题的角度来说，创新过程包括六个阶段，分别是界定问题阶段、设定目标阶段、确定手段阶段、解法最优化阶段、制作和验证阶段、说服他人阶段。三个角度的分析从不同侧面说明了创新的过程，其中，心理学角度的分析更侧重思维领域的发展过程；时间和空间角度的分析更侧重于方案的选择与回顾阶段，即更多地考虑了确定方案之后创新过程会出现的一系列可能性发展；创造性解决问题的角度的分析更侧重于创造力的训练过程，相对来说涉及的过程发展更完整。

为此，结合各个角度的分析，可将创新过程分为问题定义阶段、方案产生及评价阶段和营销推广阶段三个阶段。

第一阶段：问题定义阶段。问题定义阶段就是界定问题阶段，即要弄清是什么样的问题或问题究竟是什么，问题的核心是什么，问题的要害是什么，问题的影响程度、重要程度有多大等。只有对问题的这些方面明确界定后才能把握问题。例如，明确问题是否事关全局的根本性问题；是重点问题，还是一般问题；是表面性问题，还是潜在的深层次问题；是占主导地位的主干性问题，还是处于受支配地位的枝节性次要问题；是普遍性的问题，还是特殊性的问题；是现实问题，还是将来问题；是长期性问题，还是短期性问题；是新问题，还是老问题等。总之，要找到问题的要害和关键。这里要运用矛盾分析的方法去解剖矛盾、识别矛盾、分析矛盾的活动过程。需要注意的是，由于矛盾的不定性和变动性，在界定问题时应充分注意问题的相对性、变化性。问题的相对性是指问题的重要程度、影响力都是相对的，同一问题在不同的场合和条件下其重要程度及影响力是不同的，问题作用力度的大小也是不同的。问题的变化性是指问题性质和作用都是在不断变化的，在一些场合是关键、主要的问题，而在另一些场合则有可能是次要的、一般的问题；在一定场合下的次要问题，在另一些场合很可能会成为根本、关键的问题，这就要根据具体的时间、地点、条件来认识和分析问题，这样才能真正把握住问题。

在这个基础上，选准创意问题，即选准作为创新对象的问题，以明确创意需要及能够解决什么问题。创意要做什么，必须是准确无误的，否则就会导致创意失误。如选择了力所不能及的，在现有条件、能力及主观努力下无法解决的问题，那就必然碰壁，遭到失败。如果确定要解决的问题轻而易举，则又失去了创新的意义。因此，创新活动必须正确界定需要解决的问题，就是要在识别创意问题的基础上，合理选择最有意义而又有能力解决的问题作为首要问题。我们都知道，无论组织或个人，在一定的时间阶段总会面临一系列的问题，而且由于人们的资源和精力在一定时间阶段总是有一定限度的，不可能同时解决所面临的所有问题，只能集中力量一个个地解决。为此就要首先选择关键性或有影响性的重点问题加以解决，即按照轻重缓急、先后顺序解决。这就必然要求在对问题进行识别的同时，对创新问题做出最合理的选择。一般来说，应把最具有现实意义和普遍意义，同时是社会活动主体最感兴趣，又有能力解决的问题作为努力方向；如果把所有存在的问题都作为创新对象一锅煮、一把抓，那就必然造成吃力不讨好、最终一事无成的后果。经过问题定义阶段，找到真正的问题，也就是创意问题。

第二阶段：方案产生及评价阶段。在找到问题的基础上，设定目标，根据设定的具体目标来确定方案。产生的方案并不一定是最适合的方案，或者是最优的方案。所以要将方案投入实践，检验方案的可行性。

第三阶段：营销推广阶段。产生的最终可行方案并不是创新的最终结果。创新是商业化的过程，应该通过合适的营销手段将停留在研究领域的创新方案和创新成果转化为对社会有意义、能够产生经济效益的创新效果。

案例 1-4

共享单车服务——摩拜单车的兴起

摩拜单车成立于 2015 年，它的出现彻底改变了中国的城市交通 Landscape，推动了共享经济的发展。

摩拜单车的创新之旅从洞察社会需求出发。随着城市化进程的加快，中国的城市居民在短途出行上面临诸多挑战，如交通拥堵、环境污染及公共交通的不足。摩拜团队识别到了这一痛点，他们着手寻找一种环保、便捷且经济的解决方案。

接下来是创意阶段，摩拜单车提出了"无桩共享单车"的概念，这是一种通过移动互联网应用来租借和还车的新型服务模式。用户通过手机 App 就能找到最近的单车，使用后可以随意停放在合法区域，供下一位用户使用，实现了单车的智能共享。

为了将创意转化为现实，摩拜投入大量资源进行产品研发，包括设计轻便耐用的自行车、开发智能锁及搭建后台数据管理系统。在确保了产品的可行性和安全性之后，摩拜开始在上海进行了小规模的市场测试。

市场测试的积极反馈促使摩拜迅速扩大规模，推广至更多城市。在不断扩张的过程中，摩拜团队继续收集用户反馈，优化产品和服务，如增加了车辆种类、改善了车辆定位系统、推出了多样化的收费模式等。

这个案例展示了一个完整的创新过程：从洞察社会需求出发，到创意构思，再到产品的研发与市场验证，最后是持续的优化和规模扩张。摩拜单车不仅解决了人们的出行问题，也促进了绿色出行理念，它的成功体现了中国企业在创新过程中的灵活与迅速，同时也引领了全球共享经济的趋势。

任务二　创新意识

一、创新意识的概念

创新意识是指人们根据社会和个体生活发展的需要，引起创造前所未有的事物或观念的动机，并在创造活动中表现出的意向、愿望和设想。它是人类意识活动中的一种积极的、富有成果性的表现形式，是人们进行创造活动的出发点和内在动力，是创造性思维和创造力的前提。

创新意识与创造性思维不同，创新意识是引起创造性思维的前提和条件，创造性思维是创新意识的必然结果，两者之间具有密不可分的联系。创新意识引导着创新行为，具有较强的能动性，是创新型人才必须具备的条件之一。因此，创新意识的培养和开发是培养创新型人才的起点。

二、创新意识的特点

1. 新颖性

新颖性是创新的主要特征。创新意识或是为了满足新的社会需求，或是用新的方式更好地满足原来的社会需求，创新意识是求新意识。

2. 社会历史性

创新意识是以提高物质生活和精神生活水平需要为出发点的，而这种需要很大程度上受具体的社会历史条件制约。在阶级社会里，创新意识受阶级性和道德观的影响与制约。人们的创新意识激起的创造活动和产生的创造成果，应为人类进步和社会发展服务。创新意识必须考虑社会效果。

3. 个体差异性

人们的创新意识和他们的社会地位、文化素质、兴趣爱好、情感志趣等相对应，这些因素对创新起着重大的推动作用。而这些方面，每个人都会有所不同，因此对于创新意识的影响因素既有社会背景因素，又有文化素养和志趣动机等因素。

三、创新意识的构成

创新意识包括创新动机、创新兴趣、创新情感和创新意志。其中，创新动机是创造活动的动力因素，能推动和激励人们发动及维持创造性活动；创新兴趣能促进创造活动的成功，是促使人们积极寻求新奇事物的一种心理倾向；创新情感是引起、推进乃至完成创造的心理因素，正确的创新情感可以推动成功创造；创新意志是创造者在创造中克服困难、冲破阻碍的重要因素，具有目的性、顽强性和自制性。

1. 创新动机

动机是激发和维持个体的活动，并使这种活动朝着一定目标努力的内部心理倾向。与其他活动一样，创新活动也是受到动机的直接驱动而产生的。创新动机，是指引起和维持个体进行创新行动的内在驱动力，是创新行为的动力基础。动机作为人的积极性的重要源泉，是激发人们进行各种活动的直接原因。创新动机是促使个人潜在创新能力向实际的创新行为转化的动力。恩格斯说过："就个人来说，他行动的一切动力，都一定要通过他的头脑，一定要转变为他的愿望的动机，才能使他行动起来。"

创新动机在创新活动中主要有三个方面的功能：①激活功能。创新动机激发、推动个体产生创新行为。②指向功能。创新动机总是使创新活动指向一定的目标或对象。③维持与调节功能。创新动机一旦引起创新实践会使人表现出极大的积极性，维持创新过程。个体能否继续坚持或如何做调整和改变，也会受到创新动机的调整和支配。

创新动机并不是单一的，而是多元的，这既与创新主体的价值取向和个人特质有关，也与社会和企业组织的环境背景相关。总体上，创新动机可分为内部动机和外部动机。

案例 1-5

对虾专家韩光祖的故事

我国著名对虾专家韩光祖，从大学生物系毕业后，分配到山东海洋水产研究所，研究对虾的生长特性和洄游规律。由于韩光祖在校主攻淡水生物，而现在研究海洋生物，用非所学，困难重重，他几次想要跟领导申请调换工作。有一次他听说，对虾本是我国的特产，但由于我国对其研究水平很低，有关科研论文都是外国学者发表的，因而连对虾的名学都被冠以"东方对虾"而不叫"中国对虾"，并且由于我国科学技术落后，不能及时大量地捕捞，致使我国这种特有资源洄游到公海，成为其他国家争夺的对象。韩光祖深为我国对虾科研水平的落后而痛心，决心奋发图强、迎难而上。从此，他数十年如一日地进行观察、试验、分析，终于揭开了对虾的婚配之谜、繁殖之谜及洄游之谜。韩光祖还创造性地开展了虾情预报的研究工作，由于他采用了新颖的科学方法，因而预报的准确性逐年提高。

资料来源：孙博，何欣，刘夕媛. 大学生创新创业教育 [M]. 南京：河海大学出版社，2019.

2. 创新兴趣

兴趣是人们力求探究某种事物和从事某项活动的意识倾向。它表现为人们对某件事、某项活动积极的态度和情绪反应，并且使人对感兴趣的事物给予优先的注意。创新兴趣则是对挑战陈规、创造新事物、提出新方法等感兴趣，热衷于从事创新活动。创新对象的奥秘对人有巨大的吸引力，创新的结果给人以希望和召唤，创新本身就是一种强烈的引起兴趣的刺激物。拥有创新兴趣的人，更能全神贯注、积极热情地调动一切潜能进行创新实践，更易于发现问题，探索未知领域，并且感到轻松愉快，不知疲倦地钻研。

创新兴趣引导着创新目标的确立、创新能力的开发，人们总是优先根据自己的兴趣来选择合适的创新内容和方向。对创新的强烈兴趣，是进行创新活动最重要的心理条件之一。美籍华人、诺贝尔奖获得者丁肇中说："我可以两天两夜，甚至三天三夜都待在实验室里，守在仪器旁，我热切地希望发现我所要探索的东西。"创新兴趣是构成创新动机的成分之一，创新兴趣可以激发我们积极的情感，为创新建立良好的心境；可以增强我们克服困难的勇气，形成良好的创新意志品质。不过，创新兴趣只是创新活动的开始，也并非所有的创新兴趣都会引发实质的创新行为。因为创新兴趣有"了解的兴趣"和"理解的兴趣"。"了解的兴趣"只是浅尝辄止的了解阶段，要继续上升到"理解的兴趣"才能真正走上创新之路。所以创新兴趣还存在创新品质的问题，需要培养真正能推动创新的兴趣。

案例 1-6

兴趣是米利肯成功的阶梯

诺贝尔物理学奖得主罗伯特·安德罗·米利肯，小时候有一次看到伐木工人飞速跳上木排把一条跃上水面的鱼轻巧地逮住了，这情景引起了米利肯的兴趣。以后，每逢父亲把船停在河岸边时，他就在船头和系船的码头之间跳来跳去。一次，他从船上纵身一跳，想跳回到岸上，由于船后退了，结果他摔到河里。父亲赶忙把他救起，给他擦干身上的水渍。米利肯就盯着父亲好奇地问："爸爸，为什么我向前跳，而船却向后退呢？""那是因为你纵身向前跳时对船有一种反向推动作用，船在水中就向后移动，这种现象物理学上叫作'反冲现象'。由于船向后移，使你跳的速度变小了，所以，你就掉进水里了。"听了这番话，米利肯高兴得两眼眯成一条线，多么有趣的"反冲现象"，它竟能把人抛到河里去！这对他来说实在是太奇怪了，印象太深刻了。日后回忆起这件事的时候，他风趣地说："这是我上的第一次'反冲现象'课。"

米利肯8岁那年，父母把这个机灵的孩子带到了费城。对费城的一切，米利肯都很感兴趣，而最能引起他兴趣的，就属电话了。当他从父亲那儿听说贝尔公司要举办一个展览会时，就打定主意自己也做个"电话装置"。父亲热情地支持他："希望你成为一个小小的电话专家！"父亲的赞语，在米利肯的心坎上燃起了试验的烈焰。他立即做了两个纸筒，在底面糊上纸，然后由纱线代替导线串着，在100米的距离内和邻居的孩子通话。当然，他这部再简单不过的"电话装置"没能运到展览会去展览，但他对科学研究感兴趣的幼芽，由此便一点点萌生，伴随着米利肯从读书到科学研究，从少年时代到青年时代。

资料来源：陈承欢，杨利军，王磊.创新创业指导与训练[M].2版.北京：电子工业出版社，2022.

3. 创新情感

创新活动的主体是具有知觉、情感、意志的人，人们在认识世界和改造世界的创新实践中，不但认识了周围的事物，并且对它们做出评价，产生一定的态度，引起相应的情感体验。创新情感是指创新主体对创新的主观情感体验，包括对创新及创新过程涉及的各方面内容，它是主体进行创新活动的情感力量，对创新活动的维持和调节起着很大的作用。英国著名科学家贝弗里奇指出："情感上的敏感性也许是科学家应具有的一种可贵品质。无论如何，一个伟大的科学家应该被看作是一个有创造性的艺术家，把他看成一个仅按照逻辑规则和试验规章办事的人是非常错误的。"

4. 创新意志

任何创新既有可能取得成功，也有可能遭受失败，即使成功，过程也是曲折的。创新是一项艰苦的探索活动，人们在创新中常会遇到各种内部心理和外部环境造成的障碍与挫折，只有意志顽强的人，才能冲破重重障碍，完成创新。意志是人自觉地确定目标，并支配行动，克服困难，实现目标的心理过程。意志是人类独有的心理活动形式，它使人类具有高度的主动性和创造性。

创新就是一种意志行为，创新的特征就是要克服困难，做前人和别人没有做的事，可以说意志就是力量，意志是创新的支柱。创新意志是有意识、有目的、有计划地调节和支配创新活动的心理现象。创新意志是在创新情感的基础上产生的，没有情感就不可能产生任何意志。创新意志又使创新情感具有了目的性，使创新情感能够按照人的价值需要进行发展。

四、创新意识的作用

1. 体现国家、民族的创新能力

创新意识是决定一个国家、民族创新能力最直接的精神力量。在当代，创新能力实际就是国家、民族发展能力的代名词，是体现一个国家和民族解决生存、发展问题能力的最客观、最重要的标志。

2. 推动社会的进步

创新意识根源于社会生产方式，它的形成和发展必然进一步推动社会生产方式的进步，从而带动经济的飞速发展，促进上层建筑的进步。创新意识进一步推动人的思想解放，有利于人们形成开拓意识、领先意识等先进观念。创新意识会促进社会政治向更加民主、更加进步的方向发展，这是创新发展需要的基本社会条件。这些条件反过来能促进创新意识的扩展，也有利于创新活动的进行。

3. 提高人的综合能力

创新实质上确定了一种新的人才标准，它代表着人才素质变化的性质和方向，它传达出以下重要的信息：社会需要充满生机和活力的人、有开拓精神的人、有新思想道德素质和现代科学文化素质的人。它客观上引导人们朝着这个方向提高自己的素质，使人的本质力量在更高的层次上得以发展。它进一步激发人的主体性、能动性、创造性，从而使人自身的内涵得到进一步丰富和扩展。

五、良好的创新环境可激发创新意识

创新力的发挥，要靠内在的动力，也要靠外在的条件。社会环境对创新的影响和制约体现在社会生活的各个层次、各个领域。

1. 家庭环境

宽松、良好的家庭环境对一个人孕育创新能力有着重要作用。好的家庭生活是严格和民主并重的家庭生活。这里，孩子能受到严格训练，又能够自由地发表自己的见解，自己独特的见解能受到重视和理解，能发展自己的自主和创新意识。

2. 学校环境

好的学校不仅教给学生知识，而且教给学生运用和更新知识的能力，鼓励学生独立思考、全面发展。这样，学生才能在知识的海洋里自由地航行，才能使创新能力不断伸展。

3. 群体环境

人们更多以团体的形式进行创新活动。好的团体把最终目标实现于挖掘团体中存在的创新潜力，培养出创新人才。好的团体善于解决冲突和矛盾，并把团体内的紧张转化为一种公平竞争的意识，转化为一种激发力，而不是破坏力。在这样的团体中，个人的创新力在群体结构中发挥出来，其效益是成倍增加的。

4. 社会环境

历史证明，专制和昏庸的统治会泯灭人们的创新力。好的体制中既有庄严的法律，又有丰富且多样化的政治经济和文化生活；既要求国家的统一意志，又注意发展每个人的独立人格，把自己的政治纲领和经济繁荣建立在全体人民创新力极大发挥的基础上。

同时，在社会生活中，人人对发明创新表示羡慕和敬意，就是对创新者的最高奖赏，就是对民族创新力的最大激励，在这个社会中，就必定是人人乐于推陈出新，创新人才也就大量涌现；反之，如果人人随大流，居中庸，不求有功，但求无过，民族的创新力就会败落衰退。许多曾经在历史上光辉灿烂的民族，后来落伍了，有的甚至已从文明史上消失了，这就是压抑自身创新力的结果。

总之，无论哪一层次、哪一领域的社会环境，都会影响人们创新力的发挥。它或者激励创新力的生长和发展，或者压抑创新力的生长和发展，其作用是不可忽视的。

案例 1-7

良好的创新环境助力深圳大发展

在我国，深圳被认为是全球最具活力的创新中心之一。这个城市的成功故事能够充分展示良好创新环境对激发人的创新意识的巨大影响。自 1980 年成为改革开放的试验田以来，深圳就一直致力于打造一个有利于科技发展和创业的环境，并因此在短短几十年间从一个小渔村转变成一座国际化的大都市。

深圳市政府非常注重创新基础设施的建设。在全市范围内，成立了许多高科技园区和技术孵化器，如著名的深圳高新技术产业园和南山科技园。这些园区提供了先进的研究设施、资金支持和政策优惠，吸引了大量国内外的高科技公司和研发机构进驻。

除了基础设施，深圳市还通过政策引导和激励机制增强创新氛围。例如，政府为创业企业提供税收减免、人才房和创业资金等多种支持，同时实施了便利化改革以降低创业门槛。这些举措极大地激发了人们的创新精神和创业热情。

更重要的是，深圳拥有完善的产业生态系统和企业之间的协同效应。在这里，从供应链到制造，再到市场推广和销售，所有环节都能高效协同工作，从创意到产品的转化过程变得迅速而顺畅。这种产业生态不仅吸引了创业者，也吸引了众多国内外投资者的关注。

深圳的例子清楚地表明，良好的创新环境能够吸引人才、资金和先进技术，促进创意的产生和实现，从而推动整个城市的经济发展和社会进步。正是这种环境，让深圳成为中国乃至全球的创新型城市的典范。

六、培养创新意识

1. 树立问题意识

实践表明，一切创新活动都源于对问题的发现。问题意识能驱使个体积极思考，不断提出问题和解决问题。可以说，树立问题意识是培养创新意识的基础。

（1）培养批判意识。培养批判意识首先要求我们合理看待权威，勇于批判。我们要改变自己的工作方式和思维方式，不让自己被习惯束缚，学会用质疑的眼光看待传统的假设，从而得到真正想要的结果。

与此同时，树立批判意识需要我们把握系统性原则，合理批判，避免以偏概全或只顾眼前利益。事物都是由一定的结构和层次组成的有机体，所以培养批判意识应坚持系统观念，如果在批判的过程中无法把握事物的系统性，那么这个批判是站不住脚的。

（2）打破思维定式，善于捕捉问题。个体要成功捕捉问题，应从克服从众心理、打破思维定式入手。首先，个体需要克服盲从，保持高度的自信，独立做出判断；其次，个体需要增强自制力，在做出独立判断后不轻易改变，主动地顶住反对者所带来的群体压力，坚持执行已有的决定。

（3）多角度思考问题的解决办法。个体应努力培养独立思考能力和观察能力，学会从多角度分析和思考问题，学会重新界定问题，学会以质疑的眼光看待传统的假设，学会换一个角度，从产生问题的外围环境而非问题本身来思考解决问题的方式。

2. 激发创新动机

根据动机的来源，创新动机可分为内部创新动机和外部创新动机。

（1）激发内部创新动机。首先，准确评估自身潜能，分析自身的特长、发掘潜能。

其次，保持良好的精神状态。舒畅的心情能使人的思维活跃起来，只有思想无拘无束，灵感才能层出不穷。如果一个人的情绪总是十分紧张，长此以往，他的大脑神经系统将会受到伤害，思维反应将会变得迟钝，甚至影响其日常行为能力。

再次，营造轻松的环境。轻松的环境有助于个体充分地放松和想象，达到"忘我"状态，可以最大限度地激发和释放潜能。

最后，进行积极的归因。积极地归因有助于让个体在成功的时候感到满意和自豪，在失败的时候不至于太悲观，同时也可以减少个体内心的焦虑与内疚感。

（2）激发外部创新动机。动机是推动人活动的内部心理过程，因此，任何外界的要求、力量都可以转化为人的内在需要，成为活动的推动力量。

首先，借用外部创新动机激发内部创新动机。个体在刚刚接触一个新事物或进入一个新领域时，由于对新事物或新领域不熟悉，很难产生强烈的内部创新动机，此时个体可适当采取奖励强化法利用外部创新动机去支撑行为，即当自己对一项工作不感兴趣但又必须完成时，可以事先与自己做个约定——在完成一部分工作后给自己一个奖励，并设定一个奖励标准。

其次，在创新活动过程中，严格执行奖励标准。个体一定要在自身的创新活动结果达到一定的水平时再给自己奖励。

最后，避免外部创新动机抑制内部创新动机。促使个体创新的外在动机有很多，如外部的奖励、他人的赞赏等，但过分强调外部创新动机会使内部创新动机减弱，甚至使其完全消失。因此，个体在内部创新动机被激发出来后，要学会逐步弱化外部创新动机，使创新行为真正满足个体内在的需要。

3. 培养创新兴趣

（1）创造培养兴趣的环境。环境对人的影响是巨大的，创新氛围浓厚的环境有利于创新兴趣的培养。作为创新者的大学生，要主动创造有助于培养兴趣的环境，具体包括物理环境和心理环境。

从物理环境来看，大学生应尽量选择创新氛围浓厚的环境，与富有创新精神的人在一起。环境对兴趣产生影响的一个重要形式是榜样发挥模范作用。在创新氛围浓厚的环境里，创新榜样将不知不觉地影响大学生，在潜移默化中激发大学生的创新兴趣。另外，大学生还应积极参加社会实践活动，增加创新兴趣的广度和深度。

从心理环境来看，大学生应保持心理安全和心理自由，在无拘无束的思维空间中孕育创新兴趣。为培养创新兴趣，大学生可从以下三个方面来行动：①永远对这个世界保持好奇心、探索欲，具备不断开拓进取的品质；②增强自我成就动机；③培养对自我的积极期望，促使自身行为朝着良性的方面发展。

（2）尝试激发创新兴趣。大学生尝试激发创新兴趣可以从感受日常生活中的创新带来的乐趣开始，学会带着审视的眼光去观察和思考自己生活的环境，学会关心和关注周围的事物或现象。

对不了解的创新活动不轻易说不感兴趣，学会从简单的尝试开始。个体可以先给自己制定一些小目标，让自己在实现小目标后体验到活动过程带来的成功与喜悦，兴趣也就逐渐产生了；再者，可以将一项比较复杂的任务分解为几个子任务，从比较容易的子任务入手，这样容易增加创新的信心。

另外，兴趣是可以转移的，个体可以合理运用兴趣的可转移性。作为新一代的大学生，我们应该有意识地把自己的兴趣转移到创新活动中去。

（3）合理地自我强化。自我强化是指个人依据强化原理安排自己的活动或生活，每实现一个小目标即给予自己一些物质上的或精神上的"报酬"，直到最终目标实现。自我强化可以用来培养兴趣爱好，使个体保持兴奋的状态并保证其行为活动的持续开展。自我强化根据强化物的不同，可分为物质强化和精神强化。

物质强化，也就是个体在进行创新活动之前，先为自己制定一些活动标准，在活动过程中时常将自己的活动情况与标准进行比较，如果达到了所制定的活动标准，就予以自己一定的物质奖励。除了物质强化，个体更应关注的是精神强化，也就是通过精神、心理方面的体验来强化自身的创新兴趣。每个人都会自发地进行精神强化，如在创新过程中努力寻求积极的心理体验（主要包括"快乐""喜悦""自豪""满足"等积极的情绪和"成就感""荣誉感"等人类比较高层次的需要）。个体在创新的过程中应扬长避短，发挥自己的特长和优势,让创新的过程和创新的成果给自己带来积极的心理体验,不断强化参与创新活动的兴趣。另外,在创新的过程中,挫折是难以避免的,个体要勇于面对挫折的考验,学会正确对待挫折,避免负性强化导致兴趣消退。

(4)培养创造意志。创造意志是在创造中克服困难、冲破阻碍的心理因素,创造意志具有目的性、顽强性和自制性。爱迪生在1 600多次试验的失败后,仍能坚持不懈,在竹丝灯泡能够使用以后,还能继续研发,改进为钨丝灯泡。在日常学习生活中,大学生应培养严谨求实、坚持不懈、一丝不苟的优良品格才能取得创新的成功。

案例 1-8

同学们都喜欢的"创意星火"

浙江省的某所初中校内,为了培养学生的创新意识,学校开展了一个名为"创意星火"的项目。这个项目的核心是鼓励学生将日常生活中遇到的问题转化为创新的机会,从而激发他们的创新动机和兴趣。

项目的第一步是开设了一个创新思维课程,该课程旨在教授学生们如何观察生活、提出问题并构思解决方案。课程中,教师引导学生通过头脑风暴、思维导图等方法来扩展思维,并鼓励他们提出尽可能多的创意。

接下来,学校设立了一个创意实践基地,提供了一系列工具和材料,如3D打印机、电子元件和机械工具,供学生将他们的想法变为现实。另外,学校还邀请了来自不同行业的专家和创业者来校举办讲座及指导,为学生提供实际经验的分享和启发。

在一个学期的时间里,学生们被鼓励以小组的形式合作,共同开发一个创新项目。每个小组从问题的发现开始,一步步地对他们的想法进行研究和试验。在此过程中,学生不仅学会了如何运用技术手段,更重要的是学会了如何团队合作,如何应对失败和挑战。

最终,学校举办了一场创新成果展示会,展示了学生们的成果。这些项目包括了智能花盆、自动垃圾分类器等多个领域的作品。展示会上,学生不仅向全校师生展示了他们的产品,还分享了他们探索和实践的过程。

通过"创意星火"项目的实施,学生们的创新意识得到了显著提升。他们学会了如何从身边的现象中寻找灵感,如何将抽象的想法转化为具体的解决方案。项目成功地激发了学生的创新热情,锻炼了他们的创新能力和坚持不懈的意志。这个例子证明了,通过结合理论教学和实践操作,可以有效地培养和提升学生的创新意识。

七、培养大学生创新意识的意义

1. 培养大学生创新意识是培养创新人才的需要

科技要发展,人才是关键。科技的发展需要不断创新,科技的创新需要的是创新型人才。创新型人才需要有强烈的求知欲和好奇心,也就是要有创新意识,同时还要有坚强的意志。大学生朝气蓬勃、充满活力,对他们进行创新意识的培养,能够使其更好地开展创新活动,更好地为科技发展、国家发展贡献力量。

2. 培养大学生创新意识是高校素质教育的核心

我国教育的根本是促进大学生的全面发展,提高大学生的综合素质。在信息时代,知识的更新周期不断缩短,由此带来了职业的快速更迭。大学生只有不断学习新知识,保持终身学习的能力,才能不断创造,在社会竞争中占有一席之地。同时,高校作为人才培养基地,肩负着为国家建设输送人才的重要使命,为了适应国家发展,创新人才的培养刻不容缓。要想培养创新人才,创新意识的培养尤其重要。

3. 培养大学生创新意识是提高国家竞争力的需要

随着知识经济时代的到来,科技创新成了社会发展的主导力量。尤其是互联网的飞速发展,给人们的生活带来了无限方便,同时人们对科技创新的依赖越来越强。国家之间的竞争也体现在科技创新上,要想提高我国的国际竞争力,提高科技水平刻不容缓。大学生作为科技创新的主体力量,无疑在国家科技水平提升方面起着重要作用,培养大学生的创新意识,提高创新能力,对于提高国家的科技水平和国际竞争力意义重大。

任务三　创新精神

一、创新精神的概念

创新精神是指能够综合运用已有的知识、信息、技能和方法,提出新方法、新观点的思维能力,以及进行发明创造、改革、革新的意志、信心、勇气和智慧。

二、创新精神的内涵

什么是创新精神?具体来说,创新精神的内涵包含以下两个方面。

1. 推陈出新精神

创新精神是一种勇于抛弃旧思想、旧事物,创立新思想、新事物的精神。例如,不满足已有认识,不断追求新知识;不满足现有的生活生产方式、工具、材料、物品等,根据实际需要或新的情况不断对其进行革新;不墨守成规,敢于打破原有规则,探索新的规律、新的方法;不迷信书本、权威,敢于根据事实和自己的思考,质疑书本和权威;不盲目效仿别人的想法、说法、做法,能够独立思考,坚持说自己的话,走自己的路;不喜欢大众化,追求新颖、独特、与众不同……这些都是创新精神的具体表现。

案例 1-9

金手天焊——记时代楷模、全国劳动模范高凤林

说高凤林是"金手天焊",不仅因为早期人们把用比金子还贵的氩气培养出来的焊工称为"金手";还因为他焊接的对象十分金贵,是有火箭"心脏"之称的发动机;更因为他在火箭发动机焊接专业领域达到了常人难以企及的高度,"金手天焊"是高凤林技艺高超、屡屡攻克焊接技术难关的写照,更是新时代航天高技能工人风采的体现。

矢志报国,航天事业练就焊接神技

刚迈出校门的高凤林,走进了人才济济的火箭发动机焊接车间氩弧焊组,跟随我国第一代氩弧焊工学习技艺。为了练好基本功,他吃饭时习惯拿筷子比画着焊接送丝的动作,喝水时习惯端着盛满水的缸子练稳定性,休息时举着铁块练耐力,更曾冒着高温观察铁水的流动规律。渐渐地,高凤林日益积攒的能量迸发出来。

20世纪90年代,为我国主力火箭长三甲系列运载火箭设计的新型大推力氢氧发动机,其大喷管的焊接曾一度成为研制瓶颈。全部焊缝长度近900米,管壁比一张纸还薄,焊枪停留0.1秒就有可能把管子烧穿或焊漏,一旦出现烧穿和焊漏,不但大喷管面临报废,损失百万,而且影响火箭研制进度和发射日期。高凤林和同事经过不断摸索,凭借着高超的技艺攻克了烧穿和焊漏两大难关。然而,焊接出的第一台大喷管,X光检测显示,焊缝有200多处裂纹,大喷管将被判"死刑"。高凤林没有被吓倒,他从材料的性能、大喷管的结构特点等方面展开分析与排查。最终,在高层技术分析会上,他在众多技术专家的质疑声中大胆直言,是假裂纹!经过剖切试验,在200倍的显微镜下显示他的判断是正确的。就此,第一台大喷管被成功送上了试车台,这一新型号大推力发动机的成功应用,使我国火箭的运载能力得到大幅提升。

勇于创新,自我突破成就专家工人

高凤林在工作中敢闯敢试,坚持创新突破,将无数次"不可能"变为"可能"。某型号发动机组件,生产合格率仅为35%,但需要半年内拿出大批量合格产品。该产品采用的是软钎焊加工,而高凤林的专业是熔焊,这是一次跨专业的攻关。高凤林从理论层面认清机理,在技术层面把握关键。他跑图书馆、浏览专业技术网站,千方百计搜寻国内外相关资料。每天,高凤林带领组员在20多平方米的操作间进行试验,两个月里试验上百次,厘清了两种材料的成因机理,并有针对性地从环境、温度、操作控制等方面反复改进,最终形成的加工工艺使该产品的合格率达到90%。

不断取得的成功没有让高凤林飘飘然,他反而越来越感到知识的可贵,认为操作工人应该用智慧武装头脑,更好地指导实操作业。离开学校8年后,高凤林重新走进校园,捧起课本,开始了长达4年艰苦的业余学习。他白天穿梭于工作现场、训练场、课堂,晚上抱着两摞厚厚的书籍学习到凌晨三四点。功夫不负有心人,高凤林先在技术比赛中取得了实操第一、理论第二的好成绩,不久又拿到了盼望多年的大学专科文凭,之后他又完成了本科到研究生的学习。

"不仅会干，还要能写出来指导别人干。"高凤林一直这样要求自己。在操作难度很大的发动机喷管对接焊中，高凤林研究产品的特点，灵活运用所学的知识，提出了"反变形补偿法"进行变形控制，后来这一工艺获得了国家科技进步二等奖；他还主编了首部型号发动机焊接技术操作手册等行业规范，多次被指定参加相关航天标准的制定。自学、实践、总结、再实践的过程，让高凤林逐渐成为国内权威的焊接专家，成为大家眼中把深厚的理论与精湛的技艺完美结合的专家型工人。

"事业为天，技能是地"，高凤林参加工作30多年来，默默奋战在火箭发动机系统焊接第一线，他敢为人先、勇于创新，艰苦奋斗、甘于奉献，为中国航天事业的发展做出了突出贡献。他热爱自己的祖国和所从事的事业，以主人翁的责任感、刻苦钻研的精神、无私奉献的态度，走出了一条成才之路，成为新时代高技能人才的楷模。在他身上劳模精神得以发扬光大，散发出更多的光和热，汇聚成这个时代宝贵的精神财富。

资料来源：何雪利，王永祥.从零到卓越：创新与创业导论[M].上海：上海交通大学出版社，2022.

2. 科学精神

创新精神是科学精神的一个方面。第一，创新精神以敢于摒弃旧事物、旧思想，创立新事物、新思想为特征，同时，创新精神又要以遵循客观规律为前提，只有在符合客观需要和客观规律时，创新精神才能顺利地转化为创新成果；第二，创新精神提倡新颖、独特，同时又要受到一定的道德观、价值观、审美观的制约；第三，创新精神提倡独立思考、不人云亦云，但并不是不倾听别人的意见、孤芳自赏，而是相互交流、团结合作；第四，创新精神提倡大胆尝试、不怕犯错误，但这并不是鼓励犯错误，只是在科学探究过程中出现错误是不可避免的；第五，创新精神提倡不迷信书本、权威，但并不是反对学习前人经验，因为任何创新都是在前人成就的基础上进行的。总之，要用全面、辩证的观点看待创新精神。只有具有创新精神，我们才能在未来的发展中不断开辟出新的天地。

三、如何培养创新精神

创新精神是一个国家和民族发展的不竭动力，也是一个现代人应该具备的素质。那么，作为新时代的大学生，应当如何培养创新精神呢？

1. 对所学习或研究的事物要有好奇心

中国工程院院士、电子光学和光电子成像专家周立伟提道，好奇心是求知的原动力，提出一个问题往往比解决一个问题更为重要。能提出问题，说明在思考问题。在学习过程中，自己如果提不出问题，那才是最大的问题。好奇心包含强烈的求知欲和追根究底的探索精神，要想在茫茫学海中获取成功，就必须有强烈的好奇心。正像爱因斯坦说的那样："我没有特别的天赋，只有强烈的好奇心。"

2. 对所学习或研究的事物要持有怀疑态度去探索

对所学习或研究的事物要持有怀疑态度，不要认为权威专家、教授的研究没有错漏。一般来说，专家、教授的专业知识渊博、精深，我们应该认真地向他们学习。但是，事物在不断地变化，有些知识现在适用，将来不一定适用。任何知识都有可能存在缺陷和疏漏，专业知识随着时间的推移也会得到扩展。对待我们所学习或研究的事物，应做到：不要迷信任何权威，应大胆地怀疑。这是我们创新的出发点。

3. 对所学习或研究的事物要有追求创新的欲望

强烈地追求创新的欲望，可以促使创造者进一步创新，获得更多的发明创造。要创新，我们需要有坚持不懈的毅力，勇敢面对困难，要有克服困难的决心，不要怕失败，要相信——失败乃成功之母。

4. 对所学习或研究的事物要有求异的观念

创新不是简单的模仿。要想获得创新精神和创新成果，必须要有求异的观念。求异实际上就是换个角度去思考，从多个角度去思考，并将结果进行比较。求异者在看问题时往往比常人更深刻、更全面。

5. 对所学习或研究的事物要有冒险精神

创造实质上是一种冒险，创造者否定人们习惯了的旧思想、旧模式，可能会遭受公众的反对。创新性的冒险不是那些危及生命安全的冒险，而是一种合理性冒险。对所学习或研究的事物具有冒险精神，有助于我们最大限度地挖掘自己的创造潜能。

6. 对所学习或研究的事物要做到永不自满

一个具有创造性思维的人如果害怕突破旧有模式，或已习惯了一种固定的思维方式而不能产生新思想，就会逐渐变得故步自封，停止了创造。为此，我们对所学习或研究的事物，要做到永不自满，敢于突破自己的极限，以获得更好的发展。

四、我国实施创新驱动发展战略的重要意义

党的十九大报告提出要"建设科技强国"，并强调"创新是引领发展的第一动力"，要"坚定实施创新驱动发展战略"。党的二十大报告进一步提出："必须坚持科技是第一生产力、人才是第一资源、创新是第一动力，深入实施科教兴国战略、人才强国战略、创新驱动发展战略，开辟发展新领域新赛道，不断塑造发展新动能新优势。"在我国，实施创新驱动发展战略具有特别重要的意义。

（1）实施创新驱动发展战略，对我国形成国际竞争新优势、增强发展的长期动力具有战略意义。改革开放以来，我国经济的快速发展主要源于发挥了劳动力和资源环境的低成本优势。进入发展新阶段，我国在国际上的低成本优势逐渐消失。与低成本优势相比，技术创新具有不易模仿、附加值高等突出特点，由此建立的创新优势持续时间长、竞争力强。加快实现由低成本优势向创新优势的转换，可以为我国持续发展提供强大动力。

（2）实施创新驱动发展战略，对我国提高经济增长的质量和效益、加快转变经济发展

方式具有现实意义。科技创新具有乘数效应，不仅可以直接转化为现实生产力，而且可以通过科技的渗透作用放大各生产要素的生产力，提高社会整体生产力水平，有力推动经济发展方式的转变。

（3）实施创新驱动发展战略，对降低资源能源消耗、改善生态环境、建设美丽中国具有长远意义。实施创新驱动发展战略，加快产业技术创新，用高新技术及先进适用技术改造和提升传统产业，既可以降低消耗、减少污染，改变过度消耗资源、污染环境的发展模式，又可以提升产业竞争力。党的十八大以来，党中央深入推进实施创新驱动发展战略，我国创新发展取得了突破性成就，科技发展格局出现重大变化，创新对促进经济稳中向好、加快新旧动能转换、扩大就业等发挥了关键作用。蛟龙潜海、墨子升空、北斗导航、大桥飞架、5G引领、高铁纵横……一系列重大创新成果竞相涌现，让国人自豪，令世界赞叹。

案例 1-10

超级工程之"天河"系列超级计算机

"天河"系列超级计算机的开发是中国创新驱动发展战略下的一项重大成果。该成果不仅体现了国家在高技术领域达到国际领先水平的决心和能力，也展现了对于科技基础设施全面自主化的深入追求。

该系列超级计算机的创新点在于多个层面。首先是其处理速度的极端提升，特别是"天河二号"在2013年成为全球最快的超级计算机时，其峰值性能达到54.9 Petaflops，这在当时是前所未有的。其次，在能效比方面，天河系列也表现出色，相比同期的其他超级计算机，它在每瓦特功耗下能提供更高的计算速度。另外，天河系列超级计算机采用了一系列自主研发的关键技术，如新型高速互联网络、高效散热系统及自主研发的多线程处理器（CPU）和图形处理单元（GPU）。这些技术的运用不仅提升了系统的整体性能，还确保了技术安全和信息控制。

"天河"系列超级计算机为国内外科研工作者提供了一个强大的计算平台。它使中国在气候模拟、天体物理、材料科学、生命科学等科研领域能进行更为复杂和高精度的计算，加速了科学发现的步伐。同时，它的存在也推动了中国在相关领域的教育与人才培养，吸引了一批高水平的科研人员投身于高性能计算和数据分析的研究。

对社会和经济的贡献主要体现在促进了大数据、云计算和人工智能等新兴技术的应用与发展。依靠"天河"系列超级计算机的强大数据处理能力，中国在金融科技、智能制造、智慧城市建设等方面取得了显著进步。例如，在金融科技领域，超级计算机能够分析大量经济数据和市场行为，为精确风险评估和决策支持提供可能。

科技领域的贡献则表现在推动了一系列核心技术的自主创新。通过"天河"系列的研发，我国积累了宝贵的设计和制造经验，并逐步构建起自己在全球高性能计算领域中的影响力。这不仅提升了国家的国际竞争力，也为进一步的技术创新奠定了基础。

总结而言,"天河"系列超级计算机的开发集中体现了中国创新驱动发展战略的成效。其对推动科学技术进步、促进社会经济转型、增强国家安全保障等多方面产生了深远的影响,是中国科技进步的一个里程碑。

讨论交流

让世界见证卫星互联网测量的中国力量

第六届"互联网+"大学生创新创业大赛冠军由北京理工大学的星网测通项目获得。团队的主要负责人宋哲始终抱有"让世界见证卫星互联网测量的中国力量"的坚定决心。

2008年汶川地震期间,灾区大部分通信设施遭到毁坏,救援人员肩扛通信设备的场景深深触动了当时正在做本科毕业设计的宋哲,随后宋哲就将毕业设计定位在卫星互联网领域,她想要解决更多通信问题。

宋哲认为,从2014年马斯克和星链项目横空出世,再到2020年我国提出新型基础设施建设,卫星互联网正在带领着人类大踏步地进入太空Wi-Fi时代。测量就是为卫星做体检,是卫星互联网产业链的关键一环。为卫星进行测量并不是一件容易的事。卫星的轨道高度可高达数万千米,这使卫星上的微小偏差会被放大为地面覆盖区域的大幅偏离,而想要偏差小,就要测得准。

宋哲用了12年的时间,带领项目团队发明了宽带链路测量仪,实现了九种调制模式的柔性测量,使一台设备就能测量数百个场景;发明了参数矩阵测量仪,实现了109个通道的全并行测量,使效率提升了100倍;还发明了十二分量模拟源,实现了20余种波形的低复杂度测量,为用户节省了90%的成本。2020年,星网测通的设备已可满足多个国家重大型号的研制急需,保障了神舟飞船宇航员和地面之间天地通话链路的畅通,保证了天通一号卫星能按时飞向太空,填补了北斗系统测量手段的空白,让卫星互联网测量的中国力量被世界见证。

资料来源:李薇薇,马海君.国际在线:我敢闯 我会创 第六届"互联网+"双创大赛十大金奖案例出炉(上).厦门大学新闻网,2020-11-19.有删改.

【各抒己见】

上述案例中,宋哲是如何一步步在卫星测量方面做出突出贡献的?你认为当代大学生应如何面对日新月异的科技进步和不断深化的社会变革?

实践案例

华夏之音的创新案例

华夏之音的创新培养沃土

模块实训

实训活动一　测试自己的创新潜质

活动目标：通过创新潜质测试，了解自己的创新潜质。

活动时间：15分钟。

活动步骤：请学生做测试题。

本测验共有31道题，涉及我们的工作、生活、价值观等方面。对于这些问题，每个人的看法会不尽相同，任何基于真实情况的回答都是你的个性、特点的反映，没有"对"或"不对"之分。

请在每道题的A和B中选择一个答案，不要漏掉任何一道题。有些题你可能从未碰到过或难以选择，不需要过多思考，凭第一感觉回答即可。

1. 当要做别人也做的事时，你更愿意（　　）。
   A. 用大家所接受的方法做　　　　B. 用自己想出的方法做
2. 你对自己的物品摆放通常是（　　）。
   A. 在意的　　　　　　　　　　　B. 随便的
3. 你更难以接受的是（　　）。
   A. 生活的节奏单一不变　　　　　B. 稳定有序的生活被打乱
4. 你认为更重要的是（　　）。
   A. 能够预见一件事情　　　　　　B. 能够适应现实条件
5. 你喜欢（　　）。
   A. 抽象的、概括性的观点　　　　B. 具体的、真实的叙述
6. 当被事先规定好要在某个时刻做某件事情时，你会（　　）。
   A. 很高兴，可以按计划行事　　　B. 有些不高兴，因为被束缚了
7. 你更看重（　　）。
   A. 潜在的可能性　　　　　　　　B. 真实的情况

8. 选择你较喜欢的词。（   ）
   A. 实干家   B. 创新者
9. 选择你较喜欢的词。（   ）
   A. 制作   B. 发明
10. 选择你较喜欢的词。（   ）
    A. 富于想象   B. 讲求实效
11. 选择你较喜欢的词。（   ）
    A. 有条不紊   B. 机动灵活
12. 选择你较喜欢的词。（   ）
    A. 提前安排   B. 不断体验
13. 选择你较喜欢的词。（   ）
    A. 理论   B. 经验
14. 周末或假日，你喜欢（   ）。
    A. 提前安排好约会、社交聚会等   B. 随心所欲，临时决定做什么
15. 在日常工作中，你（   ）。
    A. 从最后关头的压力中得到动力   B. 避免出现燃眉之急造成的压力
16. 在工作中，你（   ）。
    A. 尽量避免定一个最后期限   B. 安排好了的事情，就不再轻易改动
17. 通常情况下，你（   ）。
    A. 崇尚现实主义与常识   B. 崇尚想象力和新事物
18. 你更愿意交的朋友是（   ）。
    A. 总有新主意的人   B. 脚踏实地的人
19. 你通常（   ）。
    A. 在做完决定后感到快乐   B. 因保有选择的余地而快乐
20. 和你相处得好的人通常是（   ）。
    A. 富于想象的人   B. 注重现实的人
21. 相形之下，你更相信（   ）。
    A. 确定而有形的事物   B. 灵感和推理
22. 选择你较喜欢的词。（   ）
    A. 一丝不苟   B. 不拘小节
23. 选择你较喜欢的词。（   ）
    A. 想象   B. 实际
24. 选择你较喜欢的词。（   ）
    A. 有条理的   B. 随意的
25. 选择你较喜欢的词。（   ）
    A. 已知   B. 未知

26. 选择你较喜欢的词。（　　）
    A. 过程　　　　　　　　　　　　B. 结果
27. 选择你较喜欢的词。（　　）
    A. 可能性　　　　　　　　　　　B. 现实性
28. 选择你较喜欢的词。（　　）
    A. 具体　　　　　　　　　　　　B. 抽象
29. 你喜欢（　　）。
    A. 完成有重大意义的探索性工作　B. 完成常规性的实际工作
30. 更符合你情况的是（　　）。
    A. 你总有一种开创新局面、创造新事物的冲动
    B. 你认为多数时候应该坚持经受过检验的常规方法，以免冒太大的风险
31. 更符合你情况的是（　　）。
    A. 一旦目标确定，你就会坚持不懈地为之奋斗
    B. 根据现实情况灵活调整你的目标

分数统计和结果说明见表 1-1。

表 1-1　创新潜质测试分数统计和结果说明

试题序号	选项 A 分数	选项 B 分数	试题序号	选项 A 分数	选项 B 分数
1	1	2	17	1	2
2	1	2	18	2	1
3	2	1	19	1	2
4	2	1	20	2	1
5	2	1	21	1	2
6	1	2	22	1	2
7	2	1	23	2	1
8	1	2	24	1	2
9	1	2	25	1	2
10	2	1	26	2	1
11	1	2	27	2	1
12	1	2	28	1	2
13	2	1	29	2	1
14	1	2	30	2	1
15	2	1	31	1	2
16	2	1			

51~62 分：创新性、灵活性强。不喜欢因循守旧、墨守成规，总是寻求新的思路和方法，敢于打破陈规。关注对工作方式和组织运行等的创新与改进。富有创意和

好奇心，总是能提出新颖的方法和独到的见解。思路开阔，能发现多种可能性，并对其保持开放态度。善于接受新的事物和新的观念。

41~50分：创新性、灵活性中等。在通常情况下，倾向于按照传统和经验行事，遵守已经形成的制度、惯例等，但在必要时，也愿意接受对固有事物的改进和创新。处理问题时，多数情况下希望采用已经被证明有效的方式，但同时能对新的可能性、新的方法保留开放的态度。思路有一定的开阔性，能提出新的想法和创意。

31~40分：创新性、灵活性差。喜欢遵循先例、传统和经验，重视已经形成的制度、惯例等，不愿意加以变化和改进。处理问题时，不喜欢冒险尝试未经实践检验的方式方法，而更愿意相信和采用已经被证明有效的方法。关注目前的现实情况，对新的可能性考虑较少或排斥，有可能显得死板。

（2）整理个人的测评结果，看对哪些试题大家的认识一致，对哪些试题的认识差异大。

（3）分析原因，可以寻求教师、同学或朋友的帮助。

（4）结合个人自测结果，综合各方评价，正确认识自己的创新潜质。

（5）教师总结。

实训活动二　如何利用30元在2小时内赚取更多财富？

活动目标：开发学生的创新思维潜能，使学生认识到思维定式是束缚创新思维的枷锁。

背景资料：某知名大学有一个科技创业计划项目，在该项目的课堂上，教授做了这样一个测试：她把学生分成14个小组，并为每组发放了一个带有"种子基金"的信封，里面有30元的启动资金。她要求每个小组利用这30元尽可能地赚到更多的钱，然后在周日晚上将各自的成果整理成文档发给她，并在周一早上用3分钟的时间在全班同学面前进行展示。当学生们打开信封时，就代表任务启动。学生们有4天的时间去思考如何完成任务。

大多数学生认为：要想完成这项任务，必须最大化地利用这30元。他们当中比较普遍的方案是先用这30元去购买材料，然后帮别人跑腿或摆个果汁摊。这些方案确实不错，赚点小钱是没问题的。但有三个小组打破常规，想到了更好的办法。他们认真地构思了多种创意方案，创造出了惊人的财富。他们是如何做到的呢？

第一个小组看到了某些热门餐馆在周六晚上总是排长队，由此发现了一个商机：他们向餐馆提前预订座位，然后在周六排队等位的时候将每个座位以最高100元的价格出售给那些不想等待的顾客。同时，他们还发现了一个有趣的现象：小组中的女同学卖出的座位要比男同学卖出的多。他们认为这可能是由于女性更具有亲和力，因此又调整了方案，让男同学负责联系餐馆预订座位，女同学负责销售这些座位的使用权。果然，他们的销量非常好，最终获得了一笔不菲的收入。

第二个小组在学生会旁边摆了一个小摊，为路过的同学测量自行车轮胎气压。如果轮胎气压不足，可以花费2元在他们的摊点充气。事实证明：这个方案虽然很简单，但可行性较高。虽然同学们可以去附近的服务站免费充气，但大部分人都乐于享受他们所提供的服务。另外，为了获得更多收益，这个小组在摆摊1个小时之后，调整了他们的赚钱方式——不再对充气服务收费，而是在充气之后请求同学们支持他们的项目，并为项目进行捐款。就这样，他们的收入骤然增加了！与第一个小组一样，这个小组也是在方案实施的过程中观察客户的反应和需求，然后对方案进行优化，从而大幅提升了收入。

第三个小组认为他们最宝贵的资源并不是30元的启动资金，而是他们周一课堂上的3分钟展示。他们意识到：把眼光局限于这30元会减少很多可能性。于是他们将眼光投放到这30元之外，构思了各种"白手起家"的方案。要知道，该大学可是名校，许多公司都想在这儿招聘人才。于是，他们把这3分钟展示时间卖给了一家想在这里招聘的公司，让他们在课堂上播放招聘广告。就这样，这个小组轻松利用3分钟赚取了3 900元的利润，使30元的平均回报率最高。无疑，这个小组是挣钱最多的队伍，而且他们压根没有用教授给的启动资金。

训练：

（1）结合案例，谈谈你对创新意识的理解。

（2）如果你拥有3 000元的创业资金，你会如何利用它赚更多的钱？请大家结合上述案例，开启自己的实践活动之旅。

模块二
创新思维：枷锁突破与思维重构

学习指南

创新的核心就是创新思维。创新思维是一种有创见的思维，即人脑对客观事物未知成分进行探索活动，是人脑发现和提出新问题、设计新方法、开创新途径、解决新问题的活动。

著名教育学家陶行知说过："处处是创造之地，天天是创造之时，人人是创造之人。"当代大学生必须树立创新意识，掌握创新方法，培养创新思维，逐步提高创新能力，通过各种途径进行自我创新思维训练。

本模块重点介绍了创新思维的定义、特征、类型，及重构思维的思维工具。大学生应在日常学习、生活中有意识地锻炼自己的创新思维，提升自己的创新能力，从而为创新创业打好基础。

学习目标

知识目标
1. 了解创新思维的概念、特征等，对创新思维有基本认识；
2. 掌握创新思维的不同类型；
3. 掌握思维重构的思维工具。

能力目标
1. 能够利用不同创新思维解决生活中的具体问题；
2. 能够借助思维工具突破思维障碍，锻炼创新思维。

素养目标
1. 具备勇于突破思维障碍的勇气，灵活使用思维工具提升创新素养的能力；
2. 具备主动创新意识，以及使用创新思维看待问题的基本素质。

案例导入

巧用创新思维方法

北京大钟寺的一座大钟，有八万七千斤重，号称"钟王"，这是明朝皇帝朱棣为了防止民众造反，派军师姚广孝收集百姓的各种兵器铸就的。

不知道是什么原因，这口大钟沉到了西直门外万寿寺前面的长河里。一百多年后的一天，一个打鱼的老汉发现了河底埋的这口大钟。清朝皇帝得知此事后，下令将这口钟打捞上来，并挪动到觉生寺（即现在的大钟寺），然后再修建一个大楼来悬挂这口大钟。然而如何从河底把大钟打捞上岸并挪动到五六里以外的觉生寺，一时间却谁也想不出一个可行的办法。

有一天，参与此事的一个工头和几个工匠在工棚里喝闷酒。由于手上有水，在传递时没留神把酒盅给弄翻了，引得大伙连声抱怨："太可惜了！太可惜了！"这时，一个工匠很不耐烦地说："何必用手传呢！石桌子上有水，是滑的，轻轻一推不就推过去了。"

一个坐在旁边平时很少说话的工匠沉思了片刻，然后将石桌子一拍，大叫起来："有啦！有啦！挪动大钟有办法啦！"

这位工匠联想到的办法是：从万寿寺到觉生寺，挖一条浅河，放进一、二尺深的水，待河里的水结冰后，不需要费多大力气便能将大钟从冰上推走。后来就采用这个法将大钟从万寿寺挪动到了觉生寺。

这位工匠思考这个问题运用了形象思维中思维联想的相似联想创新思维方法。大钟虽然比酒盅不知要重多少倍，可它们都是"在光滑平面上不用多大的力量就能推走"。通过运用相似联想由此及彼地想出来解决问题的方法。

案例思考

1. 上面的案例对你有何启示？
2. 生活中我们应该怎样创新性解决问题？

任务一　创新思维概述

一、创新思维的概念

思维是人脑对客观现实概括的和间接地反映，它反映的是客观事物的本质及其规律性联系。思维是人类认识的高级阶段，它是在感知基础上实现的理性认识形式。例如，通过对人的观察分析得出"人是能言语、能制造和使用工具的高等动物"；根据对水的研究得出水和温度之间的关系,在 101 千帕下,水的温度降低到 0 ℃,就会结冰;升高到 100 ℃,就会沸腾等。这些都是人脑对客观事物的本质及其规律的认识。人们常说的"考虑""设想""预计""沉思""审度""深思熟虑"等都是思维活动的表现形式。

创新思维是指以新颖独创的方法解决问题的思维过程,通过这种思维能突破常规思维的界限,以超常规甚至反常规的方法、视角去思考问题,提出与众不同的解决方案,从而产生新颖的、独到的、有社会意义的思维成果。

创新思维的本质是将创新意识的感性愿望提升到理性探索上,实现创新活动由感性认识到理性思考的飞跃。

创新思维是创新的核心和基础,对创新成功有着非同寻常的意义。大量试验表明,进行专门性、创造性思维训练,可以使人们的创造性思维水平提高 10% ~ 40%。了解创新思维,掌握创新思维训练方法,对提高人们的创造能力具有重要的意义。

二、创新思维的特征

(1)独创性或新颖性。创新思维贵在创新,或在思路的选择上,或在思考的技巧上,或在思维的结论上,具有"前无古人"的独到之处,具有一定范围内的首创性、开拓性。

(2)灵活性。创新思维没有现成的思维方法和程序可循,所以,它的方式、方法、程序、途径等都没有固定的框架。进行创新思维活动的人在考虑问题时可以迅速地从一个思路转向另一个思路,从一种意境进入另一种意境,多方位地试探解决问题的办法。这样,创新思维活动就表现出不同的结果或不同的方法、技巧。

(3)艺术性。创新思维活动是一种开放的、灵活多变的思维活动,它的发生伴随着"想象""直觉""灵感"之类的非逻辑、非规范的思维活动,具有极大的艺术性,他人不可能完全模仿、模拟。

案例 2-1

抖音的"艺术美"

抖音的成功在于其独特的内容推荐算法和用户体验设计。与传统社交媒体不同,抖音通过用户行为分析,利用复杂的算法为用户推荐个性化的内容。这种推荐机制具有极高的开放性和灵活性,因为它能够根据用户的实时反馈不断调整推荐策略,确保用户始终能看到自己感兴趣的内容。

在这个过程中,"想象""直觉"和"灵感"等非逻辑、非规范的思维活动起到了关键作用。例如,抖音团队在设计 App 界面和功能时,可能会依靠直觉来判断哪些元素会吸引用户,或者在哪个位置放置某个功能键最合适。这些决策往往不是基于逻辑推理,而是基于对用户心理和行为模式的深刻洞察。

另外,抖音的内容创作也体现了非逻辑、非规范的思维活动。许多热门视频并不是靠精心策划和高质量制作获得成功的，而是通过新颖的创意、有趣的互动或与众不同的表现形式吸引了大量用户。这些内容的创作者往往依靠想象力和灵感来打破常规，创造出令人惊喜的作品。

这种创新思维的艺术性使他人难以完全模仿或模拟。首先，抖音的算法是其核心竞争力，但具体的算法细节并不公开，其他公司很难复制。其次，即使其他公司也开发出类似的推荐算法，但因为用户群体和行为模式的差异，这些算法在不同平台上的效果也会有所不同。最后，抖音上的内容创作是一种个体的艺术表达，每个创作者都有自己独特的风格和想法，这是无法通过简单模仿来复制的。

总的来说，抖音的成功展示了创新思维在实际应用中的开放性、灵活多变性，以及伴随的非逻辑、非规范的思维活动的艺术性。这种思维活动不仅推动了抖音的发展，也为用户提供了丰富多样的内容体验。

（4）对象的潜在性。创新思维活动从现实的活动和客体出发，但它的指向不是现存的客体，而是一个潜在的、尚未被认识和实践的对象。

三、创新思维的类型

1. 逆向思维

逆向思维也称求异思维，是对司空见惯的似乎已成定论的事物或观点反过来思考的一种思维方式。逆向思维是创新思维中最主要、最基本的方式，如司马光砸缸的故事，有人落水，常规的思维模式是"救人离水"，而司马光面对紧急险情，运用了逆向思维，果断地用石头把缸砸破，"让水离人"，救了小伙伴性命。

（1）逆向思维具有以下几个特点：

1）普遍性。逆向思维在各种领域、各种活动中都具有适用性。由于任何事物都是对立统一的，对立统一的形式又是多种多样的，有一种对立统一的形式，相应地就有一种逆向思维的角度，所以，逆向思维也有无限多种形式。如性质上对立两极的转换：软与硬、高与低等；结构、位置上的互换、颠倒：上与下、左与右等；过程上的逆转：气态变液态或液态变气态、电转为磁或磁转为电等。无论何种方式，只要从一个方面想到与之对立的另一方面，都是逆向思维。

2）批判性。逆向是与正向相比较而言的，正向思维是指常规的、常识的、公认的或习惯的想法与做法。逆向思维则恰恰相反，是对传统、惯例、常识的反叛，是对常规的挑战。它能够克服思维定式，破除由经验和习惯造成的僵化的认识模式。

3）新颖性。循规蹈矩的思维和按传统方式解决问题虽然简单，但容易使思路僵化、刻板，摆脱不掉习惯的束缚，得到的往往是一些司空见惯的答案。其实，任何事物都具有多方面属性。由于受过去经验的影响，人们容易看到事物熟悉的一面，而对其他方面却视而不见。逆向思维能克服这一障碍，往往出人意料，使人耳目一新。

（2）逆向思维的类型。逆向思维主要分为结构逆向、功能逆向、状态逆向和原理逆向四类。

1）结构逆向。结构逆向是指从已有事物的结构形式出发所进行的逆向思考，通过结构位置的颠倒置换等技巧，该事物产生新的性能。

案例 2-2

把人关进"笼子"

在动物园里面，通常是把动物关在笼子里面，人走动观看。能不能把这个状态反过来？人关在"笼子"里，动物满地走，就有了可以开车游览的野生动物园。再如，火箭都是往天上发射的，那能不能反过来往地里发射？苏联研究了一种钻井火箭，能穿透岩石、冻土，质量更轻，能耗更低。

2）功能逆向。功能逆向是指从原有事物的功能出发进行逆向思考，以解决问题，获得创意。风力灭火器是消防员在扑灭火灾时使用的一种灭火器。在一般情况下，风常常是有助火势的，特别是在火比较大的情况下。但有些情况下，特别是对付小股分散的火焰时，风可以将大股的空气吹向火焰，使燃烧的物体表面温度迅速下降，当温度低于燃点时，燃烧就停止了。

3）状态逆向。状态逆向是指人们根据事物某一状态的逆向方面来思考，从中找出解决问题的办法或方案。在过去，木匠都使用锯和刨来加工木料，木料不动而工具动，实际上是人在动，因此人的体力消耗大，质量还得不到保证。为了改变这种状况，人们将加工木料的状态反过来，让工具不动，木料动，从而大大提高了工作效率和工艺水平，降低了人体的劳动强度。

4）原理逆向。原理逆向是指从相反的方面或相反的途径对原理及其应用进行思考。意大利物理学家伽利略曾应医生的请求设计温度计，但屡遭失败。有一次他在给学生上实验课时，注意到水的温度变化引起了水的体积变化，这使他突然意识到，是不是可以倒过来想，由水的体积的变化体现出水的温度的变化？循着这一思路，他设计出了当时的温度计。

正向思考与逆向思考相结合是人们进行创新思考的有效途径。两者的对立、统一会产生良好的互补作用，从而使思路更加开阔、灵活，促进创意的产生。实践证明，逆向思考是可以在正向思考建立的同时形成的。

案例 2-3

巧使货车过天桥

在通过一座天桥时，由于司机没有看清天桥的高度标记，由其驾驶的货车被卡在了天桥下面。为了让这辆货车顺利通过天桥，司机想了很多办法，如用人力推、卸车上的货物等，但都无济于事。这时，旁边围观的一个孩子走了过来，笑着说："你们为什么不把车胎的气放点出来呢？这样车身的高度不就变低了。"司机一想，觉得这确实是一个办法，于是便放了一点车胎气，货车的高度果然降了下来。最终，货车顺利地通过了天桥。这就是逆向思维的奇妙之处，孩子运用逆向思维，想到了连大人都没有想到的方法，巧妙地解决了问题。

这个故事告诉我们，常规思维有时不但不能解决问题，而且会束缚我们的思路，影响我们的创造性。这时，让思维适时地"转弯"，从相反的方向去思考，往往会引出新的思路，让问题迎刃而解。

资料来源：何雪利，王永祥. 从零到卓越：创新与创业导论 [M]. 上海：上海交通大学出版社，2022.

2. 发散思维

（1）发散思维的概念。发散思维是根据已有的某一点信息，运用已有的知识、经验，通过推测、想象，沿着各种不同的方向去思考，重组记忆中的信息和眼前的信息，产生出新的信息的一种思维方式。发散思维又称辐射思维、放射思维、扩散思维和求异思维，它沿着不同的角度、方向思考问题，从多方面寻找解决问题的答案。发散思维作为一种极具创造力的思维活动，使人们在思维过程中不受任何框架的限制，充分发挥想象力，突破已知领域，无一定方向和范围，从一点向四面八方发散开，再把材料、知识、观念重新组合，以便从已知的领域出发去探索未知的境界，从而找出更多更新的可能答案、设想或解决办法。

发散思维不依常规、寻求变异，对给出的材料、信息从正反两极进行比较，因而视野开阔、思维活跃，可以产生大量独特的新思想。数学中一题多解的训练就是培养学生发散思维的一个好方法。它可以纵横发散，使知识串联，取得举一反三的效果。

案例 2-4

刘墉论"夫"

某日，乾隆皇帝下江南，见一农夫荷锄而过，即问道："这是何人？"和珅抢前一步答道："是个农夫。"乾隆又问："这农夫的夫字怎么写？"和珅微微一怔，不知皇上此问何意，便即答曰："农夫之夫，即两横一撇一捺，与轿夫的夫、孔夫子的夫、夫妻的夫和匹夫的夫同一写法。"乾隆听罢大摇其头，大摆其手，说："你身为宰相，纵无经天纬地之才，却如何连一个'夫'字都不能解！"转脸道："刘墉，你来说说看，农夫的'夫'字当作何解？"刘墉见皇上点名让他解答，便不慌不忙地上前朗然答道："农夫是刨土之人，故而上为土字，下加人字；轿夫为肩扛竹竿之人，应先写人字，再加两根竿子；孔夫子上通天文，下知地理，当作天字出头之夫；夫妻是两个人，该是心心相印，二字加人可也；匹夫乃天下百姓之谓也，可载舟亦可覆舟，是为巍巍然大丈夫，理应作大字之上加一才对，用法不同，写法自当有别，岂可混为一谈？"乾隆闻言，抚掌大笑，赞道："真不愧大学士也。"

（2）发散思维的特点。

1）流畅性。流畅性是指发散思维力求在尽可能短的时间内产生尽可能多的方式和方法，表达出尽可能多的思想和观念。流畅性反映的是发散思维的速度和数量特征。

2）变通性。变通性就是克服个体已有的思维框架和定势，以某种新视角、新观念、新途径来思考问题。变通性需要借助横向类比、触类旁通等方法，使思维沿着不同的方向扩散，从而表现出思维的多样性和多面性。变通性是发散思维的关键。

3）独特性。独特性指人们在思维过程中做出不同寻常的新奇反应的能力。独特性用以表现发散思维的新奇成分，是发散思维的最高目标，也是创新思维的标志。缺少独特性的思维活动不是创新思维。

4）多感官性。发散性思维不仅运用视觉思维和听觉思维，而且充分利用其他感官接收信息并进行加工。发散思维还与情感有密切关系。如果思维者能够想办法激发兴趣，产生激情，把信息感性化，赋予信息感情色彩，就会提高发散思维的速度与效果。

案例 2-5

一只杯子引发的思考

一只杯子掉下来，碎了。这可以是个什么问题呢？

（1）物理题。因为这是自由落体运动，杯子从多高掉下来才能碎呢？

（2）化学题。杯子里装着酒精，掉进了火堆里。

（3）经济题。那是刚买的，如今碎了还要再买一个，去取钱的时候银行卡忘在了银行取款机里。

（4）语文题。你太让我伤心了，我的心就如同这只杯子……

（5）心理问题。那个破碎的声音触动了一个女孩，于是她花了一下午的时间去查询"为什么噪声会让人紧张"。

（6）情感问题。那是男朋友送给自己的情侣杯，这会造成一个感情风波。

（7）时间问题。杯子摔碎了，还要再买，直接提升了时间成本。

（8）历史问题。那是乾隆用过的杯子，有很多关于它的故事，它是那些历史的唯一承载，如今碎了，一段历史就这样彻底消失了。

……

发散思维会帮助我们找到问题的许多答案，但一定要注意，在解决面临的实际问题时，真正高水平的发散思维是在短时间内找到正确答案而不是许多案。

资料来源：褚建伟，张春青，范琳.创新创业教育[M].2版.北京：高等教育出版社，2021.

（3）发散思维的方法。心理学家曾做过这样的试验：在黑板上画一个圆圈，问在座的学生这是什么。其中，大学生回答很一致："这是一个圆。"而幼儿园的小朋友则给出了各种各样的答案："太阳""皮球""镜子"……可谓五花八门。或许大学生的答案更加符合所画的图形，但是比起幼儿园的小朋友来说，大学生的答案是否显得有些单调呢？我们倡导用发散思维打开思路，让思维向四面发散开。但是，在开始发散前，先要确定一个出发点，就是要有一个辐射源。可以就事物的整体进行发散，也可以就事物的某一特征或某一局部进行发散，还可以就事物的性质和作用进行发散。具体来说，一般具有以下方法。

1）材料发散。材料发散是以某个物品作为发散点，设想它的多种用途。

例如：请尽可能多地列举出粉笔的各种用途。

参考答案：写字、作为剪裁衣服用的画粉、作为颜料、作为飞行棋棋子、作为表演道具、碾成粉以防御不法分子等。

2）功能发散。功能发散是以某种事物的功能为发散点，设想出实现该功能的各种可能性。

例如：在寒冷的冬天如何御寒？

参考答案：多穿衣服、裹棉被、穿高分子发热材料制成的衣服、抱团取暖、摩擦、运动追赶、喝热水、吃热的或辣的食物、烤火、开暖气、开空调等。

3）结构发散。结构发散是以某种事物的结构为发散点，设想出利用该结构的各种可能性。

例如：请尽可能多地列举出立方体结构的物体（已发明或自己设想出来的）。

参考答案：工具箱、行李箱、收纳盒、收纳凳、包装盒、保鲜盒、香烟盒、火柴盒、车厢集装箱、船舱、房间等。

4）关系发散。关系发散是以某种事物为发散点，尽可能多地设想这种事物与其他事物之间的各种联系。

例如：请列举出与学校有关的人。

参考答案：学生、家长、教师、食堂工作人员、清洁工、上级管理部门的工作人员、社会服务机构的工作人员、地方政府人员等。

5）形态发散。形态发散是以某种事物的形态（如形状、颜色、声音、味道、气味、明暗）为发散点，设想出利用某种形态的各种可能性。

例如：请尽可能多地设想铃声的用途。

参考答案：时间提醒、警告提示、回收废旧提示、马队和驼队经过提示等。

6）组合发散。组合发散是以事物之间的组合为发散点，尽可能多地设想不同事物之间的不同组合，这可能会产生的新的功能或价值（或附加价值）。

例如：请尽可能多地列举出音乐可以同哪些事物组合在一起。

参考答案：摩托、汽车、笔、音乐盒、布娃娃等。

7）方法发散。方法发散是以人们解决问题或制造物品的某种方法为发散点，设想出利用该种方法的各种可能性。

例如：请尽可能多地列举出用摩擦的方法可以做哪些事情或解决哪些问题。

参考答案：生火、发声、固定、起电、抓痒、磨刀、使物体光滑或粗糙、取暖、产生音乐、捆绑、包扎等。

8）因果发散。因果发散是以某种事物发展的结果为发散点，推测造成该结果的各种原因；或以某种事物发展的起因为发散点，推测可能发生的各种结果。

例如：请尽可能多地列举出语文学习成绩好的各种可能的原因。

参考答案：勤奋、感兴趣、爱阅读、教师重视、学校重视、自己重视、同学帮助、语文易学、爱写作、考虑到工作生活的需要、认为有助于就业、认为便于写信写文章、认为可以让口才变好、认为有助于阅读更多其他书籍。

案例 2-6

曲别针的用途

1987年，我国"创造学会"第一次学术研讨会在广西壮族自治区南宁市召开。这次会议集中了全国许多科学、技术、艺术等方面的杰出人才，为扩大与会者的创造视野，也请来了国外某些著名的专家、学者，其中有日本的村上幸雄。

在会议中，村上幸雄为与会者讲学。他讲了三个半天，讲的内容很新奇，很有魅力，也深受大家的欢迎。其间，村上幸雄拿出一把曲别针，请大家动动脑筋，打破框框，想想曲别针都有什么用途，比一比谁的发散性思维更强。大家议论纷纷，有的说可以别胸卡、挂日历、别文件，有的说可以挂窗帘，说出了二十余种，大家问村上幸雄："你能说出多少种？"

村上幸雄轻轻地伸出三个指头。有人问："是三十种吗？"他摇摇头。"是三百种吗？"他仍然摇头，说："是三千种。"大家都异常惊讶。此时，坐在台下的还有中国魔球理论的创始人许国泰。

许国泰说："幸雄先生所说的曲别针的用途我可以简单地用四个字加以概括，即钩、挂、别、联。我认为远远不止这些。"接着，他把曲别针分解为材质、质量、长度、截面、弹性、韧性、硬度、颜色等十个要素，用一条直线连起来形成信息的横轴，然后把曲别针的各种功能用直线连成信息标的竖轴，再让两条轴相交，垂直延伸，形成一个信息反应场，将两条轴上的信息依次"相乘"，达到信息交合……于是曲别针的用途就无穷无尽了，例如，可加硫酸制氢气、可加工成弹簧、做成外文字母、做成数学符号进行四则运算。

资料来源：佚名.《中国思维魔王的发散思维》[J].思维与智慧：下半月，2016（9）：1.有改动.

3. 收敛思维

收敛思维又称聚合思维、聚焦思维和集中思维，是指以某个问题为中心，运用多种方法、知识或手段，从不同的角度，将思维指向这个中心点，经过比较、排除、综合分析后找到解决方案的一种思维方法。

收敛思维要求从众多可能的结果中迅速做出判断，得出结论。运用收敛思维进行创新，首先要明确目标。确定搜寻目标（注意目标），进行认真观察，做出判断，找出其中的关键，围绕目标定向思维，目标的确定越具体越有效。如果说发散思维的思考方向是以问题为原点指向四面八方的，具有开放性，那么，收敛思维则是把许多发散思维的结果由四面八方集合起来，选择一个合理的答案，具有封闭性。

运用收敛思维，关键在于聚焦。通过对所收集到的各种资料进行分析，判断它们与思维目标的相关程度，以便把重要的信息保留下来，把无关的或关系不大的信息淘汰。在思考问题时，有意识、有目的地将思维过程停顿下来，缩小领域，聚集能量，形成思维的纵向深度和强大穿透力，犹如用放大镜把太阳光持续地聚焦在焦点上，从而更有效地审视和判断某一事件、某一问题，形成对这些事件、问题的强大透视力，以便最后顺利解决问题。经过清理和选择后，还要对各种相关信息进行抽象、概括、比较、归纳，从而找出它们的共同特性和本质属性。

课堂训练

收敛思维训练

请思考下面的问题：
（1）请说出家中既发光又发热的东西，找出它们的共同点。
（2）请说出海水与江水的共同之处。
（3）鸽子、蝴蝶、蜜蜂与苍蝇有什么相同之处？
（4）铜、铁、铝、不锈钢等金属有什么共同的属性？

案例 2-7

智能调度系统在快递物流中的应用

随着电商行业的蓬勃发展，快递业务量急剧增加，作为国内领先快递公司——"速递通"，也面临着巨大的配送压力。尤其是在每年的"双11""双12"等购物狂欢节期间，海量的订单让"速递通"的配送系统几乎陷入瘫痪，客户投诉率上升，公司品牌形象受到严重影响。为了解决这一问题，公司决定采用收敛思维，对现有的物流配送系统进行彻底的改革。

公司的高层在多次紧急会议后，明确了一个核心问题："如何在有限的资源下，实现更高效、更准确地包裹配送？"这不仅是一个物流问题，更是一个数据和资源管理问题。

"速递通"成立了一个特别项目组——"极速小组"，成员包括IT专家、物流分析师和运营管理者。他们开始收集全国范围内的配送数据，包括每个区域的订单量、配送时效、车辆运行状态等。通过对历史数据的深入挖掘，他们发现了一些关键的模式和规律。

通过对问题的聚焦分析，项目组确定了解决方案的核心——建立一个基于大数据和人工智能技术的智能调度系统。这个系统能够实时分析路况、天气、交通规则等多种因素，为快递员提供最优的配送路线。同时，系统还能预测不同地区的订单量，动态调配配送资源。

在接下来的几个月里，"极速小组"与时间赛跑，终于在下一个"双11"之前完成了系统的初步开发和测试。在实际应用中，智能调度系统显著提高了配送效率，减少了无谓的往返和等待时间。快递员的工作强度降低了，客户的满意度提升了。

"速递通"没有停下脚步，他们继续收集反馈、优化算法，并将智能调度系统应用到日常运营中。这种创新不仅提升了公司的核心竞争力，还吸引了其他快递公司的关注。一些公司开始向"速递通"学习，甚至购买他们的系统和服务。

通过收敛思维的应用，"速递通"成功化解了一场危机，并转危为机。他们的智能调度系统不仅提高了物流效率，降低了成本，还为整个行业树立了新的技术标准。

4. 联想思维

联想思维是指在人脑内记忆表象系统中由于某种诱因，使不同表象发生联系的一种思维活动。联想思维和想象思维可以说是一对"孪生姐妹"，在人的思维活动中都起着基础性的作用。

联想思维是在创新过程中运用概念的语义、属性的衍生、意义的相似性来激发创新思维的方法。它是打开人们沉睡在头脑深处记忆的最简便和最适宜的钥匙。

联想思维的形式一般有以下几种。

（1）接近联想。时间或空间上的接近都可以引起不同事物之间的联想。诗歌中有关时空接近的联想的佳句很多，如"春江潮水连海平，海上明月共潮生。滟滟随波千万里，何处春江无月明"。作者将春江、潮水、大海与明月（既相远又相近）联系在一起。

（2）相似联想。从外形或性质上的、意义上的相似引起的联想，都是相似联想。如"春蚕到死丝方尽，蜡炬成灰泪始干""床前明月光，疑是地上霜"等。

（3）对比联想。由事物之间完全对立或存在某种差异而引起的联想，就是对比联想（相反特征的事物或相互对立的事物间所形成的联想）。文学艺术的反衬手法，就是对比联想的具体运用。例如，描写岳飞和秦桧的诗句"青山有幸埋忠骨，白铁无辜铸佞臣"。

（4）因果联想。由于两个事物存在因果关系而引起的联想，就是因果联想。这种联想往往是双向的，可以由因想到果，也可以由果想到因。

课堂训练

联想思维训练

（1）请分别列出下列各组中事物之间存在的某种联系，越多越好。

1）桌子和椅子。

2）人才市场和商品市场。

3）工厂和学校。

（2）如果遇到交通堵塞，车辆排起了长龙，你会产生哪些联想？

（3）看到新生入学的场景，你会联想到哪些相关的事情？

（4）"举头望明月，低头思故乡"是诗人身处异乡触景生情、思念家乡的思维活动。请问，诗人运用了哪些联想思维？

（5）木头和皮球是两个风马牛不相及的物品，但我们可以联想，使它们产生联系。例如，木头—树林—田野—足球场—皮球。请同学们想一想下列两组物品之间有什么联系：①天空和茶；②钢笔和月亮。

案例 2-8

创新联想助力宁德时代大发展

2014年，在中国，电动汽车正逐渐进入公众的视野，而电池性能和充电便利性成了制约其发展的重要因素。在这个关键时刻，宁德时代公司的创始人曾毓群正深思熟虑如何突破这一瓶颈。他深知，要想让电动汽车真正普及，就必须解决充电时间长和续航里程短的问题。

曾毓群是一个富有创新精神的企业家，他的思维方式总是能跳出传统框架。一天，当他看到一辆燃油汽车在短短几分钟内完成加油时，一个大胆的想法在他的脑海中闪现：如果能将电动汽车的电池设计成可快速更换的模式，那将会是怎样的一种体验？

这个想法并非空穴来风。曾毓群联想到了遍布各地的加油站，如果能够建立一个换电站网络，统一电池标准，那么电动车用户就能像加油一样快速"加电"。他们可以在短暂的时间内更换满电的电池模块，继续行驶，这无疑会极大地提升电动汽车的便利性，使长途驾驶不再是梦想。

曾毓群的这一创新想法不仅是一个简单的概念，它背后蕴含着深刻的联想思维。他没有局限于现有的技术和模式，而是将不同领域的解决方案进行类比和迁移，从而创造出了具有革命性的新产品。这种快速更换电池的概念，不仅解决了电动车面临的一个关键问题，还有可能彻底改变人们的出行方式。

为了实现这一愿景，曾毓群带领团队投入了大量的研发工作。他们不断优化电池的设计，确保其安全、可靠并且易于更换。同时，他们还与政府、能源公司及其他合作伙伴进行广泛的沟通，希望能够建立一个全面的换电站网络。

经过不懈努力，终于看到了成果。宁德时代的快速更换电池技术得到了市场的认可，快速更换电池的概念也逐渐被更多的地区和企业采纳，越来越多的电动车用户开始享受到这种新型服务带来的便利，他们的电动汽车不再受限于充电时间和续航里程，而是能够像燃油车一样，随时随地快速"加电"，继续行驶。这一创新不仅为宁德时代赢得了电池技术领域的领先地位，更为整个电动汽车行业带来了深远的影响。

这个故事向我们展示了联想思维在解决实际问题中的巨大价值，为我们带来了对于未来的启示和思考，激励着更多的人去勇敢地创新，去打破传统的束缚，去创造更加美好的未来。

5. 逻辑思维

逻辑思维又称"抽象思维",是指人们在认识事物的过程中借助概念、判断、推理等思维形式,反映客观现实的一种思维方式。它是人类认识的高级阶段,即理性认识阶段。简单来说,逻辑思维就是建立在因果关系之上,反映客观现实的一种思维方式。在表达上,逻辑思维要求有理有据,理由和依据缺一不可。理由是主观上的观点,依据是客观上的事实。逻辑思维有规范、严密、确定和可重复的特点。这就决定了逻辑思维必须有理有据。

逻辑思维的基本形式是概念、判断、推理。概念是对事物的本质的概括和反映,是同类事物的共性、一般特性在人脑中的反映;判断是对事物是什么或不是什么、是否具有某种属性的判明和断定,在内容上是对事物之间的联系或关系的反映,在形式上表现为概念与功能之间的联系;推理是从事物的联系或关系中由已知的推出未知的思维活动,其逻辑形式是从已知的几个判断推出一个新判断,是判断之间的一定联系或关系的表现。

逻辑思维方法主要有分析和综合、归纳和演绎、抽象和概括、分类和比较等。

(1)分析和综合。分析就是把一件事情拆开来,一点点地研究。综合,就是把这些被拆分的部分组合起来,形成一个完整的整体。在这个整体中,各个部分之间是相互联系的。分析和综合是相互渗透、相互转化的。我们既要分析,又要综合。就像科学家研究光一样,在分析了光的直线传播、反射、折射等部分后,又综合了光的干涉、衍射等部分,得出了光具有波粒二象性的结论。

(2)归纳和演绎。归纳就是把具备相同属性的事物列举出来,然后找出它们的共同点,例如,"龙生龙,凤生凤,老鼠的儿子会打洞"是归纳。演绎就是把有影响的因素按照时间顺序、因果关系等排列出来,找出解决问题的突破口,例如,"太极生两仪,两仪生四象,四象生八卦"是演绎。归纳和演绎是我们认识事物和思考问题的逻辑规则。

利用归纳和演绎进行内容创作时,我们可以收集行业的爆款文章,拆解其结构,然后归纳出爆款文章的一般套路;最后,用我们总结出的创作套路,去输出一篇具备高流量潜力的内容。

(3)抽象和概括。抽象是把一类事物中共同的、本质的特征抽取出来,丢弃非本质的属性或特征的思维过程。概括是在比较和抽象的基础上,把抽取出来的事物的共同本质特征综合起来,并推广到同类事物上的思维过程。

例如,我们分析人的属性:从颜色上分,有白种人、黑种人、黄种人等;从个头上分,有高个、矮个、中等个子等;从性别上分,有男人、女人等,这些都是关于人的个别属性。而各种人共同的本质属性是"能够借助语言进行思维,会劳动",这个本质特征叫作"抽象",把这个特征推广到所有的"人"当中去,这就是关于人的本质特征的概括。

(4)分类和比较。分类就是按照事物的共同点和差异性,把事物分成不同的类。例如,具有相同属性的事物就放到一类,有不同属性的就放到不同类。比较就是比较两个事物或两类事物的相同点和不同点,通过比较就能更深入地了解事物的本质。

模块二 创新思维：枷锁突破与思维重构

> **课堂训练**
>
> **逻辑思维训练**
>
> （1）在8个同样大小的杯中，有7杯盛的是凉开水，1杯盛的是白糖水。你能否只尝3次，就找出盛白糖水的杯子？
>
> （2）假设有1个池塘和2个空水壶，空水壶的容积分别为5升和6升。请问，如何用这2个水壶从池塘里取得3升的水？
>
> （3）一个人花8块钱买了一只鸡，9块卖掉了，然后他觉得不划算，花10块钱又买回来了，11块卖给另外一个人，请问，他赚了多少钱？
>
> （4）假设燃烧1根不均匀的绳子要用1个小时，请问，如何用它来判断半个小时的时间？

案例 2-9

微信支付的崛起

在21世纪初，随着智能手机和移动互联网的快速发展，中国社会迎来了一场数字支付的革命。当时，阿里巴巴集团旗下的支付宝已经在市场上占据了主导地位，而此时，另一家科技巨头腾讯也开始关注这一领域。

腾讯公司意识到移动支付是未来的重要趋势，但面对强大的竞争对手支付宝，他们需要一种创新的逻辑来突破市场。这时，腾讯的社交平台微信拥有庞大的用户基础，但尚未在支付领域发挥其潜力。

（1）连接点识别：腾讯分析了微信的用户行为，发现人们已经在使用微信进行聊天、分享和社交。如果能够在微信内部集成支付功能，将有助于简化用户的支付流程，并增加支付场景的便捷性。

（2）策略制定：腾讯决定利用微信的庞大用户网络，创建一个简单易用的支付功能——微信支付。他们考虑到用户习惯和安全性，设计了一个简洁的支付界面，并将微信支付与QQ钱包整合，形成一个统一的支付解决方案。

（3）系统构建与优化：技术团队运用逻辑思维，确保了微信支付的技术架构能够稳定运行在微信这个大型社交平台上。同时，他们不断对系统进行优化，提高支付效率和安全性。

（4）市场推广：腾讯通过各种营销活动推广微信支付，例如，红包功能就是一项成功的市场营销策略。通过"抢红包"这一贴合中国文化特色的活动，微信支付迅速吸引了大量用户的注意，并鼓励他们绑定银行卡进行体验。

（5）生态拓展：随着微信支付用户数的增长，腾讯继续扩展其支付生态，包括线上线下商家的接入、公共服务缴费及小额贷款服务等，使微信支付逐渐成为用户日常生活中不可或缺的一部分。

（6）微信支付的出现改变了中国人的支付习惯，使移动支付成为日常生活的一部分。它不仅为腾讯带来了巨大的经济利益,也促进了整个社会的数字经济发展。

(7)腾讯通过一系列逻辑严密的策略部署,成功地将微信从一个单一的社交平台转变为一个包含支付功能的综合性生态系统,展现了逻辑思维在商业战略中的应用价值,即通过对现有资源的合理配置和市场需求的精准把握,创造出符合用户需求的创新产品。

6. 灵感思维

(1)灵感思维的概念。灵感思维活动本质上是潜意识与显意识之间相互作用、相互贯通的理性思维认识的整体性创造过程。在人类历史上,许多重大的科学发现和杰出的文艺创作,常常是灵感这种智慧之花闪现的结果。

灵感直觉思维作为高级复杂的创造性思维理性活动形式,不是神秘莫测的,也不是心血来潮的,而是人在思维过程中带有突发性的思维形式长期积累、艰苦探索的一种必然性和偶然性的统一。

(2)灵感思维的特征。

1)突发性和模糊性。由于不是在显意识领域单纯地遵循常规逻辑过程所形成的,灵感思维产生的程序、规则,以及思维的要素与过程等都不能被自我意识清晰地认识到,而是模糊不清的、只可意会不可言传的。

2)独创性。独创性是定义灵感思维的必要特征。不具有独创性,就不能叫作灵感思维。

3)非自觉性。灵感思维是突然发生的,而不是预先构思好的思维活动,所以呈现出较强的非自觉性。

4)意象性。在灵感思维活动过程中,潜意识领域或显意识领域总伴有思维意象的存在。简单来说,意象就是用来寄托主观情思的客观物象。没有意象的暗示与启迪,就没有思维的顿悟。

5)思维高度灵活的互补综合性。思维高度灵活的互补综合性体现在诸如潜意识与显意识的互补综合、逻辑与非逻辑的互补综合、抽象与形象的互补综合等方面。

(3)灵感思维的训练。

1)灵感的捕获。

①长期的思想活动准备。灵感是人脑进行创造活动的产物,所以长期思考是基本条件。

②兴趣和知识的准备。广泛的兴趣、丰富的知识有利于借鉴,容易得到启示,是捕获灵感的另一个基本条件。

③智力的准备。主要包括观察、联想和想象。

④乐观镇静的情绪。这种情绪能增强大脑的感受能力。

⑤注意摆脱习惯性思维的束缚。

⑥珍惜最佳时机和环境。

⑦要有及时抓住灵感的精神准备和及时记录下灵感的物质准备。许多有创造性精神

的人都曾体验过获得灵感的滋味，但因为事先没有准备，没有及时记下这些灵感，时过境迁，就再也记不起来了。当然，并不是头脑里出现的灵感都有价值，但记录下来以后可以慢慢琢磨，决定取舍。

2）灵感的诱发。

①外部机遇诱发。

a. 思想点化。思想点化一般在阅读或交流中发生。如达尔文从马尔萨斯人口论中读到"繁殖过剩而引起竞争生存"时，突然想到，在生存竞争的条件下，有利的变异会得到保存，不利的变异则被淘汰，由此加深了对生物进化论的思考。头脑风暴过程中，参与者经常在别人想法的基础上产生更好的创意。

b. 原型启发。这是受自己要研究的对象的模型启发而产生的灵感。例如，英国工人哈格里沃斯发明的纺纱机，就是他受到原来水平放置的纺车偶然被他踢翻变成垂直状态的启发才研制成功的。

c. 形象发现。例如，意大利文艺复兴时期的著名画家拉斐尔想构思一幅新的圣母像，但很久都难以成形。在一次偶然的散步中，他看到一位健康、淳朴、美丽、温柔的姑娘在花丛中剪花，这个富有魅力的形象吸引了他，他立刻拿起画笔创作了《花园中的圣母》。

d. 情景激发。我国作家柳青经过农村生活的体验写出了《创业史》，但7年后，当他想改写时，却找不到感觉。等他又回到西安市长安街后，那些农民的语言、感情及对农村生活的向往才一起被激活，使他产生了创作灵感。

②内部积淀意识引发。

a. 无意遐想。这种遐想式的灵感在创造中是很常见的。

b. 潜意识。这种灵感的诱发情况更为复杂，有的是潜知的闪现，有的是潜能的激发，有的是创造性梦境活动，有的是下意识的信息处理活动。

案例 2-10

中国科学家屠呦呦发现青蒿素的故事

在20世纪70年代初的中国，疟疾疫情肆虐，传统的抗疟药物已无法满足日益严峻的医疗需求。在这个关键时刻，一位名叫屠呦呦的科学家带领着她的团队，肩负起了寻找新型抗疟疾药物的重任。

屠呦呦深知，传统的药物研发方法耗时且效率低下，而疟疾疫情却迫切需要有效的控制手段。因此，她决定另辟蹊径，深入研究古代中医药文献，希望从中找到灵感。在翻阅《周易》这部古老的典籍时，一句话"天地玄黄，宇宙洪荒"引起了她的注意。这句话让她联想到了自然界中可能隐藏着尚未被发现的抗疟疾成分。

带着这个设想，屠呦呦和她的团队开始了漫长的试验探索。他们深入到中国的大江南北，收集了上千种植物样本，希望通过提取这些植物中的有效成分，找到治疗疟疾的新药。然而，经过无数次的试验和失败，他们仍未能找到那个神秘的抗疟疾成分。

在这个过程中，屠呦呦始终保持着对科学的热爱和对生命的敬畏。她坚信，只要不放弃，总会有一天能够找到答案。终于，在一个偶然的机会下，屠呦呦注意到了在提取过程中使用的低温方法可能保留了关键成分。这一灵感促使她改变了提取技术，最终在青蒿植物中发现了青蒿素，这种物质对治疗疟疾具有显著效果。

这一发现无疑是科学界的一大突破。屠呦呦的研究成果不仅挽救了无数生命，还为科学研究提供了一个宝贵的教训：即使在最艰难的时刻，保持开放的思维和敏感性，灵感就可能在不经意间降临，引领我们走向创新的道路。

屠呦呦的贡献得到了国际科学界的广泛认可。2015年，她荣获诺贝尔生理学或医学奖，成为首位获得该奖项的中国籍科学家。这一成就不仅是对她个人的肯定，更是对中国科学家在国际舞台上的一次重要亮相。

回顾这段历史，我们不禁为屠呦呦及其团队的智慧和毅力所折服。他们用自己的行动诠释了什么是真正的科学精神：勇于探索、敢于创新、永不言败。正是这种精神，让他们在科学的道路上越走越远，为人类的进步作出了巨大的贡献。

如今，屠呦呦的故事已经成为中国科学界的传奇。她的经历告诉我们，只要我们坚持不懈，勇敢面对挑战，就一定能够在科学的道路上取得突破，为人类的福祉作出贡献。在未来的日子里，让我们以屠呦呦为榜样，继续在科学的道路上探索前行，为人类的未来创造更多的奇迹。

任务二　突破思维枷锁

一、常见思维枷锁

生物学家贝尔纳曾经说过，妨碍人们创新的最大障碍并不是未知的东西，而是已知的东西。人的思维一旦沿着一定的方向，按照一定次序思考，久而久之就会形成一种惯性，就会阻碍新观念、新想法的构想，成为创造性解决问题的障碍，所以要具备创新能力必须首先冲破思维枷锁。

束缚大学生思维的枷锁大致有以下五种。

1. 从众型思维枷锁

思维从众倾向比较强烈的人，在认知事物、判断是非时，往往会附和多数人的意见，人云亦云，缺乏主见和独立思考的能力。例如，当你和他人在对某件事情发表看法时，若大家的看法和你的不一样或相反，这时你若怀疑自己的看法，认为自己的看法是错的，并放弃了自己的观点，便是一种从众型的思维方式。在创新的过程中，这种容易受到外界群体言行影响的思维方式是滞后的、没有新意的。

模块二　创新思维：枷锁突破与思维重构

案例 2-11

打破从众思维

我们从小就知道乌鸦喝水的故事，讲的是乌鸦为了喝到瓶子里的水，用嘴把衔到的小石子放到瓶子里，使没装满水的瓶子里的水位得到提升，喝到了水。大家都夸乌鸦聪明。几年后，老乌鸦的后代，三只小乌鸦之间进行了一场新乌鸦喝水竞赛。第一只小乌鸦得到了老乌鸦的嫡传，采用被大家公认的好办法，到处去找小石子，用数量多的小石子来提升水位，水是喝到了，就是有点儿费时费力。在场的观众都叫好，说还是老办法好。第二只小乌鸦善于观察，看了看瓶子放的倾斜角度，在倾斜的基底处用嘴凿了凿，然后把瓶子推了推，产生一个倾斜角，水就流出来了一些，也喝到了水，要比第一只快一些。

这时，台下的观众开始七嘴八舌地议论起来了，说这是什么办法呀，不算数。就在大家议论的时候，第三只小乌鸦心想，我得动点儿脑筋，要是仿照前两只小乌鸦的做法，最多和它们打个平手，它灵感一闪，衔了一根麦秆，直接放到瓶子里，吸着喝，结果最快。此时，台下观众像捅了马蜂窝一样，大多数观众都说这是违规，应该判第一只赢。但也有的说比赛就是看谁最先喝到水，谁就赢。最后，老乌鸦颇为感慨：真是长江后浪推前浪，一代更比一代强，想当初自己不也是打破常规才被大家表扬的吗？遂判第三只赢。

其实，并不是大家都说好的办法才是最佳的办法。第二只、第三只小乌鸦打破从众思维和老乌鸦敢于承认的勇气都值得我们反思。如果我们在处理和决断事情时，缺乏独立思考的能力，没有或不敢坚持主见，仅仅是服从众人，最终形成的是惰性和盲从性。

资料来源：褚建伟，张春青，范琳．创新创业教育［M］．2 版．北京：高等教育出版社，2021．

2. 权威型思维枷锁

权威型思维枷锁是指思维中的权威定势。通常，人们习惯于引证权威的观点，不加思考地以权威作为判断是非的标准，这就是权威定势。例如，人是教育的产物，来自教育的权威定势使很多人对"教育权威"的言论不加思考地盲信盲从，缺少"自我思索、冲破权威、勇于创新"的意识。如果一味盲从"教育权威"，大学生的思维就会被束缚，不再积极主动地思考。

案例 2-12

马屁股与铁路航天

1981 年，美国第一架航天飞机哥伦比亚号屹立在发射台上，在发射前的论证会上，有专家提出：测算数据显示，火箭还可承载近 10 吨的质量，我们可以将推进器加宽到 6.5 英尺（1 英尺 =0.3048 米）充填燃料，航天飞机的飞行速度和时间都将大幅度提升,建议得到绝大多数专家的赞同。

但一位年轻专家却说:"此举决不可行!推进器造好必须用火车运到发射点,要通过几条隧道,而铁轨的宽距是 4.85 英尺,隧道的宽度不过 6.3 英尺,我们总不能在发射点附近建推进器制造厂吧?"众人面面相觑、无言以对,建议也只好作罢。

美国铁路轨道间距为何是 4.85 英尺呢?原来美国第一条铁路是英国人修的,那么英国人为何用 4.85 英尺这个奇怪的标准呢?原来这是英国城市电车轨道标准。那么英国电车轨道标准又是从哪里来的呢?原来最先设计电车的人是设计马车的,他用了马车的轮距标准。那么马车为什么要用这样的轮距标准呢?因为英国古老的石板路上的辙迹宽度是 4.85 英尺,不符合这样轮距的马车轮子很快会被撞坏。那么古老的辙迹又是从何而来呢?答案是古罗马军队压出来的,因为古罗马战车轮距宽度是 4.85 英尺,而这个宽距恰好是两匹马屁股的宽度。

就此可以断言:今天世界铁路轨道宽距,是由两千多年前两匹马屁股决定的。

这匪夷所思的古老设计,至今依然影响着遍及世界的铁路交通,甚至航天科技。古罗马街道石板路 4.85 英尺的印辙,一直铺延成今天的铁轨,却毫厘不改……

孔子曰:"生乎今之世,反古之道。如此者,灾及其身者也。"试问一下,有多少曾经的"权威结论",也会带来无数啼笑皆非的结果?

资料来源:郭金玫,珠兰. 大学生创新创业基础 [M]. 上海:上海交通大学出版社,2017.

3. 经验型思维枷锁

在生活中,按照前人总结的经验或自己过往的经验处理问题,通常能达到事半功倍的效果,这就导致人们总是过分依赖经验,长此以往,就会形成固定的思维模式,从而制约创新思维能力的发展。此外,经验也具有很大的狭隘性,它会束缚人的思维广度,使人不能正确地完成信息加工的任务,进而形成片面性的结论。创新思维要求大学生必须拓展思路,大胆展开想象,不被以往的条条框框所束缚。

案例 2-13

如何逃离

假设你被困在了一个奇幻的房间里,这个房间仅有两个出口,第一个出口外有一个巨大的放大镜,聚焦的太阳光会把你炙烤至死;第二个出口外有一条喷火龙,它喷出的熊熊火焰也会将你灼烧至死,如果你必须逃离,你将选择哪个出口呢?

分析:如果你觉得进退两难,没有发现问题的突破口,那么你很可能受到思维定式或思维偏见的束缚了。

因为在我们成长和教育的过程中,习惯于用经验和习惯化思维看待问题,习惯于对权威人士的言行认同与盲从,习惯于照搬书本知识,习惯于效仿大部分人的做法,习惯于固守以往的成功经验所总结、固化的方式方法。

回到刚才的那道题，当然应该选择第一个出口，因为太阳下山就可以安全离开了。但很多人可能觉得必须马上做出选择并出去，而且将背景设定在白天，这就是在心里给自己设定了一个思维束缚。

资料来源：汤锐华. 大学生创新创业基础 [M]. 北京：高等教育出版社，2016.

4. 书本型思维枷锁

书本是千百年来人类经验和智慧的结晶，它为我们呈现的是系统化、理论化的知识，能够带给我们无穷多的好处。如果我们一味地死读书，就会陷入教条主义。大学生不应该成为书本的奴隶，而应该活学活用，读书不为书所累，"睹一事于句中，反三隅于字外"，做书本的主人，善于驾驭知识，理论联系实际；否则，将严重影响自身创新思维的发挥。

在1750年—1769年，天文工作者勒莫尼亚曾先后12次观察到了天王星，但是有关于天文学的著作却一直认定土星是太阳系最边缘的行星，太阳系的范围到土星为止。勒莫尼亚被这一书本知识牢牢地束缚了，所以他始终不敢认定所发现的这颗星也是太阳系的行星之一，直到十几年后的1781年，天王星才最终由英国天文学家威廉·赫歇尔认定。

5. 自我贬低型思维枷锁

有的人做事没有信心，总认为"我不行，我做不到"，从来不敢去尝试，由此形成恶性循环——因没有自信而不去做，因不做而更加没有自信，最终饱受自我批判、自我贬低的折磨。要想创新，任何时候都不要贬低自己，凡事要持乐观态度，专注自己的长处，勇敢地行动起来。只有积极改变思维和行动方式，树立自信，我们才能发现自己的潜力，才能更好地实现创新。

二、突破思维枷锁的方法

1. 对世界充满热情

习近平总书记指出："生活从不眷顾因循守旧、满足现状者，从不等待不思进取、坐享其成者，而是将更多机遇留给善于和勇于创新的人们。"善于创新的人们总是对世界充满热情。心理学研究发现，人们在孩提时代具有较强的创新思维。随着年龄的增长，人们逐渐看到了现实，感受到现实环境的约束，因此会逐渐收起锋芒，变得顺应社会大众的眼光和潮流。但是创新者需要保持内心的激情和童真，始终对世界充满热情。

2. 换个角度看世界

美国科学家贝尔说："创新有时需要离开常走的大道，潜入森林，你就肯定会发现前所未见的东西。"同样的一件事情，换个角度去观察和思考，会有不同的收获。换个角度看待世界，是一种突破、一种超越、一种创新。换个角度看世界，世界无限宽大。万物皆变，变则通，这是世界演化的不变法则。

创新需要把不同的事物联系起来，而当不同文化、不同想法发生碰撞时，必然会有不同的视角，从而产生创意的火花。例如，美国学者安纳利·萨克森宁深入研究了创新与观念碰撞和文化融合的关系。她把硅谷独特的企业精神和强大的创新能力归结于个体与个体之间、企业与企业之间的无障碍沟通。她认为，创新很多时候是社交活动的产物，需要人与人之间的沟通和交流。与他人沟通会获得不同的想法，这些想法或许刚好能够为你提供不同的视角，而这些不一样的视角恰好就是灵感的来源。

3. 放飞想象

爱因斯坦指出，想象力比知识更重要，因为知识是有限的，而想象力囊括着世界的一切，推动着进步，并且是知识进化的源泉。如果人类只局限于自己所发现的知识，就会止步不前。所以要运用自己的想象力创造出从前没有的东西。唯有想象力能让人们超越已知，走向未知。

但想象也并不是随心所欲的。要产生好的想象，就需要注重知识的积累和扩充，不断锻炼自己的想象力。每个人都有想象力，但是个体之间的差异很大。这主要是因为想象力和一个人的知识结构、思维习惯有着密切关系。一个人不同学科的知识越丰富，就越能够获得多而有意义的想象，从而激发更强的创新能力。

任务三　重构创新思维

定式思维、偏见思维等有时会禁锢我们的思想，遏制我们的行为。同时，思维模式在我们日常生活和学习中，又经常以单一或多重的形式而存在。因此，我们要重构思维模式，以新思维来培养创新思维能力，只有这样才能使创新成为现实，使职业生涯有一个新的起点。

一、头脑风暴法

1. 头脑风暴法概述

头脑风暴法是一种借众人智力创造性解决问题的方法。该方法简单易学、应用广泛，是当今最负盛名的一种创新法。

头脑风暴法简称"BS法"（"头脑风暴"英文 Brainstorm 的缩写），是由美国大型广告公司 BBDO 的创始人 A.F. 奥斯本于 20 世纪 40 年代提出的。该方法就是召集少数人组织一种特殊的会议，与会人员围绕某一问题快速思考、畅所欲言、相互启发、自由联想，提出各自的设想或提案，从而产生解决问题的方法。因为参会者需要为突击解决某一问题而闪电般构思，所以也有人称这个会议为闪电构思会。同时，在运用这种方法的过程中，参会者的大脑因他人观点的信息刺激，往往会产生链条反应，从而产生与之相关的多种创意，因此也有人称头脑风暴法为智力激励法。

头脑风暴法利用链条反应、好胜心理、质疑心理等基本心理机理避免了集体决策中易出现的群体思维的弊端，最大限度地为个人自由思维提供筑围，为产生更多创造性观点提供条件。

2. 头脑风暴法的应用

虽然头脑风暴法最初是为集思广益、集体解决问题而提出的，但后来人们发现在个人独立思考的时候，头脑风暴的原则依然适用且高效。大到社会问题的解决、尖端科学的创造，小到家庭琐事的处理、个人疑难的化解，头脑风暴法的应用十分广泛。但该方法并非什么问题都适用，它面向的是一些开放性的问题。是非题、认知性记忆性的问题就无需用头脑风暴法来解决。例如，"他是不是一个优秀的医生？""这本书的作者是谁？"等问题就不适合应用头脑风暴法，如需运用头脑风暴法，可将问题加以修改，变为"成为优秀的医生有哪些途径？""检索作者的快速方法有哪些？"。

（1）头脑风暴法的原则。为了尽可能地发挥参会者的智慧，取得最理想的方案，头脑风暴过程中必须遵循以下四个基本原则。

1）自由思维。在自由思维的情况下，参会者的一些设想可能看上去实用性不强，甚至让人觉得不实际、离谱、疯狂，但实际上许多发明恰恰是从这些离谱疯狂的想法和观点中产生的，我们人类的生活也是朝着这一个个看似天马行空的想法而不断发展进步的。因此，在头脑风暴的过程中，应该为参会者营造一个轻松的环境，让其能够跳出思维的墙，让每个与会者都能"脑洞大开"，将所有与主题相关的奇妙想法都表述出来，能否应用和实践，是会后再考虑的问题，况且，一个人的奇思妙想可能会给身边其他参会者带来灵感，激发出更加理想的设想。

案例 2-14

新型烤箱

某个生产烤箱的公司召集全体职工召开会议，讨论新烤箱的开发问题。会上一位年长的清洁女工主动发言，提出要是能生产一种会抓老鼠的烤箱就好了。因为根据老太太自己的经验，每次烤面包时留下的面包屑总是会招来烦人的老鼠，这让她很苦恼。参会的员工听到捕鼠与烤箱放在一起的意见，顿时哄堂大笑。但是主持人并没有对老太太的发言置之不理，而是将它作为一个建议抛给了各位设计师。最后，根据老太太的提议，公司在新设计的烤箱最下层装上了一个抽屉，用于收集掉下的面包屑，解决了面包屑招老鼠的问题，产品一上市立即受到了广大用户的欢迎。

资料来源：褚建伟，张春青，范琳.创新创业教育[M].2版.北京：高等教育出版社，2021.

2）延迟评价。"在解决问题的设想探索阶段要遵循延迟判断这一基本原则"，布法罗大学的帕尼斯教授在其著作中对头脑风暴有这样的要求。即在提出设想的阶段，所有参会人员不对任一设想作任何评价，特别是不能批评。因为每个参会者的思考方式、专业领域、大脑结构都不相同，评价可能对他人思维造成限制，不能发掘潜在的创造性。同时，专业的判断性评价可能会造成观点的倾向性，众说纷纭变成人云亦云，不会产生创造性的设想或方案。

3）借力联想。成功者都善于借力而行，牛顿的名言"如果说我比别人看得更远些，那是因为我站在了巨人的肩上"也说明了借力的重要性。在头脑风暴会上，某一个人的"闪念"可能会将许多人的联想点燃，从而衍生出更多的相关设想，这是人类的条件反射。头脑风暴鼓励参会者"盗用"别人的设想，借题发挥，从一个构思联想到另一个构思，用一个灵感激发出另一个灵感，最佳的问题解决方案也许就蕴藏在对某一个原始设想的不断修改完善之中。

案例 2-15

如何清除电线上的积雪

20世纪50年代，在一个大雪纷飞的严冬里，美国华盛顿州的输电线积满了冰雪，电线常被厚厚的积雪压断，造成通信中断。电信公司经理尝试运用头脑风暴法解决这一多年的难题。他首先召开了一场头脑风暴座谈会。参加会议的是不同专业的技术人员。会前，他要求与会者无拘无束地思考问题并畅所欲言，不必顾虑自己的提法是否离经叛道或荒唐可笑；与会者在会上也不得对他人的提议评头论足、批评指责，但可以深入思考；在受他人启发后可以修改自己的设想。会后，他将组织专人进行评判。

根据会议规则，大家七嘴八舌地议论开来。有人提出设计一种专用电线清雪机；有人提出用电来化雪；有人想到用振荡技术来除雪；有人提出带上把大扫帚，乘坐直升机去扫雪……其中，对于"坐直升机扫雪"的设想，不少人心里暗暗发笑，但是有一位工程师听到这个想法后，大脑突然受到冲击。他想，每当大雪过后，出动直升机沿积雪严重的电线飞行，依靠高速旋转的螺旋桨搅起的风，即可将电线上的积雪刮落。他马上提出用直升机扫雪的设想，这也引发了其他与会者的联想。不到一个小时，与会的10个技术人员共提出90条新设想，最终找到了解决问题的锦囊妙计，电线除雪的难题得以巧妙解决。

资料来源：汪道胜．"头脑风暴"与民主[J]．发明与创新（综合版），2008，（01）：14-15．有改动．

4）以量求质。头脑风暴的发明人奥斯本在说明该原则时引用的调查结果显示，设想的数量与最终产生的优秀的设想数量成正比。也就是说，头脑风暴会上提出来的设想越多越好，只有这样，我们才能从中获得创新性的启发或直接找到最优方案。非常有意思的是，最好的设想往往是在头脑风暴会快要结束时提出的，据统计，会议后半期产生的好设想多达78%，因此，有专家提出，可以从已决定的会议结束时间起，将会议延长5分钟，这样既保证了设想的数量，也保证了设想的质量。

在实际应用中，坚守上述四项原则是头脑风暴法顺利进行的基础。其他的规则，可以根据具体情况来设定或改变。

（2）头脑风暴法的实施流程。

1）会议准备。会议准备包括明确会议主题，确定参会人员，选择会议主持人，明确会议的时间、地点等。其中参会人员以 5～10 人为宜。参会者要对问题感兴趣且人际沟通能力良好，最好具有不同的学科背景，可以有少数本问题领域的行家或实践经验丰富的人，但即便是行家，也应尽量避免从专业角度发表评论，以免影响头脑风暴会议的效果。

合适的会议主持人是头脑风暴会议顺利进行的重要保障。主持人应该对会议的主题有清晰的理解，同时具备一定的组织能力，在把握会议规则的前提下，善于启发诱导，能灵活处理会议中的突发情况，保证会议顺利进行。

2）热身活动。这是正式进行头脑风暴前的一个预备会，以期营造一种自由、宽松的氛围。在主持人说明会议规则后，可以随便谈些有趣的话题，鼓励参会者做任何发挥创造力的简单尝试，例如，参会者先一起玩个词语接龙游戏，使所有人员都处于精神轻松、思维活跃的状态，以更好地适应即将开始的头脑风暴会。

3）明确议题。主持人简明扼要地介绍会议主题，涉及面不宜太广，使参会者能够有的放矢地进行创造性思考。介绍时应使用有启发性的简明语言，避免介绍太过周全，限制参会者的思维，影响创新设想的提出。

4）提出设想。这是头脑风暴法的关键环节，参会者自由畅谈，并由他人的发言（知识、信息、情绪）激发联想，提出大量有价值的设想。在这个环节中，参会者必须严守头脑风暴法的原则，即不妨碍也不评价他人发言，只对别人的设想进行补充和发挥。主持人在此环节中，必须充分掌握时间，安排好发言的顺序，避免发言不均的现象；同时善用激发思考的多种手段，营造轻松氛围，避免头脑风暴会演变成辩论会。通常，会议延续1小时至2小时，形成的设想就会超过100种。如果一次会议意见发表不完，或经过短时间的沉淀产生了更有价值的设想，可以再次召开会议，以便充分表达各种设想。

设想的记录与设想的提出同时进行，可以设置2名记录员，记录要及时、全面，即便采用录音、录像等辅助性记录方式，笔录也不能被取代。记录在会后需及时进行整理和展示，以便后期对设想进行评价和选择。

5）评价选择。选出解决问题的最佳方案是头脑风暴法的最终目的，评价选择也是会议的一个重要环节。通常，对设想的评价和选择不与会议在同一天进行，因为会议当天参会者还处在激动的情绪之中，或对自己的设想存有执念，不能客观评价，而经过两天左右的沉淀，参会者不仅可以冷静思考、客观判断，还存在完善已提出设想的可能。筛选设想时应当依照一定的标准，如可行性、经济性、实用性、创新性。经过包括问题负责人在内的几个人的反复比较，确定1~3个最佳方案，这就是集体智慧的结果。

头脑风暴法自产生以来，在世界各国反响强烈，历经创造学研究者的探究和实践，形成了诸多变式，成为一个相对完善的创新技法群，如635法、卡片法、角色风暴法、图画刺激法。运用得当的话，头脑风暴法可以打开想象力的大门，让思维自由驰骋。

二、思维导图法

1. 思维导图的概念和特征

思维导图又称心智导图，是表达发散性思维的有效图形思维工具，它简单却又很有效,是一种实用性的思维工具。思维导图运用图文并重的技巧,把各级主题的关系用相互隶属与相关的层级图表现出来,把主题关键词与图像、颜色等建立记忆链接。思维导图充分运用左右脑的机能,利用记忆、阅读、思维的规律,协助人们在科学与艺术、逻辑与想象之间平衡发展,从而挖掘人类大脑的无限潜能。

英国人托尼·博赞是思维导图的发明者。他毕业于美国哥伦比亚大学,拥有心理学、语言学和数学多种学位,在大脑和记忆方面是超级专家,是世界记忆锦标赛的创始人,被称为"世界记忆之父"和"记忆大师"。学生时代的博赞并无特殊之处,他和我们一样经历了从小学到大学的"朝圣之旅"。进入大学后,他和众多大学生一样陷入了思维能力与学习任务严重不匹配的困境:要学的知识越来越多且越来越难,要记的笔记和要写的作业越来越多,可是由于记忆力、理解力、创造力和问题解决能力等不足以支撑学习的基本要求,无论如何努力,学习成绩却总是越来越糟糕。博赞没有选择屈服,而是前往图书馆寻求帮助,可是他惊讶地发现,没有一本与教导如何正确有效使用大脑有关的书籍。在短暂的失望之后,他意识到这可能是一块研究空白,于是开始思索并寻找新的解决方法。

博赞认为,思维导图是放射性思维的表达,因此也是人类思维的自然功能的体现。思维导图有五个基本的特征。

(1)焦点集中。焦点集中是指我们在画思维导图的时候,一定要能够突出中心,如果我们拿到一张思维导图而一眼看不出它的中心,那么这种图无疑是失败的。而突出中心最常用的办法就是使用中心图形或醒目的艺术字来代替普通文本,这样容易让我们一眼就能抓住思维导图的核心。就像当我们看到图2-1所示的思维导图时,一眼就可以看出这张图是要讲思维导图的特征。这一点至关重要。

(2)主干发散。主干发散是指我们在拿到一张思维导图的时候,能够一下子找到它的主干分支,而不是一片混乱。在图2-1中,我们很快就可以知道,思维导图的特征是分为五大部分的,每一分支下面有各自的内容,条理非常清晰,这就保证了我们能够快速高效地对思维导图进行理解加工。

(3)层次分明。层次分明主要强调的是,思维导图的内容并不是随意发散、随意安排的,而是按照知识内部的结构来进行分级加工的,重要的话题、与焦点联系密切的话题要尽量放在靠近思维导图中心的位置,而一些相对来说次重要的内容可以安排在思维导图边缘的位置,这样就能够保证学习者很快地掌握思维导图所要讲的重点内容,以及这些内容之间的层级关系。

(4)节点相连。节点相连就是思维导图的内容不是孤立的,而是通过线条连接成了一个整体。这里每一条线都代表着一条思考路径。

(5)图形、颜色、代码。当我们在绘制思维导图的时候,为了可以有效地刺激大脑,一般使用丰富的图形、颜色等,当然图形一定要与内容紧密联系方可使用,可以不用,但也不可滥用,如果用得不合适,反而是对主题内容的干扰。

大量研究证实,思维导图对记忆、理解、信息管理、思维激发、思维整理都有不同程度的作用，思维导图开始呈现出越来越多的运用方式。现如今，在人们学习、生活和工作的各个环节，思维导图都在展现着它无穷无尽的生命力。

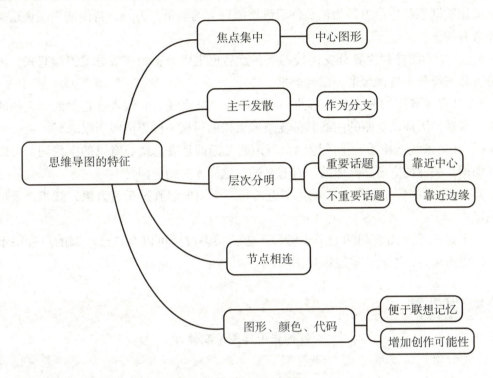

图 2-1　思维导图的特征

2. 绘制思维导图的方法和步骤

（1）绘制思维导图的方法。思维导图的绘制非常简单，思维导图就是一份帮助自己了解并掌握大脑工作原理的使用说明书。

思维导图就是借助文字和图形，将自己的想法"画"出来，因为这样才更容易记忆。绘制过程中我们要使用到颜色。因为思维导图在确定中央图像之后，有从中心发散出来的自然结构——它们都使用线条、符号、词汇和图像，遵循一套简单、基本、自然、易被大脑接受的规则。

使用颜色可以将一长串枯燥无味的信息变成丰富多彩、便于记忆、有高度组织性的图画，接近于大脑平时处理事情的方式。

绘制思维导图的工具一般为一张大一点的白纸、彩色水笔和铅笔数支，这些就是基本的工具。当然，在绘制过程中，还可以有更适合自己习惯的绘图工具，如成套的软芯笔、色彩明亮的涂色笔或钢笔。

（2）绘制思维导图的步骤。

1）从一张白纸的中心开始画图，周围留出足够的空白。从中心开始画图，可以使自己的思维向各个方向自由发散，能更自由、更自然地表达你的想法。

2）在白纸的中心用一幅图像表达自己的中心思想。图像不仅能刺激我们的创意性思维、帮助我们运用想象力，还能强化记忆。

3）尽可能多地使用各种颜色。因为颜色和图像一样能让大脑兴奋。颜色能够给思维导图增添跳跃感和生命力，为创造性思维增添巨大的能量。另外，自由使用颜色绘画本身也非常有趣。

4）将中心图像和主要分支连接起来，然后把主要分支和二级分支连接起来，再把二级分支和三级分支连接起来，以此类推。

5）让思维导图的分支自然弯曲，不要画成一条直线。曲线永远是美的，人们的大脑会对直线感到厌烦。美丽的曲线和分支就像大树的树枝一样更能吸引眼球。

6）在每条线上使用一个关键词。所谓的关键词是表达核心意思的字或词，可以是名词或动词。关键词应该是具体的、有意义的，这样才有助于回忆。

7）自始至终使用图形。思维导图上的每一个图形都胜过千言万语，就相当于记了大量笔记。

以上是思维导图绘制的七个步骤，不过，很多技巧可以在自己绘制的过程中不断总结。运用想象力，不断改进思维导图。

拓展链接

各种思维导图绘制软件

我们常见的思维导图的绘制有手绘和软件绘制两种方式，用软件绘制思维导图更加方便快捷，并且修改起来更加自由简单。绘制思维导图的软件有很多种，如iMindMap、MindManager、MindMapper、FreeMind、XMind、DropMind、NovaMind，每一款软件都有它针对的人群，也就是说，这么多思维导图绘制软件，总有一款适合你。其中最常用的思维导图绘制软件当属 iMindMap 和 MindManager 了。被誉为"最漂亮的思维导图软件"的 iMindMap 是思维导图创始人托尼·博赞的公司开发的思维导图绘制软件，iMindMap 以如同手绘般的自由线条为主要特点，用它来绘制思维导图时，分支线条灵活，容易修改，操作便捷，同时具备的 3D 效果会给使用者带来绚丽的视觉感受。MindManager 是由美国 Mindjet 公司开发的一款思维导图绘制软件，有着直观、友好的用户界面和丰富的功能，能帮助人们整理思维、资源和项目进程，在商业、经济等领域有着广泛的应用，是目前使用人数最多的思维导图软件。

三、六顶思考帽法

也许你有过这样的经历：在思考一件事情时，思绪变得像一团乱麻一样理不清头绪。如果我们企图在同一时间内做太多的事情，也会遇到这样的问题，我们需要客观理性地收集并分析信息资料，但是又会受自身的感觉和情绪的影响。我们在追求利益的同时还需要考虑不利的一面，既要勇往直前又需小心谨慎，总之，人们很难在同一时刻对一个复杂问题的各个方面进行清晰、有效的思考。另外，团体中的每个人看问题的角度也不同，大家会各执一词，容易引起毫无建设性的争论，难以得出一致的结论。

针对这些问题，被尊为"创新思维之父"的爱德华·德·博诺博士提出了著名的六项思考帽法。这种独特的思考方法在政府、企业和个人的决策方面得到了广泛且成功的应用。

1. 六项思考帽法概述

六项思考帽法是一种思维训练模式，或者说是一个全面思考问题的模型。它提供了"平行思考"的工具，避免将时间浪费在互相争执上。它强调"能够成为什么"，而非"本身是什么"，是寻求一条向前发展的路，而不是争论谁对谁错。运用六项思考帽法，混乱的思考会变得清晰，团体中无意义的争论变成集思广益的创造，使每个人都变得富有创造性。

六项思考帽法是平行思考的工具，是创意思考的工具，也是人际沟通的操作框架，更是提高团队智商的有效方法。

六项思考帽法是一个操作简单、经过反复验证的思维工具，它能给人以勇气和创造力，让每一次会议、每一次讨论、每一份报告、每一个决策都充满新意和生命力。这个工具能帮助我们做到：①提出建设性的观点；②聆听别人的观点；③从不同角度思考同一个问题，从而创造高效的解决方案；④用平行思考取代批判式思维和垂直思考；⑤提高团队成员的集思广益能力，为统合综效提供操作工具。表2-1为六项思考帽的功能。

表2-1 六项思考帽的功能

颜色	感觉与印象	代表功能
白色	中立而客观	代表客观的事实和资讯，中性的事实与数据帽，处理信息的功能
红色	情感的色彩	代表感觉、直觉和预感，情感帽，形成观点和感觉的功能
黑色	阴沉的颜色	意味着警示与批判，谨慎帽，发现事物的消极因素的功能
黄色	乐观的帽子	代表与逻辑相符合的正面观点，乐观帽，识别事物的积极因素的功能
绿色	春天的色彩	创意的颜色，创造力之帽，创造解决问题的方法和思路的功能
蓝色	天空的颜色	笼罩四野，控制着整个过程，指挥其他帽子，管理整个思维进程

2. 六项思考帽法的思考方法

（1）白色思考帽。白色思考帽与信息和数据直接相关，代表客观的事实和数字。当我们使用白色思考帽的时候，每个人都只能把注意力直接放在信息上。白色思考帽是一种方便的思考方式，我们首先需要列出我们已经掌握的信息；其次，努力找出信息的空白处，检查已有的信息，收集我们遗漏的信息；最后，通过倾听、阅读、提问来获取我们需要的信息。

白色思考帽重视事实和信息，拒绝个人主观情感的参与，要求参与的每个人都说出一个观点，要求充分发挥每个人的主观能动性，发挥自己在群体思考中的作用。

（2）红色思考帽。红色思考帽允许我们肆无忌惮地表达我们的情感，讲述我们的直觉。直觉是一种复杂的判断，它往往基于对某个领域的了解和在类似领域取得的经验，为我们的判断增加砝码；它基于过去的经验，让经验以不同角度出现在脑海里，结果可能是迸发创意、取得重大突破。

1）红色思考帽有三种作用：①承认情感是思维的一部分；②让情感得到发泄；③让直觉和预感发挥优势。

2）使用红色思考帽需要遵循以下四个原则：①正确认识和运用直觉与情绪；②不要证明或解释自己的感觉；③认可预感，但并非只凭预感做决定；④尽量在30秒内做出回答，避免过度使用红色思考帽。

案例 2-16

爱因斯坦的直觉

一次，一位物理学教授把自己的一项研究成果拿给爱因斯坦看。爱因斯坦看了最后的结论，说："你这个结论有错误。"那位教授很奇怪："您还没有看我的推导过程，怎么知道我的结论有错误呢？"爱因斯坦说："正确的结论一般都很简单，而你的结论太复杂了。"教授不服气，回去重新推导了几遍，果然发现有错误。

很多成功的科学家、企业家都具备这种直觉能力，尽管它不能保证百分之百正确，但它也有可能成为我们决策时的影响因素。

资料来源：褚建伟，张春青，范琳. 创新创业教育 [M].2 版. 北京：高等教育出版社，2021.

（3）黑色思考帽。黑色思考帽考虑的是事情的负面因素，它以否定、怀疑、悲观的看法对事物的负面因素进行逻辑判断和评估，谨慎小心地指出任一观点的风险所在。

1）黑色思考帽的要点有四个：①合乎逻辑的批判；②考察过去的经验；③一定的想象力；④提出自己的看法。

2）黑色思考帽的难点有两个：①避免辩论；②避免批评的惯性。

（4）黄色思考帽。黄色思考帽将正面、乐观、积极的情况集中起来，饱含希望和正面思想，积极寻找事物的闪光点。它让我们追寻利益、渴望成功，这种思考模式指引我们的未来向更好的方向发展。

黄色思考帽包含三个要点：①逻辑性；②实现的条件；③组织外的意见。

黄色思考帽帮助我们探求事物的优点、评估价值、分析利益，证明观点的可能性，并努力让它变得可行。当面对未来的不确定性的时候，黄色思考帽还可以通过一些问题找到实施的可行性，如寻求线索、预测趋势。

（5）绿色思考帽。绿色思考帽的思考方向是创意思考，提出解决方案，它能够使我们提出新的创意。在绿色思考帽下，我们可以列出各种可能的选择，既包括原有的选择，也包括新产生的选择。绿色思考帽让我们对提出的意见进行修正和改进。它的价值在于让每个人都留出专门的时间进行创意思考，培养我们的创新创造能力，这种创造力不仅包括大胆的创造力，也包括审慎的创造力。绿色思考帽本身并不能使我们变得更有创造力，但是它可以使我们有时间集中精神加强创造力。

（6）蓝色思考帽。蓝色思考帽是思考中的思考，是对思考的指挥和控制。它的作用就是组织前五种思考方法，有机地排序并进行集体思考，同时还要经常进行总结。例如，在集体中，有一个人要自始至终戴蓝色帽子，安排和指挥整个思考过程的发展，并经常对思考结果加以总结。他是组织者、指挥者和总结者。

蓝色思考帽作为一项主持人的帽子，被穿插运用在整个思考过程中，具体有以下八个主要用途：①限定焦点和目的；②制订思维计划或议程；③观察和评论；④处理对特定种类思考的需要；⑤指出不合适的意见；⑥决定下一步；⑦促使团队做出决策；⑧确定结果和总结。

蓝色思考帽的行为要点包括以下三点：①问题的提出；②设定思考工作；③记录与总结。总之，蓝色思考帽的主要责任是集中思考者的思考范围，把所有人的心智集中在某个点上，并对某一点尽可能地深入思考，尽可能地就某一点拓宽思路。

六项思考帽的思维导图（图2-2）可以更直接地帮助我们了解各项思考帽的特征。

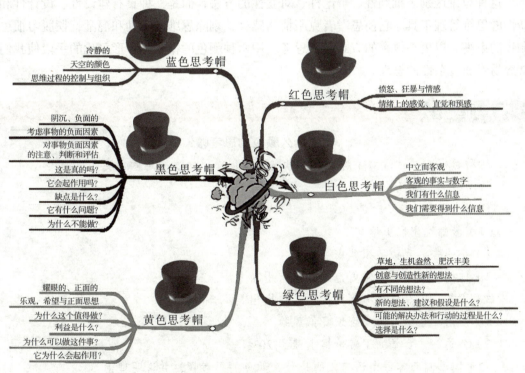

图2-2　六项思考帽法的思维导图

3. 六项思考帽法的应用

（1）六项思考帽法的使用规则。

1）只有戴蓝色思考帽的主持人可以决定使用什么颜色的思考帽，其他成员不允许随意更改思考帽，以免引起争论。

2）六项思考帽不是对思考者的分类，而是对参与者思考方式的分类。

3）每个参与者都应该会使用所有的帽子。

4）在使用六项思考帽的时候，不能提及它们的功能。

5）每项思考帽都有限定的时间，不能无限制地使用。

6）思考帽可以单独使用，也可以系统地进行使用或多次使用。

（2）六项思考帽的应用。爱德华博士说："有两种使用六项思考帽的基本方法：一种是单独使用某顶思考帽来进行某个类型思考的方法，另一种是连续地使用思考帽来考察和解决一个问题。"

一个典型的六项思考帽团队在实际中的应用步骤如下：

1）陈述问题事实（白帽）。

2）提出如何解决问题的建议（绿帽）。

3）评估建议的优缺点：列举优点（黄帽）；列举缺点（黑帽）。

4）对各项选择方案进行直觉判断（红帽）。

5）总结陈述，得出方案（蓝帽）。

这种思维区别于批判性、辩论性、对立性的方法，而是一种具有建设性、设计性和创新性的思维管理工具。它使思考者克服情绪感染，剔除思维的无助和混乱，摆脱习惯思维枷锁的束缚，以更高效率的方式进行思考。用六种颜色的帽子这种形象化的手段使我们非常容易驾驭复杂性的思维。

课堂训练

戴什么颜色的思考帽

活动目标：通过活动了解六项思考帽中每顶帽子代表的思考角度。

活动时间：10分钟。

活动步骤：

（1）教师说出以下语句：

1）小明告诉我：他很焦虑。

2）他的英语讲得非常好，这非常有用。

3）那是一条黑色思考帽评价，现在提出是不合时宜的。

4）使用安全输液工具可以降低风险。

5）公司一楼食堂的用餐价格上涨了20%。

（2）同学们回答每个语句戴的是什么颜色的思考帽，并说明理由。

（3）教师点评总结。

讨论交流

某天，山洪暴发，一棵大树被洪水从山上冲到了山下。甲、乙二人同时发现了它，于是二人商量如何分树。

甲很想得到这棵树，但一想，也不能说得太直白，不能让乙说自己自私，怕引起乙的不满，便很委婉地对乙说："树是我们两人同时发现的，你说吧，你说怎么分就怎么分。我家最近要盖新房，分完树我还得回家准备材料去！"乙听了甲的话，自然明白了他的意思，他仔细地看了看那棵树，很大方地对甲说："你家盖房子需要木料，我要木料也没什么用。这样吧，树根归我，我回去当柴烧，其余的都归你。"甲听了非常高兴，他也很佩服乙的大度。两个人便各自找来家人帮忙把树按照乙的办法分开了。甲高高兴兴地把树干运了家，乙也在家人的帮助下把树根抬了回去。

甲的家里根本不准备盖新房，只是为得到那棵树才这样讲的。第二天，他就把树卖给了一个准备盖房的人，得了 2 000 元钱。乙的家人听说后都很生气，说乙太笨，让别人得了便宜，乙只是笑了一笑。

过了一段时间，乙发现那个树根也没有什么用，但可以按照形状做成一个根雕，后来那个根雕卖了 10 万元。甲听说后气得饭都吃不下，但又无可奈何。

【各抒己见】

1. 听到这个案例，你有什么感想？
2. 你曾经有没有或身边的人有没有这样变废为宝的例子？如果有，请与大家分享。

实践案例

华夏之音团队集思广益定发展

模块实训

实训活动一　芦荟的奇妙之旅

活动目标：学会组织实施头脑风暴法；学会并运用发散思维、收敛思维进行创新思考。

活动步骤：

（1）教师将学生进行分组，5～10 人为一组，确定参会人员，各组分别选出一个会议记录员，完成会议准备。

（2）明确会议主题，并给学生留出一定的思考时间，让学生在放松的状态下进行准备。

（3）各小组请运用发散思维列出芦荟的用途，越多越好。

（4）下课各学习小组请运用收敛思维对步骤（3）的发散结果进行筛选、完善、补充，将形成的"芦荟产品"推销给其他同学，并将最后方案上传至学习通平台。

（5）学生展示成果，教师点评。

<h3 style="text-align:center">实训活动二　用思维导图呈现课程内容</h3>

活动目标：能灵活运用思维导图软件对所学课程内容进行呈现，从而加深理解。

活动背景：思维导图不仅是一种图像式思维的工具，更是一种利用图像式思考辅助工具来表达思维的工具。本模块内容不仅包含我们在创新活动中经常要用到的典型的创新思维，还介绍重构思维的思维工具，思维导图能帮助我们加深对这些内容的理解和掌握。

活动时间：1小时。

活动步骤：

（1）随机分组，4~6人为一组，小组确定选用哪一款软件或手动绘制。

（2）每组用思维导图绘制本模块主要内容。

（3）所有小组提交作业，教师审阅总结。

模块三
创新能力：创新能力培养与创新技法

学习指南

创新能力是民族进步的灵魂、经济竞争的核心；当今社会的竞争，与其说是人才的竞争，不如说是人的创造力的竞争。大学生是极具创新潜能的，只要采取合适的方法，他们的创新能力是可以大幅度提高的。

本模块介绍创新能力的概念、构成要素、特征及自我评估维度等基本内容，强调培养创新能力的关键，并重点介绍奥斯本检核表法、分析列举法、组合创新法、5W2H法、综摄法5种常见的创新技法，以及和田十二法等其他创新法，为学生提高创新的意识和能力提供了方法与途径。

学习目标

知识目标
1. 理解创新能力的概念、特征、构成要素及评估维度；
2. 掌握大学生创新能力的培养途径；
3. 掌握创新方法。

能力目标
1. 能够有意识地培养自己的创新能力，提高创新素质；
2. 能够积极运用创新技法解决实际问题，为创业做准备。

素养目标
1. 养成对新事物的好奇心，激发对常用创新方法的兴趣；
2. 具备基本的创新意识与创新精神，具有坚定的信念和奋斗的精神。

案例导入

中国创新指数稳步上升

世界知识产权组织发布的《2021年全球创新指数报告》(以下简称《报告》)显示，

中国排名第12位，较2020年上升2位。中国自2013年起，全球创新指数排名连续9年稳步上升，上升势头强劲。

《报告》高度评价中国在创新方面取得的进步，并强调了政府决策和激励措施对于促进创新的重要性。从创新投入看，中国的贸易、竞争和市场规模、知识型工人等大类指标均处于全球领先地位，国内产业多元化、全球研发公司前三位平均支出、产业集群发展情况、资本形成总额在国内生产总值中的占比等细分指标均排名靠前。这表明中国在促进产学研合作，发展特色产业，做实、做强、做优实体经济等方面采取了更多措施，为企业创新发展营造了更好的环境。

从创新产出看，中国的优势集中在无形资产、知识的创造和知识的影响。其中，专利、商标申请，创意产品出口在贸易总额中的占比等细分指标均实现全球领先。2021年，知识传播这一大类指标进步明显，特别是知识产权收入在贸易总额中的占比这一细分指标持续进步，表明中国正逐步从知识产权引进大国向知识产权创造大国转变。

资料来源：廖俊杰，吴建材. 创新创业教育[M]. 广州：广东教育出版社，2019.

案例思考

案例中的数据说明了什么？思考国家发展为什么要重视创新能力。

任务一　创新能力概述

创新是一个民族进步的灵魂，是一个国家兴旺发达的不竭动力。中华民族自古以来就非常重视创新能力的培养。两千多年前，老子就在《道德经》中提出"天下万物生于有，有生于无"的创造思想，孔子也提出要"因材施教"及"不愤不启，不悱不发，举一隅不以三隅反，则不复也"的思想。

1919年，我国教育家陶行知先生把"创造"引入教育领域，他在《第一流的教育家》一文中提出，要培养具有"创造精神"和"开辟精神"的人才，培养学生的创新能力对国家富强和民族兴亡有着重要的意义。对于个人来说，创新能力已成为高素质人才的核心和灵魂。一个人只有不断提高自身的创新创造能力，才能不断获得成长和发展。

一、创新能力的概念

创新能力是指创新主体从事创新活动的能力。具体来说，创新能力就是创新主体按照一定的目标，运用已有的经验对原有事物进行加工改造，从而产生具有社会价值的新事物的能力。

对于个体而言，创新能力是指在创新活动中表现出来的潜在的心理品质，即创新能力就是人在创新活动中所体现出来的总体活动水平。一般来说，创新能力可以简称创新力。其中在创造过程中的创新能力，简称创造力；在创意过程的创新能力，简称创意力；在创业过程中的创新能力，简称创业力。

大学生创新能力的培养是我国教育改革的重要内容，《中华人民共和国高等教育法》规定：高等教育担负着"培养具有社会责任感、创新精神和实践能力的高级专门人才发展科学技术文化，促进社会主义现代化建设"的重任。提高大学生创新能力既是法律规定的教育任务，也是实现两个100年奋斗目标的迫切需要。

二、创新能力的构成要素

创新能力的构成可以归结为知识、智力和个性三个方面。知识是创新能力的基础要素。智力是创新能力的核心要素。智力包括五大要素，即观察力、注意力、记忆力、想象力、思维力，分别对应学习的着力点、速度、深度、广度和精确度。个性是创新能力的保证要素，是创新活动中所表现出来的非智力因素。一般来说，非智力因素包括动机、兴趣、情感、意志、性格等。创新者的个性品质可以总结为"四个三"。

（1）三欲：求知欲（探求知识的强烈欲望）、求战欲（勇于挑战的强烈欲望）、求美欲（追求完美的强烈欲望）。

（2）三感：责任感、义务感、自豪感。

（3）三心：刨根问底的好奇心、奋发有为的进取心、攻坚克难的好胜心。

（4）三性：自制性、坚持性、独立性。

总之，知识、智力和个性是创新能力构成的基本要素，它们相互作用，决定创新能力的水平。

三、创新能力的特征

（1）综合独特性。我们观察创新人物的能力构成时，会发现没有一个是单一的，都是几种能力的综合，这种综合是独特的，具有鲜明的个性色彩。

（2）结构优化性。创新人物的能力构成呈现出明显的结构优化特征，而这种结构是一种深层或深度的有机结合，能发挥出意想不到的创新功能。

案例 3-1

杨明平：创业在课堂

杨明平是一位"80后""高校系"创业者，2012年《福布斯》刊登的"中国30位30岁以下创业者"名单上，他位列其中。

上大学三年级时，杨明平盘下了学校旁边的一家餐饮店面，一年后，他将饭店做成了年收入200万元的火锅店。如果说开火锅店是误打误撞，那么创办超级课堂则是杨明平团队深思熟虑后的结果。这也是他从传统线下走向线上，进入科技领域的一大转折。超级课堂的目标是将在线教育规模化，通过两个途径来实现，一个是互联网，另一个是内容。经过一年的时间，超级课堂有了1万多位付费用户，销售收入达3 000万元。

如今他专注于移动教育的应用产品开发和运营，旗下有两大产品线：产品之一为"物理大师"——专注于k12（中小学）教学资料片的开发和运营；产品之二为"老师无忧"——提升教师批改作业和试卷效率的工具，把纸质作业电子化，并构建大数据的题库系统，形成教师提升效率、用户黏度极高的产品。在此基础上，构建教师社交、家校沟通的平台。"我们能提供激动人心、最高效的教学资料片，以及作业批改和社交工具，帮助教师在课前、课中、课后提升效率，更多地专注于学生互动，打造未来的课堂。"杨明平自豪地说。

杨明平还同时活跃于创业投资领域，做过移动美术社交和智能出行。在他看来，投资看项目能提升自己创业的技能，创业的经历又能提升投资项目的判断能力。当然，他一直在教育领域探索、突围，这个领域也是他热情和专业所在，他表示将来也会一直探索下去。

资料来源：佚名.超级课堂杨明平：创业在课堂.山东理工大学创新创业学院，2020-07-22.有删减.

四、创新能力的自我评估维度

1. 学习能力

学习能力，即获取、掌握知识、方法和经验的能力，包括阅读、写作、理解、表达、记忆、搜集资料、使用工具、对话和讨论等能力。

2. 分析能力

事物是由不同要素、不同层次、不同规定性组成的统一整体。分析能力，即把事物的整体分解为若干部分进行研究的技能和本领。

3. 综合能力

综合能力，即强调把研究对象的各个部分结合成一个有机整体进行考察和认识的技能与本领。综合是把事物的各个要素、层次和规定性用一定线索联系起来，从中发现它们之间的本质关系和发展的规律。

4. 想象能力

想象能力，即以一定知识和经验为基础，通过直觉、形象思维或组合思维，不受已有结论、观点、框架和理论的限制，提出新设想、新创见的能力。

5. 批判能力

批判能力，即在学习、吸收已有知识和经验时，使人们不盲从，而是批判性地选择性地吸收和接受，去粗取精、去伪存真的能力。

6. 创造能力

创造能力是创新能力的核心，是指首次提出新的概念、方法、理论、工具、解决方案、实施方案等的能力，是创新人才的禀赋、知识、经验、动力和毅力的综合体现。

7. 解决问题的能力

解决问题的能力，包括提出问题和凝练问题，针对问题选择和调动已有的经验知识及方法，设计和实施解决问题的方案，对于难题，能够创造性地组合已有的方法乃至提出新方法来予以解决。

8. 实践能力

实践能力，特指社会实践能力。提出创造发明成果只是创新活动的第一阶段，要使成果得到承认、传播、应用，实现其学术价值、经济价值和社会价值，必须和社会打交道。实践能力就是为实现这一目标而进行的各种社会实践活动的能力。

9. 组织协调能力

组织协调能力，即通过合理调配系统内的各种要素，发挥系统的整体功能，以实现目标。对于创新人才来说，要完成创新活动，就要协调各方，当拥有一定资源时，就可通过沟通、说服、资源分配和荣誉分配等手段来组织协调各方以最终实现创新目标。

10. 整合多种能力的能力

创新人才的宝贵之处在于拥有多种才能，更重要的是，能够把多种才能有效地整合在一起发挥作用。整合多种能力的能力是一个人能力增长和人格发展的结果，这需要通过学习、实践和人生历练而获得。完成重大创新，拥有整合多种能力的能力是一个关键。

案例 3-2

巧解蛋糕装盒难题

苏联作家高尔基早年曾在一家食品店当童工。有一天，食品店接到一张订单，上面写着："定制蛋糕9块，要装在4个盒子里，每个盒子装的蛋糕又不得少于3块。"蛋糕很快就做好了，可怎么包装呢？老板一会儿这样摆，一会儿那样摆，就是无法合乎客户的要求，全店的人都为此伤透了脑筋。这时，干杂活的高尔基好奇地拿过单子一看，笑着说："这有何难？让我来试试。"只见高尔基拿来3个小盒子，每盒装3块蛋糕，再拿来一个大盒子，把3个小盒子尽装其中，最后用绳子一扎完成包装。高尔基的聪明之举使在场的人非常佩服。

在创新的过程中，我们会碰到各种各样的问题。当面临自己从没有遇到过的事物或问题的时候，单凭已有的经验只能束手无策，这时，要使问题得到顺利解决，必须具有创新的思维和方法。

资料来源：王振杰，刘彩霞，刘莲花，等. 大学生创新创业基础 [M]. 2版. 北京：高等教育出版社，2023.

任务二　培养创新能力

一、创新能力缺失的原因

（1）缺乏创新意识和创新欲望，忽略了自己创新能力的培养。学习上求知欲不足，依赖性强，不注重思考和质疑，缺乏"问题意识"，主观上不注重创新能力的培养和提升。

（2）缺乏创新兴趣。创新兴趣是人们积极从事创新工作的动力，是人们在艰辛烦琐的创新探索中的快乐源泉。若缺乏创新兴趣，则难以激发创新潜能，无法达到创新工作需要的广度和深度。

（3）形成了思维定式。在长期的思维实践中，每个人都会形成自己惯用的、格式化的思维模式，当面对外界事物或现实问题的时候，就会不假思索地把它们纳入特定的思维框架，并沿着特定的思维路径对它们进行思考和处理，这就是思维的惯常定式。

（4）对科学的崇尚意识与参与行为之间存在较大反差。认识上追求创新，体现出了比较积极主动的精神状态，但行动上不能落实，主动性发挥不够，欠缺投身实践的勇气和能力。

案例 3-3

固守传统，失去未来——李明的教训

李明是一位经验丰富的木匠，他的手艺在老一辈人的口中堪称一绝。然而，随着时间的推移和科技的发展，传统的木工艺逐渐被现代家具设计所取代。整个行业都在朝着使用新材料和数字技术的方向迅速发展，但李明却坚守着他的木工作坊，拒绝改变。

李明的邻居张薇是一位年轻的家具设计师，她的工作室里充满了创新的设计和先进的制造技术。张薇多次邀请李明参加她举办的现代家具设计研讨会，希望他能拓宽视野，学习新的技术。然而，李明总是婉拒张薇的好意。他认为，传统的木工艺是无可替代的艺术，他不愿意去学习那些看似复杂的新技术。李明的坚持让他错过了与时代同步的机会，他的工作坊开始显得陈旧，顾客越来越少。年轻一代更倾向于购买具有现代感和个性化设计的家具，而他的手工制作的传统家具在市场上变得不再受欢迎。李明开始感到焦虑和迷茫，他意识到自己可能失去了与时俱进的机会。直至有一天，李明在街头看到一家新开的家具店前人潮涌动，店内展示的都是采用先进数码技术制作的个性化家具。他心中涌起了强烈的危机感，他开始怀疑自己的坚持是否真的值得。

在深思熟虑之后，李明决定去拜访张薇，希望能了解一些现代家具设计的知识。张薇热情地接待了他，并向他展示了如何使用计算机辅助设计（CAD）软件来创造新颖的家具设计。李明感到非常震撼，他从未想过木材能以这样的方式被重新诠释。

在张薇的帮助下，李明开始学习新技术。他发现自己虽然年纪已大，但学习新知识的过程却让他感到无比兴奋和满足。他开始尝试将传统木工艺与现代设计相结合，创造出既有传统美感又符合现代审美的家具。几个月后，李明的工作坊焕然一新，他的作品再次吸引了顾客的目光。他的新系列家具不仅赢得了年轻人的喜爱，也让他重新获得了市场的认同。李明意识到，创新不仅是为了迎合市场，更是一种让自己不断成长和进步的方式。

李明的故事告诉我们，创新是个人成长和适应变化的关键。缺乏创新意识可能会导致个人在职业发展上遇到瓶颈，甚至被时代淘汰。通过不断学习和接受新事物，我们能够打破传统束缚，拓展自己的视野，实现个人的蜕变和成长。李明的转变虽然来得有些晚，但他的勇气和决心证明了改变永远不会太晚，创新的力量能够帮助我们克服挑战，迎接未知的未来。

二、提升创新能力的原则

在科学技术飞速发展的今天，创新意识和创新能力越来越成为一个国家国际竞争力及国际地位的重要决定因素。经统计，中国的科技人力资源达到 3 000 多万人，名列世界第一；研发人员 100 多万人，名列世界第二。这是中国进入创新型国家行列，任何国家都无法比拟的宝贵资源。提升创新能力的原则有以下四个。

1. 个性化原则

每个人都是一个特殊的不同于他人的现实存在。从某种意义上说，个性化就是创造性的代名词，没有个性，就没有创造。因此，培养大学生的创新能力必须遵循个性化原则，因材施教，重在激发大学生的主动性和独创性，培养其自主的意识、独立的人格和批判的精神。确立教育的个性化原则，一是主张承认差异，发展差异，鼓励竞争，鼓励冒尖，不求全才，允许有突出个性和才华的人员生存与发展。二是要从小培养和强化自主意识和独立人格。三是要因材施教。所谓因材施教，就是针对人的能力、性格、志趣等具体情况施行不同的教育，在所有的环节中，培养学生的创新精神，努力创造一种宽松、自由、民主的"教学相长"的良好氛围。

2. 系统性原则

所谓系统，是由相互联系、相互作用的若干要素，以一定结构组成的，具有一定整体功能的有机整体。系统科学理论为我们发展创新能力提供了方法论的启示和指导。培养学生的创新能力是一项系统工程，需要解决以下三个比较突出的问题：一是要进一步加大教育改革力度。教育在人的全面发展和社会进步中具有先导性作用。二是要尽快在全社会建立激励学生创新的价值导向机制。社会价值取向具有激励和约束两方面的作用。三是要加速以活动中心、博物馆、天文馆、图书馆等为主体的基础设施建设和以多媒体电化教学为标志的教育技术现代化进程，为培养学生的创新能力提供有效载体和物质保障。

3. 实践性原则

实践是人所特有的对象性活动。马克思主义认为，实践改造自然，不仅改变自然物的形态，更重要的是，在自然物中贯注人的需要、目的和本质力量，使其从"自在之物"转化为"为我之物"，从而创造出按照自然世界本身的运动不可能产生的事物。实践分化世界的过程，实际上就是"按照人的样子来组织世界"和创造世界的过程。遵循实践性原则，就是坚持马克思主义的教育观和人才观，坚持创新是一种创造性的实践，坚持以实践作为检验和评价创新能力的唯一标准。

4. 协作性原则

所谓协作，是指由若干人或若干单位共同配合完成某项任务。个性品质中的协作特征就是这样一种因素。世界国民教育的主旋律也已经从培养儿童"学会生存"转变为"学会关心"。要想在现有科学技术的基础上有所创造，就必须学会与别人进行信息共享。由此看来，人的创造性既是一种个人化的品质，也是一种社会化的特征。培养学生的协作精神，首先要从小培养他们乐观、豁达、开朗的性格，学会与人相处、关心他人。其次是要多让他们参加各种各样的集体活动，学会在一个有竞争的集体中进行工作，学会在与人合作中进行创造。

案例 3-4

未来十年创新经济行业发展

过去十年是以移动互联网为标志的十年科技周期。5G等科技基础设施超前建设、摩尔定律延续及全球技术开放、发达的私募股权市场，以及宽松、友好的创新环境成为过去十年中国经济获得成功的主要因素。

随着互联网用户增速与时长增速双双下滑，流量红利逐渐消失，移动互联网周期走到末端。有报告认为，新一轮十年科技周期逐渐拉开帷幕，人们正处于新周期的起点。

眼下正处于智能经济时代的新起点：互联网和创新技术将与消费、产业、企业服务、高端制造、生物医药等深度融合，赋能于各行各业，以提升智能化水平和效率，助力双循环、产业升级、自主创新与出海经济。

某研究组织从宏观环境、结构变化、产业变革三个角度出发，判断未来十年会出现以下五大趋势。

（1）新商业模式。疫情催化加速的新平台、新媒介、新工具、新品牌、新服务、新渠道，反映了科技和数字化渗透下消费和产业互联网的变化、广大用户对新生态的宽容和接受、"小而美""小而精"细分行业龙头竞争优势的强化，这些行业趋势将不可逆转。

（2）新产业链。目前，半导体、科技硬件和软件行业的"卡脖子"领域范围广、程度深、"痛点"强，国内自主研发产品替代进程任重道远，但也有望带来弯道超车的机遇和万亿元级别的市场容量，基于此，我们可通过大力促进科技创新、产业升级和进口替代来进一步维护及提升我国的经济安全与产业安全。

（3）新消费群体。Z 世代整体消费规模预计到 2035 年将增长 4 倍，高达 16 万亿元，是未来消费市场增长的关键。Z 世代的新消费人群注重"个性、国货、颜值、兴趣、健康"，对国内自主研发产品的接受程度较前代人高。未来，国产美妆、新兴食品饮料、潮流玩具及社交媒体电商等内的新消费品牌和服务供应商尤为值得关注。

（4）新人工智能时代。人工智能基础技术和市场应用空间巨大，有望引领第四次科技革命。软件、硬件与算法之间的隔阂将逐渐消除，万物互联共建智慧社会；国产替代在产业链基础层最具战略意义，在专用集成电路芯片领域成长可期；无人驾驶和智能汽车将引领出行改革，无人驾驶出行服务将彻底改变汽车业态和出行模式，市场规模远超过新车销售。

（5）新医健"智疗"行业。未来十年，中国将从"治疗"转向"智疗"，大健康行业迎来"β+α"组合机遇。其中，β 代表政策驱动、产业链转移、多产业联合发展、健康管理意识增强、人口老龄化的宏观背景趋势，α 是指互联网、技术进步、医药创新、进口替代、人工智能行业的产业机遇。在此基础上，未来会出现更多行业发展空间和优质标的。

资料来源：廖俊杰，吴建材. 创新创业教育[M]. 广州：广东教育出版社，2019.

三、抓住创新能力培养的关键

1. 重视创新主体的培养

人是一个复杂的存在物，每个现实的人总是物质性和精神性的统一、自然性和社会性的统一、客体性和主体性的统一，而对于创新能力的形成来说，人的主体性具有特别重要的现实意义和作用。大学生主要缺乏的不是知识，而是创新的意识、热情和追求。人的创新活动一定是有意识、自主和能动的行为，因此，创新能力培养必须注重人的主体性和人的价值观的培养。主体性主要表现为人在活动中的自觉性、能动性和主动性。在教育活动中要特别注意引导受教育者的主体性朝着正确的方向发展，发挥其积极作用，这是创新能力培养所必需的。

2. 知识储备与调整

（1）知识储备。创新要有科学的根据和坚实的知识基础。科学创新的基础在于知识储备。知之甚少，必然无法创新，创新是对前人经验的创新性继承，是对未来发展的链条式推动。

知识是人对世界的观念把握，又是人进一步认识和改造世界的工具及力量。知识是能力和价值观构成的基本要素，离开知识，能力和价值观就无从谈起。从更深远的意义上说知识能够真正为人们提供改造现实的力量。人是现实的存在物，存在于现实的世界中。人既不满足于自己的现实，又不满足于外部世界的现实，总是力图超越现实，追求高于现实的理想。总而言之，知识积累是创新能力培养的基础和前提。

（2）建立合理的知识结构。建立合理的知识结构时应遵循以下四条原则：要围绕成才目标来构造知识结构；要把知识的广博和精深结合起来；要把理论和实践结合起来；要把静态结构和动态调节结合起来。

（3）知识结构的调整方法。知识结构的调整方法常见的有更新法和补遗法。

案例 3-5

知识与创新的舞蹈——张华的转型之路

在知识的海洋中，每一片帆都是追寻创新风向的探索者。张华是一位从事生物技术研究的科学家，他的职业生涯充分展现了知识积累和结构调整如何共同塑造个人的创新能力。

张华在大学时期就开始对生物技术产生浓厚的兴趣，他通过课程学习、参与实验室研究项目及阅读最新的科学期刊来积累相关知识。这一阶段，他的知识结构相对静态，主要以吸收和理解已有的理论与技术为主。

工作后，张华加入了一家生物技术公司，这里的工作环境为他提供了更多实践的机会。他开始参与更为复杂的研发项目，需要不断学习新的试验技术和分析方法。在这个过程中，张华的知识结构开始发生动态变化，他不再仅满足于理论知识的学习，而是更加注重知识的应用和实践。

随着时间的推移，张华逐渐成为团队中的技术骨干，他开始意识到仅依靠现有的知识体系无法解决研究中遇到的新问题。于是，他开始跨学科学习，包括分子生物学、生物信息学和化学等多个领域的知识。这种跨学科的知识积累使他的知识结构进一步扩展和深化。在这个过程中，张华的创新思维也得到了极大的提升。他开始尝试将不同学科的理论和技术相结合，寻找解决复杂生物问题的新方法。例如，他利用生物信息学的方法来分析和解释试验数据，这在传统的生物技术领域中并不常见。

最终，张华领导的团队开发出了一种全新的生物检测技术，这种技术能够高效地检测出微量的物质，有望在医疗诊断和环境监测领域得到广泛应用。这一成就正是他多年知识积累和结构调整的结果。

张华的故事告诉我们，知识积累是一个动态且持续的过程，它不仅是数量上的增加，更是结构上的优化和升级。个体或组织在进行知识积累的同时，必须不断调整和优化自己的知识结构，以适应新的挑战和需求。这种结构调整往往伴随着创新思维的产生，因为它要求我们跳出传统框架，探索新的知识领域和解决问题的方法。另外，跨学科的学习对于促进创新尤为重要。它能够帮助我们打破固有的思维模式，将不同领域的理论和技术进行整合，从而产生全新的创新点子。张华正是通过跨学科的学习和实践，将生物信息学的方法应用到生物技术领域，实现了技术创新。

知识的积累和结构的调整是推动个人及组织创新能力提升的关键因素。它们不仅为我们提供了更广阔的视野和更深入的洞察力，也为创新思维的培养提供了肥沃的土壤。

3. 克服三大障碍

（1）思维模式障碍。思维模式就是人在思维活动中已经形成的定势，它是思维内容与思维方式的统一。定势思维的极端会发生思想僵化。因此，应努力克服这些影响创新思维的障碍。

（2）个性心理障碍。某些不良的个性心理品质会干扰和破坏心理系统功能的正常发挥，成为创新能力形成中的严重障碍，如胆怯、自卑、怠惰等。

（3）社会环境的障碍。社会环境的障碍是指创新能力形成中社会环境各方面的障碍，如政治环境的障碍、文化环境的障碍、知识经验的障碍、物质条件的障碍、人际关系的障碍等。

4. 强化创新素质的方法

（1）不断吸收新知识。不断吸收新知识，以替代过时的或弥补过去没有的知识，调整和改善自己的知识结构。

（2）进行单项能力训练。观察力、记忆力、想象力等与拥有的知识量的关系并不是绝对的，必须进行专门训练。

（3）提高心理素质。要提高心理素质具体要从七个方面入手：情感调控、意志培养、个性塑造、自我意识训练、智力训练、学习指导和交往指导。

（4）善于提出问题。通常人们大脑里有一个比较固定的概念，当某一经验与这个概念发生冲突时就会产生问题，若此问题反作用于思维世界，人们就会产生摆脱或消除问题的渴望，这就构成了创新的源泉。

5. 重视现实生活的教育意义

很多人认为，人的价值观是通过学校教育尤其是学校的知识教育确立的，其实这是一个认识误区。价值观固然有知识的成分，学校的知识教育也可以发挥必要的作用，但知识并不构成价值观形成的充分条件。价值观的确立是一个人对价值的理解、判断、选择和追求的结果，而其对事物价值理解、判断和选择的根据与标准则来源于他在现实生活中形成的价值观念，取决于他自身的需求和利益，来源于他的生活实践。因此，教育特别是价值观教育必须主动面向广泛的社会生活，不能热衷于说教而无视现实生活的教育意义。

案例 3-6

将脑袋打开"1 毫米"

一家生产牙膏的公司深受广大消费者的喜爱。但是近年来，营业额增长停滞下来，董事会对当前业绩表示强烈不满，便召开高层会议商讨对策。

在会议中，有一名年轻的经理站了起来，对总裁说："我有一张纸条，纸条里有一个建议，若您要采用我的建议，必须另付我 5 万元。"

总裁听后很生气地说："我每个月都支付给你薪水，现在叫你来开会讨论对策，你还另外要求 5 万元，是不是太过分了？""总裁先生，请别误会，您支付我的薪水，让我平时卖力为公司工作，但这是一个重大而又有价值的建议，您应该支付我额外的奖金。"年轻的经理说。"好，我就看看它为何值这么多钱！"总裁接过那张纸条，阅毕，马上签了一张5万元的支票给那名年轻的经理。原来纸条上只写了一句话："将现在的牙膏开口直径扩大1毫米。"

总裁采纳了年轻经理的建议，试想消费者使用直径扩大了1毫米的牙膏，每天牙膏的消费量会多出多少呢？

一个小小的改变，往往会引起意料不到的变化。当你习惯于采用旧有的思维模式而走不出一条新路时，何不将你的脑袋打开"1毫米"？

资料来源：王振杰，刘彩霞，刘莲花，等.大学生创新创业基础[M].2版.北京：高等教育出版社，2023.

任务三　创新技法

创新的核心是创新思维，而创新思维最重要的工具就是创新技法。人们在进行具体的创新活动时，为克服各种思维障碍、增加信息刺激、提高思维效率而采用各种创新技法，可以达到创造性解决问题的目的。

创新技法即创新技巧和方法，是创造学家根据创新思维的发展规律，收集研究了大量成功的创新案例之后，总结归纳出来的原理、技巧和方法，供人们学习、模仿和借鉴。它是创新理论和创新实践之间的一座桥梁，也是创新能力最重要的组成部分，掌握正确的创新技法知识和技能，对提高学生的创新能力具有重要的意义和作用。

创新技法具有以下两个方面的特点。

（1）在实践中的可操作性。创新技法将创造理论面向现实环境进行转换，形成了一些明确的、流程式的、规范化的、可被人们掌握的操作规则和运行程序，从而可以被具有基础知识的人们学习掌握并应用到各类不同的创新活动中。

（2）在使用中的技巧性和多样性。不同的创新领域，不同的创新问题，都能找到对应的创新技法，创新技法在不断地总结和完善。通过对创新技法多用多练，就能熟练掌握它，从而提高整个创新实践的效率。

一、奥斯本检核表法

所谓检核表，就是围绕需要解决的问题或创新的对象，把所有的问题罗列出来，然后一个个讨论，以打破旧的思维框架，引出创新设想。检核表法几乎适用于任何类型与场合的创新活动，因此享有"创新方法之母"的美称。不同的领域流传着不同的检核表，但知名度最高的还是要数奥斯本检核表。

奥斯本检核表法是美国创新技法和创新过程之父——亚利克斯·奥斯本于1941年在其出版的世界上第一部创新学专著《创造性想象》中提出的。奥斯本检核表法是指在考虑某一个问题时，先制成一览表，对每项检核方向逐一进行检查，引导主体在创造过程中对照9个方面的问题进行思考，以便启迪思路，开拓思维想象的空间，促进人们产生新设想、新方案的方法。主要面对的9大问题为能否他用、能否借用、能否改变、能否扩大、能否缩小、能否代用、能否调整、能否颠倒、能否组合，见表3-1。

表3-1 奥斯本检核表

序号	检核类别	检核内容
1	能否他用	现有的东西（如发明、材料、方法等）有无其他用途？保持原状不变能否扩大用途？稍加改变，有无其他用途？
2	能否借用	能否从别处得到启发？能否借用别处的经验或发明？过去有无类似的东西可供模仿？现有的发明能否引入其他的创造性设想中？
3	能否改变	现有的东西是否可以做某些改变？改变一下会怎样？可否改变一下形状、颜色、声响、味道？可否改变一下意义、型号、模具、运动形式？改变之后，效果又将如何？
4	能否扩大	现有的东西能否扩大使用范围？能否增加一些东西？能添加部件，拉长时间，增加长度，提高强度，延长使用寿命，提高价值，加快转速？
5	能否缩小	现在的东西能否缩小体积，减轻质量，降低高度，压缩、变薄？能否省略？能否进步细分？
6	能否代用	可否由别的东西或别人代替？能否用别的材料、零件代替，用别的方法、工艺代替，用别的能源代替？可否选取其他地点？
7	能否调整	能否调换一下先后顺序？可否调换元件、部件？是否可用其他型号？可否改成另一种安排方式？原因与结果能否对换位置？能否调整一下日程？
8	能否颠倒	颠倒过来会怎样？上下是否可以颠倒过来？左右、前后是否可以调换位置？里外可否调换？正反可否调换？可否用否定代替肯定？
9	能否组合	组合起来怎样？能否装配成一个系统？能否把目的进行组合？能将各种想法进行综合？能否把各种部件进行组合？

（1）现有的东西有无其他用途？保持原状不变能否扩大用途？稍加改变有无其他的用途？

人们从事创造活动时，往往沿这样两条途径：一种是当某个目标确定后，沿着从目标到方法的途径，根据目标找出达到目标的方法；另一种则与此相反，首先发现一种事实，然后想象这一事实能起什么作用，即从方法入手将思维引向目标。后一种方法是人们最常用的，而且随着科学技术的发展，这种方法将越来越广泛地得到应用。

某个东西，"还能有其他什么用途？""还能用其他什么方法使用它？"……这能使人们的想象活跃起来。当人们拥有某种材料，为了扩大它的用途，打开它的市场，就必须善于进行这种思考。

夜光粉是一种用量少、用途不算广的发光材料，过去多用于钟表上。后来人们扩大了它的用途，设计出了夜光项链、夜光玩具、夜光壁画、夜光钥匙扣、夜光棒等；还有人制成了夜光纸,将其裁剪成各种形状,贴在夜间或停车后需要指示其位置的地方,如电器开关处、火柴盒上、公路转弯处、楼梯扶手和应急通道及出入口处等。

(2)能否从别处得到启发?能否借用别处的经验或发明?外界有无相似的想法,能否借鉴?过去有无类似的东西,有什么东西可供模仿?谁的东西可供模仿?现有的发明能否引入其他的创造性设想之中?

电灯在开始时只用来照明,后来,改进了光线的波长,发明了紫外线灯、红外线加热灯、灭菌灯等。科学技术的重大进步不仅表现在某些科学技术难题的突破上,也表现在科学技术成果的推广应用上。一种新产品、新工艺、新材料,必将随着它越来越多的新应用而显示其生命力。

(3)现有的东西可否做某些改变?改变一下会怎样?可否改变一下形状、颜色、声响、味道?可否改变一下意义、型号、模具、运动形式?改变之后,效果又将如何?

1898年,亨利·丁根把滚柱轴承中的滚柱改成了圆球,发明了滚珠轴承,大大降低了摩擦力。有人把自行车的轮子做成椭圆形,使人骑起来可以一上一下的起伏,犹如骑在马上奔驰一般,使这种自行车成了一种新的运动器械,使生活在城市里没有机会骑马的人也能够领略到骑马的滋味。

(4)放大、扩大。现有的东西能否扩大使用范围?能否增加一些东西?能否添加部件,拉长时间,增加长度,提高强度,延长使用寿命,提高价值,加快转速?

在自我发问的技巧中,研究"再多些"与"再少些"这类有关联的成分,能给想象提供大量的构思设想。使用加法和乘法,便可能使人们扩大探索的领域。

例如,牙膏中加入某种配料,改变了其成分,就使该牙膏变成了具有某种附加功能的牙膏。

(5)缩小、省略。缩小一些怎么样?现在的东西能否缩小体积,减轻质量,降低高度,压缩、变薄?能否省略,能否进一步细分?

前面一条沿着"借助扩大""借助增加"而通往新设想的渠道,这一条则是沿留"借助缩小""借助于省略或分解"的途径来寻找新设想。

例如,袖珍式收音机、微型计算机、折叠伞等就是缩小的产物;没有内胎的轮胎,就是省略的结果。

(6)能否代用。可否由其他的东西代替,由其他人代替?用其他的材料、零件代替?用其他的方法、工艺代替,用其他的能源代替?可否选取其他地点?

例如,在气体中用液压传动来替代金属齿轮;又如,用充氩的办法来代替电灯泡中的真空,使钨丝灯泡提高亮度。通过取代、替换的途径也可为想象提供广阔的探索领域。

(7)从调换的角度思考问题。能否更换先后顺序?可否调换元件、部件?可否使用其他型号?可否改成另一种安排方式?原因与结果能否对换位置?能否变换日程?更换后,会怎么样?

重新安排通常会带来很多的创造性设想。飞机诞生的初期,螺旋桨安排在头部,后来将它安装到了顶部,成了直升机,喷气式飞机则把它安放在尾部,说明通过重新安排可以产生各种创造性设想。

（8）从相反方向思考问题，通过对比也能成为萌发想象的宝贵源泉，可以启发人的思路。倒过来会怎样？上下是否可以倒过来？左右、前后是否可以对换位置？里外可否倒换？正反可否倒换？可否用否定代替肯定？

这是一种反向思维的方法，它在创造活动中是一种颇为常见和有用的思维方法。第一次世界大战期间，有人就曾运用这种"颠倒"的设想建造舰船，建造速度也有了显著提高。

（9）从综合的角度分析问题。组合起来会怎样？能否装配成一个系统？能否把目的进行组合？能否将各种想法进行综合？能否把各种部件进行组合等。

例如，把铅笔和橡皮组合在一起成为带橡皮的铅笔，把几种部件组合在一起变成组合机床，把几种金属组合在一起变成各种性能不同的合金，把几种材料组合在一起制成复合材料，把几个企业组合在一起构成横向联合。

奥斯本检核表法是一种产生创意的方法。在众多的创造技法中，这种方法是一种效果比较理想的技法。人们运用这种方法，产生了很多杰出的创意，以及大量的发明创造。用奥斯本检核表法进行杯子的创新开发见表3-2。

表 3-2 用奥斯本检核表法进行杯子的创新开发

序号	检核问题	创新思路	创新产品
1	能否他用	用于保健	磁化杯、消毒杯、含微量元素的杯子
2	能否借用	借助电照技术	智能杯——会说话、会作简单提示
3	能否改变	颜色编号，形状变化	变色杯——随温度变色 仿形杯——按个人爱好特制
4	能否扩大	加厚、加大	双层杯——可放两种材料 安全杯——底部加厚不易倒
5	能否缩小	微型化、便捷化	迷你观赏杯，可折叠便携杯
6	能否代用	材料代用	以钢、石、竹、木、玉等材料制作
7	能否调整	调整其尺寸比例、工艺流程	新潮另类杯
8	能否颠倒	倒置不漏水	旅行杯——随身携带，不易漏水
9	能否组合	将容器具、炊具、保险等功能组合	多功能杯

二、分析列举法

分析列举法是在美国内布拉斯加大学教授R·克劳福特创造的特性列举法的基础上形成的。R·克劳福特认为每一个事物都是从另外的事物中产生并发展而来的。列举法并不在于一般性的列举，而在于从所列举出来的项目中挖掘出发明创造的主题和启发出创造性的设想。分析列举法是指运用发散性思维，将研究对象的本质内容（如特点、缺点、希望点）一一列举出来，尽可能地做到事无巨细、全面无遗，然后逐一对其进行分析研究，从中探求出各种创新方案。这种方法有利于人们克服对熟悉事物的思维惯性，重新审视并深入考察以获得事物的新属性，在原有的基础上提出改进意见和建议，从而产生创新。

根据研究对象不同，分析列举法可分为特性列举法、缺点列举法、希望点列举法和成对列举法，下面逐一展开介绍。

1. 特性列举法

这是美国 R·克劳福特教授发明的一种创造方法，按照他的观点，事物都是来源于其他事物的，因此，所谓创造也就是对旧有事物，尤其是对其特性进行改造的结果。所以，特性列举法就是通过对需要改进的对象进行观察分析，列举出它的所有特性，并对特性分别予以研究，从而提出改进完善方案的方法。

（1）列举改进对象的词语主要采用名词、形容词和动词三种特性。在实际做特性分析时，如果感到按名词、形容词、动词特性进行列举不易区分，而且影响创新思考，也可按数量特性、物理特性、化学特性、结构特性、形态特性、经济特性等进行列举。

1）名词特性（用名词来表达的特性）：整体、部分、材料、制造方法等。

2）形容词特性（用形容词来表达的特性）：形状、颜色、大小等。

3）动词特性（用动词来表达的特性）：效用、主要功能、辅助功能、附属功能及其在使用时新涉及的重要动作等。

4）数量特性：使用寿命、保质期、耗电量等。

5）物理特性：软、硬、导电、轻、重等。

6）化学特性：易氧化、耐酸度、耐碱度等。

7）结构特性：固定结构、可变可拆结构、混合结构等。

8）形态特性：色、香、味、形等。

9）经济特性：生产成本、销售价格、使用成本等。

（2）特性列举法的具体操作步骤如下：

1）选择一个目标比较明确的分析对象，对象宜小不宜大。如果是一个比较大的分析对象，最好把它分成若干个小对象。

2）列举特性。进行分析对象特性列举时，可从名词特性、形容词特性和动词特性三个方面展开，也可从数量特性、物理特性、化学特性、结构特性、形态特性、经济特性等角度进行。分析对象的特性时要尽可能详细地列出，越详细越好，并且要尽量从各个角度提出问题。

3）分析各个特性，通过提问，激发出新的创造性设想和方案。分析各个特性时，可采用智力激励法来激发创意。在上述列举的特性下尽量尝试各种可替代的属性进行置换，以产生新的设想和方案。

4）提出新的方案并进行讨论、检核、评价，挑选出行之有效的设想来结合实际需要对对象进行改进。

我们以台灯为例说明运用特性列举法进行创新设计的方法。

（1）名词特性。

1）整体：台式台灯、挂式台灯、夹式台灯、吊式台灯。
2）部件：灯罩、灯泡、立柱、底座、开关、电源线。
3）材料：金属、塑料、玻璃、铝合金、钢、棉布、纸、木质。
4）制造方法：手工制作、机器加工、锻造、铸造。
5）性能：高低、能见度、可调节。

针对名词特性进行思考，改进设想：增加一组？即换用双层灯罩，组成"双层台灯"。开关的改进，可以改成"遥控式开关"或"感应式开关"

（2）形容词特性。
1）外形：圆形、椭圆形、梯形、方形、三角形、多边形、不规则形。
2）颜色：彩色，黑、白、蓝色。

针对形容词特性进行思考，改进设想：能否做成"装饰性"台灯？日常台灯闲置不用，可以改变其造型的设计，外形设计新颖，灯罩配以各种造型，作为很好的室内装饰品；台灯的灯罩涂色能否多样化？将单色变为彩色，让其有个性化特点，或者采用变色材料，开发一种"迷幻式台灯"，给人以新的感受。

（3）动词特性。

功能：照明、发热、辐射、防近视、清新空气、风扇式。针对动词特性进行思考，改进思考：防近视台灯，能够有效发出可保护眼睛的光，对正在照明的人的眼睛进行"保护"；清新空气灯，具有清新空气的功能，通过发热一段时间挥发作用，来达到清新空气的功能；风扇式台灯，在台灯原有的功能下多加一个风扇的功能两者并用。

案例 3-7

多用圆规的发明

山东省举办的"青少年科学小发明创造"竞赛中有一项获奖作品——多用圆规，发明者是山东省烟台市某中学的学生刘国仁，他使用的方法便是分析列举法。

据刘国仁同学介绍，他首先对圆规进行了分解，并详细列举出了其特质，整体：圆规；部分：圆规脚、铅笔头、垫片、扭头、螺栓；功能：画画、作图。然后分析其各个方面存在的缺点，如"夹铅笔的时候不方便""结构有些笨重，操作不灵活""能否用其他材质替代金属材质""功能较少，能否同时兼有其他功能"等。最后，他针对每个缺点进行逐一改进，把量角器、三角板和刻度尺的功能都整合到圆规里面，形成了物美价廉的多用圆规。

资料来源：汤锐华. 大学生创新创业基础 [M]. 北京：高等教育出版社，2016.

2. 缺点列举法

在创新技法中，有一种名为缺点列举法的方法，这是一种易理解、易操作、易见效的改善方法。缺点列举法是指通过发掘现有事物的缺点，把事物的缺点一一列举出来，然后提出改革或革新方案的一种技法。列举缺点就是发现问题，而创造发明就是要解决现有存在的问题。每发现一个缺点，提出一个问题，也就找到了一个创造发明的课题。

缺点列举是针对一个产品（部件）进行的，任何产品无论它设计得多么合理，制造得如何精致，一旦它交付生产或使用就会显露出某些方面的不足，这是一个客观的规律。所以当我们拿任何一个产品进行分析时，都能很快找到它的不足之处。例如钢笔的缺点：不易下水、灌水不方便、刚灌水时字体粗、水快干时字体细、携带不便、易摔坏笔尖、漏水把手染色、磕碰后笔帽不易拔出、挂不住时污染衣物、写错字不易涂改、钢笔水洇脏纸、长时间不用易堵塞、有油的纸不易写上字、特软的纸无法写字、笔帽易滑落、笔尖只能朝一个方向使用。这种寻找产品在使用中的缺点的方法就是缺点列举法，也许正是由于钢笔存在的上述种种缺点，现在已基本上被圆珠笔、签字笔所替代。

缺点列举的方法是主动围绕产品的功能、材料、结构、造型、性能、装饰等方面去寻找不足之处。由于人们使用产品时的感受不同，所观察产品的角度也不同，提出的缺点也是五花八门，这样更能全面地看待和分析产品。运用缺点列举法进行创新活动的一般过程如下：

（1）确定研究对象。研究对象要相对小一些、简单一些，这样比较容易成功。如果研究对象过大，则可以把它分解开来，就该研究对象的局部进行考虑。

（2）确定与研究对象有关的相关信息种类，如材料、功能、结构等。

（3）根据已确定的信息一一列出缺点，分析产生缺点的各种原因。

（4）针对一个或几个缺点提出改进方案。

（5）综合各类解决办法，提出最先解决主要缺点的可操作方案。

我们以电话为例说明运用缺点列举法进行电话发展史的创新分析。自贝尔1875年发明第一部磁石电话机，一百多年来，随着社会和科学技术的进步，世界各国竞相研制出各种新型电话机。从创新的观点来看，这些新型电话机的开发，与人们对有电话机的"吹毛求疵"有关，在不断地列举已有电话机的缺点的过程中，激发科技人员的创新。也就是说，新型电话机的开发是以现有电话机的缺点作为创造背景的。例如，移动电话机，克服了固定电话机不能移动的缺点；可视电话机，克服一般电话无法看见通话者形象和活动的缺点；防窃听电话机，克服一般电话能被第三者窃听谈话内容的缺点；声控电话机，用声音识别代替号码盘，克服一般电话机需要拨号的缺点；自动应答电话机，克服普通电话机不能将对方讲话内容记录下来，也不能帮助主人简单应答的缺点；灭菌电话机，克服一般公用电话机送话筒缺少防止病毒传染性能的缺点。

案例 3-8

运用缺点列举法分析体温表

运用缺点列举法分析体温表，并提出改进方案。采用头脑风暴会的形式提出目前国内使用的体温表的缺点如下：容易碎（表体是玻璃）、使用不方便（要解开衣服放置）、不卫生（消毒后轮流使用）、看不清刻度（要转动表体找刻度）、测试时间长（至少5分钟）、存放不方便、水银有毒（破碎后不好清除）、能够弄虚作假、冬天使用时发凉、只能从一面看刻度（其他角度看不见）、夜间无光线时无法使用、重病人夹持不住、测量精度低、表体太光滑容易脱落、样式单一、功能单一、易污染环境、使用前要甩动表体（有些人不易掌握该方法）、技术落后（靠液体受热膨胀）、盲人无法使用（无法读数）、测量部位单一、小孩看了害怕等。

根据列举出的缺点，逐条找出生产缺点的原因。此阶段不要满足于一一对应的方式，因为形成缺点的原因往往不是唯一的。

针对产生缺点的原因，提出相应的改进设想或改进的具体方法。列举几条改进设想如下：

（1）为改变易碎、不卫生、使用不方便的缺点应该设计一种一次性高敏测温纸，贴在身上测温纸的颜色可随温度发生变化，类似pH试纸，包装可呈卷尺或书本状，用一次撕一条。

（2）测体温元件与手表或手表带组合在一起，制成柔性体温表。

（3）体温表和退烧药物组合在一起。

（4）采用音乐定时。

（5）鸣叫式报体温，供盲人使用。

3. 希望点列举法

希望点就是指创造性强且科学可行的希望。希望点列举法是指通过列举希望新的事物具有的属性，以寻找新的发明目标的一种创新方法。与缺点列举法的被动型创造不同，希望点列举法不受旧有事物的束缚，是从创造者的主观意愿出发不断地提出希望，进而探求解决问题和改善对策。因此，希望点列举法常用于新产品的开发。

运用希望点列举法进行创新活动的一般过程如下：

（1）确定研究对象。

（2）针对研究对象列出希望点。

（3）制定具体的实施方案。

我们以常用的笔来说明希望点列举法的实施步骤。

（1）确定研究对象和欲改进的目标：改进现有笔的功能。

（2）列出笔的希望点，具体如下：

1）如果能够有好几个颜色可以更换，该多好。

2）如果能够调整笔的粗细，该多好。

3）如果能够同时具有测电功能，该多好。

4）如果能够同时具有激光指示的功能，该多好。

5）如果能够长久使用又不会断墨水，该多好。

以上仅列出部分希望点，并未完全列举出来，可依个人主观意愿加以列举。接着评估所列出的希望点，构思改进方案，提升笔的功能。

（3）根据这些希望点构思，满足其中一项或多项希望点，构思新的创意，可能的方案如下：

1）利用按钮或旋转来更换笔芯的方法，将笔设计成具有好几种颜色的功能。

2）利用按钮或旋转来更换笔芯的方法，将笔设计成具有不同粗细的功能。

3）在笔的头部增加测电装置，使之具有测电功能。

4）在笔的头部增加激光装置，使之具有激光指示功能。

5）将笔的内部挖空并装入大量的墨水，使之长久使用又不会断墨水。

案例 3-9

拉链领带

一定有很多人为了参加宴会、出席会议等，领带打了半天，却依然不得要领。大多数的人会这样想：如果领带装个拉链，便可省去打领带的麻烦，只要拉链一拉即可，多方便。台湾商人陈建仲的儿子就是看到父亲打领带不得要领而折腾半天时，顺口说了一句："领带为什么不装个拉链，省得麻烦？"这一句话让陈建仲联想到领带若是能一拉拉链就好，肯定会有市场。因此，他将这一想法融入领带的设计，将拉链与领带结合，终于成功研制出拉链领带，而拉链领带也受到了市场的肯定，占有了一席之地。

资料来源：汤锐华. 大学生创新创业基础 [M]. 北京：高等教育出版社，2016.

4. 成对列举法

成对列举法是指任意选择两个事项并结合起来，成对列举其特性，或者一定范围内列举事物的特性，然后成对进行组合，寻求其中的创新性设想。成对列举法较适用于人们想要进行创新活动，但又没有合适的题目时。成对列举法既有特性列举法全面、详细的特点，又吸取了强制联想易于破除框框产生奇想的优点，是一种不仅启发思想，而且巧妙地使用了思维技巧的创新方法。

成对列举法的实施步骤具体如下：

（1）列举一定范围内与主题相关的所有事项，尽量全面、详细。

（2）不考虑组合可能产生的意义的条件下，随意选择其中的两项进行强制组合。

（3）对所有产生的组合进行可行性分析和筛选。

（4）选择几种可行性最高的组合，研究其实施方案，结合人们的实际需求进行生产，创造出产品。

5. 综合列举法

综合列举法是在特性列举法、缺点列举法、希望点列举法及其他列举法的基础上，开展综合性的扩散列举的一种创新方法。

特性列举法、缺点列举法、希望点列举法和成对列举法，都只偏重于从某一方面来开展创新思维，因此在一定程度上给创新者带来了束缚。从根本上讲，创新应该是没有任何限制的。综合列举法没有任何框框，因而创新者可以跳出上述列举法的束缚，以任意思路方向开展扩散思维，最大限度地把列举法应用得更全面、更活跃。

综合列举法是针对所确定的研究对象，从属性、缺点、希望点或其他任意创新思路出发，列举出尽可能多的思路方向，对每一思路方向开展充分的发散思维，最后进行分析筛选，寻找最佳的创新思路和创新方法。

综合列举法具体实施步骤如下：

（1）明确所要研究的问题或对象。

（2）应用属性列举法对研究对象进行分析，列出各项属性。

（3）应用缺点列举法和希望点列举法对研究对象的属性进行逐项分析。

（4）综合分析提出的创新方案。

三、组合创新法

组合创新法是指按照一定的技术原理或功能目的，将现有的科学技术原理或方法、现象、物品进行适当的组合或重新安排，从而获得具有统一整体功能的新技术、新产品、新形象。

案例 3-10

万用手册

笔记本是常用的文化用品，销路平常，可是，有人以此为基础，附加上其他功能之后，开发的"万用手册"却异常畅销。目前，市面上出售的"万用手册"大多具有以下功能。

（1）记事本。个人资料表、年历、每日每周每月至每年的计划表、一年的回顾与总结等记录。

（2）工作情报手册。世界各国地图、世界时刻对照表、度量衡换算表、常用网址（二维码）等。

（3）备忘录。可随时记录防止遗忘的事情，另外附有单面粘贴纸，用作袖珍备忘录与索引卡，粘贴在任何物体上。

（4）企划表。可依个人需要的不同，制作成活页目标表、账务收支管理表、专业企划表等。

（5）皮夹与钥匙袋。皮夹部分可放入名片、信用卡等，而钥匙袋可存放钥匙。

资料来源：王振杰，刘彩霞，刘莲花，等．大学生创新创业基础 [M]．2 版．北京：高等教育出版社，2023．

常用的组合创新法有主体附加法、二元坐标法、焦点法、形态分析法等。

1. 主体附加法

主体附加法是以某事物为主体，再添加另一附属事物，以实现组合创新的技法。在琳琅满目的商品市场上，我们可以发现大量的商品是采用这一技法创造的。例如，在铅笔端安上橡皮头，在电风扇中添加香水盒，在摩托车后面的储物箱装上电子闪烁装置，具有美观、方便、实用的特点。

运用主体附加法往往可使主体获得多种附加功能而成为多功能用品，然而作为多功能用品的设计应该全面考虑、权衡利弊，否则会事与愿违、费力不讨好。

2. 二元坐标法

平面直角坐标系由两条数轴正交组成，横轴和纵轴的任一对实数都可以确定平面上的一个点。如果在坐标轴标上不同的事物，那么由横轴和纵轴交叉确定的点就是两个事物的组合点，这样即可借助坐标系把所列的客观事物相互联系起来。然后对每组联系进行创造性想象，从中产生前所未有的新形象、新设想。最后经可行性分析，确定成熟的技术创造课题。

作为二元坐标法的坐标元素所产生的事物，可以是具体的人造产品，如衣服、床、灯具、汽车之类；也可以是非人造产品，如风、雨、云、水、天空等；还可以是概念术语，如锥形、旋转、变色、中心、闪光、卧式等。对此，通过"张冠李戴"式的组合联想，可以突破习惯观念，克服惰性意识，促使标新立异。

案例 3-11

适用于色盲人群的交通信号灯创新设计

在现代社会，交通信号灯是维护道路交通秩序的重要工具。然而，对于色盲人群来说，识别传统红绿色交通灯存在一定的困难，这给他们的出行带来了不便。为了解决这个问题，江苏省常熟中学的庞颖超同学运用"二元坐标法"进行创新，发明了一种适用于色盲人群的交通信号灯。

二元坐标法是一种简单而有效的创新方法，通过在两个不同的维度上进行分析和组合，帮助找到新的解决方案或产品。在这个案例中，庞颖超选择了"颜色"和"形状"作为两个关键维度进行创新。

庞颖超确定了两个坐标轴，一个是"颜色"，即交通信号灯的基本颜色；另一个是"形状"，即可能用于区分不同信号灯的形状元素。

通过调研和分析，庞颖超发现在红色圆形中加入一条横着的白杠，在绿色圆形中加入一条竖着的白杠，可以使色盲人群通过图形来辨识信号灯的状态。

基于这一设想，庞颖超设计了新型的交通信号灯。在红色灯中加入横向白杠，在绿色灯中加入纵向白杠，同时保持黄色灯不变。这种设计不仅保持了信号灯的直观性，还增加了图形的辨识度。

实际测试表明，这种信号灯能够有效地帮助色盲人群识别信号状态，提高了他们的出行安全。另外，这种创新设计也为其他城市提供了借鉴和参考。

3. 焦点法

焦点法与二元坐标法都是强制联想法。区别在于，焦点法以某预定事物为中心（焦点），依次与罗列的各元素——组合构成联想点，而二元坐标则是各元素之间的两两组合。焦点法的实施步骤如下：

（1）选择焦点。
（2）列举与焦点无关的事物或技术。
（3）强行将中心圆与周围的小圆圈连接，得到多种组合方案。
（4）充分想象，对每种组合提出创造性设想。
（5）评价所有的设想方案，筛选出新颖、实用的最佳方案。

4. 形态分析法

形态分析法是一种利用系统观念来网罗组合设想的创造发明方法。形态分析法的思路是先把技术课题分解成相互独立的基本要素，找出每个要素的可能方案（形态），然后加以组合得到各种解决技术课题的总构想方案。总构想方案的数量就是各要素方案的组合数。

形态分析法可被广泛应用于新技术和新产品的开发及技术预测等许多领域，实施时既可以小组运用，又适于个人使用。

案例 3-12

形态分析法在解决交通拥堵问题中的应用

随着现代工业发展、城市化步伐的加快，城市交通堵塞已逐渐变为一个全球性的问题。尤其是在大城市，交通拥挤堵塞及由此导致的交通能耗、环境污染的加剧，是我国城市面临的极其严重的"城市病"之一。如何解决交通拥堵问题也是政府相关职能部门一直关心并一直努力解决的问题之一。

运用形态分析法探索解决交通拥堵问题的方案如下：

（1）因素分析。造成交通拥堵的原因很多，有城市交通基础设施建设不完善；城市规划和土地利用不合理；路网规划不完善；城市公共客运发展滞后，加剧交通紧张；小汽车增长速度过快；停车场容量不足等。

（2）形态分析。对应分析功能因素的形态，是实现这些功能的各种技术手段或方法。针对上述原因有不同的解决方案，列出形态学矩阵，见表3-3。

表3-3 形态学矩阵

因素（分功能）		形态（功能解）				
		1	2	3	4	5
A	交通道路规划	旧道路拓宽或改造	发展BRT	发展地铁	建立交桥、人行天桥	设置潮汐车道
B	控制车总量	拥堵路段禁骑电动车、摩托车	小车限购	小车牌号为单、双号的车辆隔天分别出行	增加公交车数量	
C	控制措施	信号灯合理分配时间	交警维护交通，严惩加塞	加快停车场建设		

（3）方案综合。利用形态学矩阵，理论上可组合出 N=5×4×3=60 种方案。在实际生活中，这些方案往往要综合使用、相辅相成，同时根据现有条件，各方案也要有所侧重。

（4）方案评选。方案 1：A1—B1—C1 是最原始的方案，基本上每个城市都有在实施，理由为：成本低、见效快，实施容易；方案 2：A1—B1—C2 方案做得还不够，很多时候交通堵塞是由于太多人加塞了，应该对加塞车辆加大处罚力度，使车辆有序运行，这样才能更好地避免交通拥堵；方案 3：A1—B1—C3 方案要跟城市化建设配套，有些地段太拥挤，无法建大型停车场，可考虑建地下停车场或立体停车场。其他方案不一一列举。总体来看，A5—B2—C3 方案是目前做得还不够的地方，有些城市根本没有潮汐车道，导致上下班拥挤严重；A1—B1—C1 方案是最原始，也是最根本的方案，希望广大交通参与者严格遵守交规，为解决交通拥堵问题尽一份力，其他方案在条件允许情况下也应量力而行。

结论：交通拥堵已经成为城市交通的一大顽疾，制约着城市的发展。由于交通拥堵所带来的经济、环境和健康等方面的危害及损失已渐渐引起了社会的广泛关注。本文运用形态分析法探索解决交通拥堵问题的方案，最终得出最根本的解决方案是进行旧道路扩宽或改造、拥堵路段禁骑电动车和摩托车、信号灯合理分配时间，但其他方案也应尽力而为，多渠道解决交通拥堵问题。

资料来源：王振杰，刘彩霞，刘莲花，等.大学生创新创业基础[M].2版.北京：高等教育出版社，2023.

四、5W2H 法

"5W2H"法又称七问分析法。发明者用 5 个以 W 开头的英语单词和两个以 H 开头的英语单词进行设问，发现解决问题的线索，寻找发明思路，进行设计构思，从而做出新的发明项目。"5W2H"法的内容如下：

（1）What：是什么？目的是什么？做什么工作？

（2）Why：为什么？为什么要这样做？理由何在？原因是什么？为什么会造成这样的结果？

（3）When：何时？什么时间完成？什么时机最适宜？

（4）Where：何处？在哪里做？从哪里入手？

（5）Who：谁？由谁来承担？谁来完成？谁负责？

（6）How：怎么做？如何提高效率？如何实施？方法怎样？

（7）How much：多少？做到什么程度？数量如何？质量水平如何？费用产出如何？

"5W2H"法有助于思路的条理化，杜绝盲目性；有助于全面思考问题，从而避免在流程设计中遗漏项目。例如，在进行产品类型的研讨时，可以小组讨论或集体讨论的形式，检查原产品的合理性。

（1）为什么（Why）。为什么采用这个技术参数？为什么不能有响声？为什么停用？为什么变成红色？为什么要做成这个形状？为什么采用机器代替人力？为什么产品的制造要经过这么多环节？为什么非做不可？

（2）什么（What）。条件是什么？哪一部分工作要做？目的是什么？重点是什么？与什么有关系？功能是什么？规范是什么？工作对象是什么？

（3）谁（Who）。谁来办最方便？谁会生产？谁可以办？谁是顾客？谁被忽略了？谁是决策人？谁会受益？

（4）何时（When）。何时要完成？何时安装？何时销售？何时是最佳营业时间？何时工作人员容易疲劳？何时产量最高？何时完成最为适宜？需要几天才算合理？

（5）何地（Where）。何地最适宜某物生长？何处生产最经济？从何处买？还有什么地方可以作销售点？安装在什么地方最合适？何地有资源？

（6）怎样（How）。怎样做省力？怎样做最快？怎样做效率最高？怎样改进？怎样得到？怎样避免失败？怎样求发展？怎样增加销路？怎样达到效率？怎样才能使产品更加美观大方？怎样使产品用起来方便？

（7）多少（How much）。功能指标达到多少？销售多少？成本多少？输出功率多少？效率多高？尺寸多少？

评估结论：如果现行的做法或产品经过7个问题的审核已无懈可击，便可认为这一做法或产品可取。如果7个问题中有一个答复不能令人满意，则表示这方面有改进余地。如果哪方面的答复有独创的优点，则可以扩大产品这方面的效用。

通过这7个方面的衡量，判断原先的做法是否可行，并加以改进。如果是用于产品革新和技术改进，可用来克服原产品和技术的缺点，扩大原产品和技术独特优点的效用。

案例 3-13

候机厅的小卖部

某航空公司在机场候机厅的二楼开设了一个小卖部。奇怪的是，虽然候机厅每天人来人往，但小卖部自开张之日起便一直门庭冷落。公司经理用"5W2H分析法"进行了问题筛查，最后发现问题出在Who（谁）、Where（地点）及When（时间）三个方面。

（1）Who（谁），谁是顾客？机场小卖部在开设时便确定了目标顾客是入境的旅客，但是这些旅客不需要上二楼。在二楼停留的大多是接送旅客的人，他们完全可以在市内的商场里购物，不必到机场小卖部来买东西。

（2）Where（地点），小卖部设置在何处？原来，旅客出入境的路线都是经海关检查后，直接从一楼左侧离开，根本不需要走二楼。小卖部的位置没有设在旅客的必经之路上。

（3）When（时间），何时购物？入境的旅客不上二楼，那么出境的旅客便成了潜在顾客，但是他们也只有在办完行李托运等相关手续后才有时间和精力去小卖部，而机场却规定旅客登机前才能将行李办理托运，这样，出境的旅客根本没有时间光顾小卖部。

由此可见，小卖部生意不佳的原因如下：①未充分考虑目标顾客和潜在顾客；②小卖部的位置偏离了旅客的必经之路；③旅客没有购物时间。

针对这三点，经理与航空公司协商，调整了旅客行李托运的时间规定和旅客出入境路线，从而保证了充足的客源，小卖部的生意也日益红火起来。

资料来源：何雪利，王永祥. 从零到卓越：创新与创业导论[M]. 上海：上海交通大学出版社，2022.

五、综摄法

综摄法是一种以已知的东西为媒介，把表面上互不相关的不同事物结合在一起，以打开"未知世界的门扉"，激起人们的创造欲望，使潜在的创造力发挥出来，产生创造性设想的思维方法。

综摄法通常以小组讨论会的形式进行，但也可个人使用。综摄法在以小组集体创新时，要求由不同知识背景、不同气质的人组成小组，相互启发，集体攻关。小组一般由5～7人组成，其实施过程可分为以下七个步骤。

（1）给定问题。由会议主持人宣布研讨的事物和创造的对象及相关的事项。

（2）分析问题。主持人介绍背景情况、相关资料，并进行初步分析，以便与会者掌握信息、打开思路。

（3）讨论问题。与会者畅所欲言、相互激励，提出不同的看法和见解。

（4）阶段小结。会议主持人对与会者的发言进行阶段性归纳和分析，并加以系统的对比和排序，拟定待深入研讨问题的先后顺序。

（5）类比问题。与会者在对上述排序问题做依次讨论和深入研究时，应采用直接类比、拟人类比、象征类比和幻想类比等方法，使研究思路向纵深渗透。

（6）选择途径。当与会者采用类比的方法使思维转移到陌生的领域，摆脱思维定式的束缚后，应从新的角度探寻解决问题的新途径和新方法。

（7）解决问题。对所研讨的问题要能放得开、收得回，与解决问题的方案联系起来并强行结合；将与会者的设想集中起来，综合各自优点，最终形成解决问题的方案。

在讨论开始阶段，不要把问题全部摊开，而是应不断地通过提问和提供资料进行启发和诱导，与会者突出主题、各抒己见、积极构思，直至产生案例拓展：一系列创造性设想。然后披露主攻目标，引导全组成员针对创造主题的目标综摄法应用要求，提出各种各样的创造性方案，并展开具体的、具有操作性的细致讨论。

案例 3-14

综摄法在餐饮业的创新应用——"味聚"餐厅的转型之旅

"味聚"是一家有着十年历史的传统中式餐厅,位于一个繁忙的都市角落。随着时间的流逝和市场的变化,餐厅面临着客流量下降和顾客满意度降低的问题。为了扭转局面,餐厅老板李文决定采用综摄法进行创新,以提升餐厅的竞争力和吸引力。

首先,李文对"味聚"面临的问题进行了明确的界定:菜单陈旧、服务模式落后、餐厅环境缺乏特色。他设定的创新目标是:更新菜单、优化服务流程、改善餐厅环境,以提升顾客体验和满意度。李文通过跨领域的学习与研究获得创新改进灵感。他观察了多个行业,包括酒店业、航空业和科技行业的最佳实践,并访问了一些成功的餐厅以了解他们的独特之处。这些观察帮助他获得了关于服务创新和环境布置的新思路。

接下来,李文组织了一次创意工作坊,邀请了餐厅员工、老顾客和几位行业专家共同参与。在工作坊中,参与者被分成小组,每组针对菜单、服务和环境三个方面提出尽可能多的创意。最终,李文收集了所有的创意,并将它们整合成一个实施计划。在选择了最有潜力的创意后,李文创建了几个原型,如推出一系列新的菜品、设计新的服务流程和改造餐厅内部装饰。他在小范围内测试这些原型,如邀请忠实顾客试吃新菜品、让员工模拟新的服务流程,以及装修一个小区域作为环境改造的样本间。根据测试反馈,李文对菜单、服务流程和环境布置进行了细微调整。例如,他发现顾客更喜欢一些结合传统与现代元素的菜品,于是调整了部分菜式;他还发现简化服务流程能显著提高顾客满意度,因此对服务流程做了进一步的优化。在确保所有改进措施都得到正面评价后,李文将这些创新应用到了整个餐厅。

最终,新颖的菜单吸引了年轻顾客,优化后的服务流程提高了效率和顾客满意度,而改造后的餐厅环境也变得更加吸引人。经过这一系列的创新,餐厅的客流量和收益都有了显著提升。

六、其他创新方法

1. 和田十二法

和田十二法又叫作十二口诀法(和田创新十二法、聪明十二法),是指人们在观察、认识一个事物时,考虑是否可以做出改变。和田十二法是我国创造学研究者许立言、张福奎和上海市静安区和田路小学的教师结合我国实际情况,在检核表法和其他创新方法的基础上,借鉴其基本原理,加以提炼、总结、创新而提出的一种思维创新方法。它既是对奥斯本检核表法的一种继承,又是一种大胆的创新。和田十二法有"加、减、扩、缩、变、改、联、学、代、搬、反、定"12个动词,具体如下:

(1)加一加:能否在既有物品上面添加什么?加高、加厚?增加时间、次数?与其他物品进行组合会怎样?

（2）减一减：能否在既有物品上去掉什么？减高、减轻？减去时间、次数？能否直接省略或取消一部分？

（3）扩一扩：把既有的物品扩展或放大会怎样？

（4）缩一缩：把既有的物品压缩或缩小会怎样？

（5）变一变：改变既有物品的形状、颜色、声响、味道、气味、次序会怎样？

（6）改一改：既有物品有什么缺点或不足？使用是否不便？如何改进呢？

（7）联一联：既有事物的结果与原因有何联系？对我们解决问题会产生什么帮助？把某些事物联系在一起会怎样？

（8）学一学：通过模仿一些事物的结构和形状会产生什么构想？如何学习其技术、原理？

（9）代一代：既有事物能否用另一种去替代？替代后会产生什么结果？

（10）搬一搬：既有事物挪到其他位置会怎样？还能发挥效用吗？能产生其他新的效用吗？

（11）反一反：把一件事物上下、前后、左右、内外、反正进行颠倒，会有什么改变吗？

（12）定一定：要改进某个事物或解决某个问题，或防止危险发生，或提高效率需要做出什么规定吗？

我们依据这12个口诀进行核对和思考，就能从中得到启发，产生一些创造性设想。

2. 移植法

移植法也称渗透法，是一种通过相似联想、相似类比，力求从表面上看来是毫不相关的两个领域或现象之间，发现它们的联系，将某个领域或现象中应用的原理、技术、方法，引用或渗透到另外一个领域或现象中，用以改造或创新的思维方法。移植法主要有原理移植、方法移植、功能移植等。

例如，产生红外辐射是一种很普通的物理现象，凡热力学温度高于零度的物体都有红外辐射，只是温度低时辐射量极微罢了。将这一原理移植到其他领域，可产生一些新奇的成果，如红外线探测、遥感、诊断、治疗等。再如，在自然界，河川中夹有能分解有机物的细菌，有机物经它消化后变成水和一氧化碳。环保专家将此功能移植于废水处理——引进净化细菌让它大量繁殖，以达到去污变清的目的。

3. 仿生学法

仿生学法是一种通过模拟生物的结构或功能原理而产生发明创造的方法。自然界的动植物为人类孕育新事物和新方法提供了模仿形象。生物界所具有的精确可靠的定向、导航、探测、控制、调节、能量转换、信息处理、生物合成等生物系统的基本原理和结构，为人类创造新事物提供了参考。

例如，北京奥运工程主场馆是椭圆形的"鸟巢"，与之相映生辉的是"水立方"膜结构的游泳馆。主场馆的外观就像"鸟巢"，馆内有91 000个座位，无论观众坐在"鸟巢"的哪个位置，到比赛场地中心点之间的视线距离都在140米左右。"水立方"的创意来自细胞组织单元的基本排列形式及水泡、肥皂泡的天然构造。这种在自然界中常见的形态从来没有在建筑结构中出现过,"水立方"是世界上第一个应用这一结构体系的建筑,为国内外建筑界填补了一项空白。

4.TRIZ 理论

TRIZ 即"发明问题的解决理论",根里奇·阿奇舒勒是"TRIZ 理论之父"。他提出了解决各种技术矛盾和物理矛盾的创新原理和法则,进而构建了一个由解决技术问题、实现创意思考和创新开发的各种算法组成的综合理论体系,TRIZ 理论体系也随之形成了。

TRIZ 理论正是这样一种理论:它运用跨学科的方法,帮助人们克服思维障碍,避免使用效率低下的盲目试错法,拒绝妥协和折中办法,直接寻求有效的问题解决方案。TRIZ 理论是当前十分有价值的科学思考与学习工具之一。

相对于传统的思考方法,TRIZ 理论从系统中存在的内在矛盾出发,揭示了创意思考和创新的内在规律及基本原理,具有鲜明的特点和优势。TRIZ 理论的出现,为人们的创意思考活动提供了直观的解决矛盾的方法和路径,帮助人们系统地分析问题和解决问题,打破原有的思维定式,突破思维障碍,加快创意思考和技术创新的进程。通过 TRIZ 理论的运用,创新活动不再是随机行为,人们能够准确地锁定问题的方向,以新的视角分析问题,并根据技术演化规律预测未来的发展趋势,更快地完成发明创意思考过程,生产创新产品。

目前,TRIZ 理论和方法已在全世界得到广泛应用,推动了成千上万的发明创造和技术创新,并逐步形成了一套成熟的发明创造问题的解决理论体系,为众多的知名企业和研发机构带来了巨大的经济效益与社会效益。因此,TRIZ 理论也被一些欧美专家称为"超级发明术",这说明了它在帮助人们挖掘和开发自身创造潜能方面发挥的重要作用。

(1) TRIZ 理论的核心思想。阿奇舒勒研究发现:技术系统的进化过程不是随机的,而是有客观规律可遵循的,这种规律在不同领域中反复出现。解决某一领域的技术问题的最有效的原理和方法往往来自其他学科领域。

根据以上发现,TRIZ 理论的核心思想可归纳为以下三个方面。

1) 无论是简单的产品还是复杂的技术系统,其核心技术的发展都遵循着客观规律,即具有客观的进化规律和模式。

2) 各种技术难题、冲突和矛盾的不断解决是这种进化过程的动力。

3) 技术系统发展的理想状态是用尽量少的资源实现尽量多的功能。

(2) TRIZ 理论的基本方法和问题解决工具。在 TRIZ 理论体系中,包含着众多系统的、具有可操作性的创造性思考方法和发明问题的解决路径,而且这些方法还在不断地发展和完善中。

从经典 TRIZ 理论的基本结构看,TRIZ 理论的基本方法和问题解决工具涉及以下六个方面的内容。

1) 技术系统进化法则。它包括提高理想度法则、完备性法则、能量传递法则、协调性法则、子系统的不均衡进化法则、向超系统进化法则、动态性和可控性进化法则。

2）矛盾及其解决原理。阿奇舒勒将矛盾分为物理矛盾、技术矛盾和管理矛盾三类，其中管理矛盾不属于 TRIZ 理论研究的范畴。

3）物质——场模型分析。它主要用于建立与已存在的系统或新技术系统的问题相联系的功能模型，是 TRIZ 理论中一种常用的分析工具。

4）76 个标准解法。TRIZ 理论的 76 个标准解法主要用于解决技术系统进化模式的标准问题，并建议通过某一种系统变换来消除所存在的问题。

5）发明问题解决算法。它采用一套完整的逻辑步骤将初始问题程式化，是解决发明问题的完整算法，也是 TRIZ 理论的一种主要工具。

6）科学效应和现象知识库。它是一种基于物理、化学、几何学等学科的问题解决工具，为相关领域的发明创造和技术创新提供丰富的方案来源，对发明问题的解决有着巨大作用。

案例 3-15

鞋业公司的防盗办法

欧洲某鞋业公司在 A 国的分厂生产某知名品牌的运动鞋。在生产过程中，管理者发现少数当地工人有偷窃鞋子的行为。管理者曾尝试过以公开警告、降薪和开除等办法来阻止问题发生，但都没有奏效。

该问题的主要矛盾是鞋子的整体生产与偷窃鞋子的行为之间的矛盾分析：

（1）根据鞋业公司的生产需要，要在 A 国当地生产鞋子，但因为盗窃事件的频发，又不能让当地工人生产鞋子。

（2）可应用空间分离原理和整体与部分分离原理来解决，即在不改变生产分厂地域位置的情况下，将鞋子由整体生产改为不同分厂生产鞋子的不同部分。生产地点还是选择在 A 国分厂所在地区，但是选择在 A 国生产左脚的鞋子，选择附近的 B 国家生产右脚的鞋子，在附近的 C 国生产鞋带。

通过以上方式，工人偷鞋子的情况就避免了。这种方式，对于生产地点来说，运用了空间分离原理；对于鞋子来说，运用了整体与部分分离原理。

资料来源：褚建伟，张春青，范琳. 创新创业教育 [M].2 版. 北京：高等教育出版社，2021.

讨论交流

百事可乐挑战可口可乐

可口可乐牌子老，给人印象深刻，再加上它有解渴、消乏、提神的功效，故一直雄踞西方饮料业榜首。百事可乐初期成绩平平，在美国国内只属于小规模饮料企业。但他们不甘久居人下，经过精心研制，终于生产出新型饮料，在口感和功效等许多方面与可口可乐不相上下。要想与可口可乐这种老牌货较量，必须得亮出撒手锏才有可能取胜。为了以小搏大，通过营销手段促进公司发展，百事可乐煞费苦心。百事可乐公司借力打力，在美国各地展开了各种形式的促销活动。为了让顾客增强对自己产品的信心，他们让顾客蒙住双眼，比较可口可乐和百事可乐的区别。顾客品尝以后，居然难以区别。

没想到这小小的一招，竟然打乱了可口可乐公司的阵脚。百事可乐神气十足地走入各超级市场和饮食店。这是百事可乐公司在美国国内市场赢得的第一场胜利。但他们并不满足，又不断向国外发展，谋求在全球竞争中取得市场突破。

可口可乐开始反击，公司组织科研人员连夜公关，研制出可口可乐的新型饮料，它一改过去的模式，口感更加浓烈，更注重提神和解渴效果。这一新型饮料的研制成功立刻对百事可乐构成一种新威胁，许多消费者家中又纷纷摆上了可口可乐。

百事可乐公司以不变应万变，广泛发布一幅通栏广告，称："大家知道，某种东西如果是好的就用不着改变它，百事可乐的成就迫使对方出此下策。"不但如此，百事可乐公司还专门召开记者招待会说，可口可乐改变配方，正好证明了百事可乐的胜利。

采用新配方后，可口可乐引起众多老顾客的强烈不满，美国各地成千上万人纷纷来信或来电表示反对，有不少地方的可口可乐爱好者甚至还成立了俱乐部，要求可口可乐公司弃新复旧。在这种情况下该公司只好决定顺应顾客传统习惯，恢复原来的配方，而百事可乐则努力扩大市场份额。

【各抒己见】

1. 本案例中为挑战可口可乐，百事可乐运用了哪些创新方法？是如何运作并取得成功的？

2. 你从中获得的启示有哪些？

实践案例

华夏之音团队勇破枷锁巧创新

华夏之音团队的创新能力

模块实训

实训活动一　创新技法练习

1. 奥斯本检核表法练习

利用奥斯本检核表法，构思出智能手机的创新思路（表3-4）。

表 3-4　构思出智能手机的创新思路

序号	检核问题	创新思路	创新产品
1	能否他用		
2	能否借用		
3	能否改变		
4	能否扩大		
5	能否缩小		
6	能否代用		
7	能否调整		
8	能否颠倒		
9	能否组合		

2. 特性列举法练习

运用特性列举法对以下物品进行创新设计：

（1）眼镜（2）帽子（3）雨伞（4）香肠（5）手机（6）插座

每小组选取一种物品，组内运用特性列举法进行讨论，从而得到多种设计方案。

3. 希望点列举法练习

希望点列举法的原则是"如果能够……该多好"，首先要提出希望，具体列出希望点，然后构思满足这些希望点的创意。

请各小组运用希望点列举法对"双层床"进行希望点列举，并对双层床提出相应的改进设想。

（1）属性列举：从名词、形容词、动词三个方面进行属性分解（表3-5）。

表 3-5　属性分解

双层床	名词属性	整体名称	
		结构部分	
		材料类型	
		制造方法	
	形容词属性	颜色	
		质量	
		形状	
		性能	
		速度	
	动词属性	主要功能	
		动作分解	

（2）希望点列举：对"双层床"提出尽可能多的希望，将其进行归纳整理成为3~5个希望点。对可能实现的希望提出方案，暂时不能实现的储备作为以后的规划。

4. 缺点列举法练习

现在有一把旧的长柄弯把雨伞，请你运用缺点列举法，对其提出至少4种改进方案，旧雨伞缺点如下：

（1）伞柄太长，不便于携带。

（2）把手太大，在拥挤的地方会钩住别人的口袋。

（3）撑开和收拢不方便。

（4）伞尖容易伤人。

（5）伞太重，长时间打伞手臂容易酸痛。

（6）伞面会遮挡视线，容易发生事故。

（7）伞面淋湿后，不易放置。

（8）伞的防风能力差，刮大风时伞面会向上翻起。

（9）骑自行车时，打伞容易出事故。

5. 组合创造法练习

请将以下不同领域的物品和概念进行组合，使其成为有意义、有价值的新物品。

卧室	自动化
床	运送装置
睡觉的地方	移动
窗帘	加热器
位于浴室附近	不同颜色
让人有安全感	自动门锁

6. "5W2H"法练习

根据"5W2H"法设计一个礼品店的经营计划。

（1）What：经营什么礼品？什么档次？什么定位？

（2）Why：开店的目标是什么？为什么经营这类商品？

（3）Who：谁是顾客？谁是老板？谁是服务员？谁负责进货？

（4）When：何时开张？何时经营、进货、盘点？

（5）Where：开在哪里？哪里批发货物？哪里寻找启动资金？

（6）How：怎么做营销？采用什么手段促销？

（7）How much：投入多少本钱？盈利目标是多少？雇用多少服务员？

实训活动二　实地调研

实训目标：能正确运用各种创新技法，对创新技法有更深刻的理解与领悟

实训内容：寻找生活中运用创新技法的实例，总结创新技法的作用。

实训步骤：

（1）学生 5~7 人一组，在生活中调查若干个具体的创新技法实例，并列举说明。

（2）各小组将实例填写在表格中，选出小组代表，然后整理研究结果，标明其所包含的创新技法并进行展示。

（3）教师根据学生的展示进行评价并做出总结。

模块四

创业认知：创业、创业者与创业风险

学习指南

创业是个人或团队发现市场需求，并通过策划、组织、运营等手段，创立新的商业实体或启动新的商业项目的过程。在此过程中，作为主导者的创业者需要具备必要的心理素质、知识素质、能力素质，善于发现创业机会，同时要敢于承担创业过程中的风险和责任。因此，理解创业的基本知识、具备创业者的必要素质、认知创业过程中的风险是开展创业活动的前提。

通过本模块的学习，学生能够对创业有更加理性的认知，能够在树立创业理想的前提下，对标创业者素质，实现在知识、技能、素质等方面的提升，同时，对创业过程中的风险进行科学的预判与管理，为创业活动做好准备。

学习目标

知识目标

1. 熟悉创业相关概念及创业的主要阶段，了解大学生创业相关支持政策；
2. 了解创业意愿、创业精神的含义，掌握创业精神培育的方法，创业需掌握的知识；
3. 了解创业风险的含义，掌握创业风险的管理方法。

能力目标

1. 能够对创业有理性的认知，能够积极寻求相关政策的支持；
2. 能够有意识地培养自己的创业精神与创业素质，清楚创业精神与创业素质对创业成败的影响；
3. 能够预测并有效地管理创业过程中的风险。

素养目标

1. 激发学生创业的勇气；
2. 培养学生实事求是、独立思考、勇于创新的科学精神；培养学生健全的人格和良好的心理素质；
3. 树立风险管理意识，培养学生审慎行事的行为品格。

模块四　创业认知：创业、创业者与创业风险

> 案例导入

关于"财商"的几个小故事

故事一

某特色小吃市场，有AB两个各方面都差不多的米粉摊位。但奇怪的是，A摊位的生意极好，干了两年多，老板就买房买车；而B摊位呢？生意冷清，开了半年多就关门了。原因何在？原来，米粉刚出锅时非常烫，甚至有点烫嘴，在B摊位，顾客吃一碗米粉要一刻钟。而A摊位的老板会把煮好的米粉在冰水里过一下，再盛入碗内，端给顾客，因为温度适中，顾客很快就能吃完。

故事二

一只麻雀看到邻居乌鸦要飞走，便问道："你要飞到哪去啊？"乌鸦说："哎，我其实哪都不想去，可大家都讨厌我的叫声，因此，我想飞离这块地方。"麻雀告诉乌鸦："别瞎跑了！假如你不改变叫声，无论飞到哪，大家都会讨厌你。"

故事三

某小乡镇中，来了一位外地商人，他开了一家加油站，结果生意非常好，第二个商人来了后，开了一个饭店，生意也很红火，第三个商人来了后则开了一家超市，生意同样不错，这个本来偏远的乡镇因此很快就变得繁华了。另一个小乡镇，来了一位外地商人，开的也是加油站，生意非常好，结果，第二个、第三个、第四个商人来了后，开得也都是加油站，很快陷入恶性竞争，最终搞得大家都没生意做了。

故事四

有人问一位农夫："今年的麦子种了没？"农夫："没有，我害怕遭遇旱灾。"那人又问道："那么，棉花你种了没？"农夫："没有，我害怕棉花被虫子吃了。"那人接着问："那你到底种了什么？"农夫："我什么都没种，我要确保安全。"

> 案例思考

从这四个小故事中你能得到什么启发？结合这几个小故事谈一谈想要成功创业应该具备哪些基本要素。

任务一　认识创业

理解什么是创业与树立创业理想之间有本质的联系。只有明确创业的含义，深刻理解创业的内涵，才能正确树立创业目标。因此，明确创业的定义与内涵，其实就是明确创业理想的基础。

一、创业的含义

《现代汉语词典》对创业的解释是创办事业。其中,"事业"是指人们所从事的,具有一定目标、规模和系统,并对社会发展有影响的经济活动。《辞海》中对"创业"的解释就是创立基业。其中,"基业"是指事业的基础。由此可见,创办事业是创业的本质。

创业有广义和狭义之分。广义的创业是指创业者对自己拥有的资源或通过努力能够拥有的资源进行优化整合,从而创造出更大经济或社会价值的活动。这种活动可以是营利性的,也可以是非营利性的;可以是经济领域,也可以是文化、教育、科学、政治等领域的。狭义的创业是指个人或团队自主创办企业,是个人或团队在市场环境下发现了一个商机并采用实际行动转化为具体的社会形态,获得利益、实现价值的过程。它是以利润为导向的有目的性的行为。

创业包括以下几种含义:

(1)创业是一个创造的过程,创业者要付出努力和代价。

(2)创业的本质是对创业机会的商业价值进行发掘与利用,即要创造或认识到事物的商业用途。

(3)创业的潜在价值需要通过市场来体现,即市场是实现财富的渠道。

(4)创业以追求回报为目的,包括个人价值的满足与实现、知识与财富的积累等。

二、创业的基本类型

1. 按创业主体的性质划分

按创业主体的性质划分,可将创业活动分为自主型创业、公司附属创业、公司内部创业、衍生创业等。其中,自主型创业是指创业者个人或几个创业者共同组成创业团队,白手起家完全独立地创建企业的活动;公司附属创业是指由一家已经相对成熟的公司创建一家新的附属企业的活动;公司内部创业是指进入成熟期的企业为了获得持续增长和长久的竞争优势,为了倡导创新并使其研发成果商品化,通过授权和资源保障等支持的企业内创业;衍生创业是指在现有组织中工作的个体或团队,脱离所服务的组织,凭借在过去工作中积累的经验和资源,独立开展创业活动的创业行为。

2. 按创业的动机划分

按创业的动机划分,可将创业分为机会型创业和就业型创业两种。

(1)机会型创业的出发点并非谋生,而是为了抓住、利用市场机遇。它以新市场、大市场为目标,因此,能创造出新的需要,或满足潜在的需求。机会型创业会带动新的产业发展,而不是加剧市场竞争。

(2)就业型创业的目的是谋生,为了谋生而自觉地或被迫地走上创业之路。这类创业大多属于尾随型和模仿型,规模较小,项目多集中在服务业,并没有创造新需求,而是在现有的市场上寻找创业机会。由于创业动机仅仅是为了谋生,往往小富即安,极难做大。

3. 按创业项目的性质划分

按创业项目的性质划分，可将创业分为传统技能型创业、高新技术型创业、知识服务型创业等。传统技能型创业是指使用传统技术、工艺的创业项目；高新技术型创业是指知识密集度高，带有前沿性、研究开发性质的新产品项目；知识服务型创业是指为人们提供知识、信息的创业项目。

4. 按创业资源划分

按创业资源划分，可将创业分为资合型创业、人合型创业和技术型创业三类。

（1）资合型创业的基础是资产。创建的企业一般具有劳动生产率高、物资消耗省、单位产品成本低、竞争能力强等特点。资合型创业不仅要求有大量的资金、复杂的技术装备，还要有能掌握现代技术的各类人才和相应的配套服务设施，否则就难以发挥其应有的经济效果。资合型创业通常出现在钢铁、重型机器制造、汽车制造、石油化工等行业领域内。

（2）人合型创业的基础主要表现为创业者之间的相互信任和创业者拥有平等的决策权。创建的企业由于受人际关系、信用程度和个人财力的限制，融资能力较差，规模比较小。人合型创业适合产品生产技术简单、品种多、批量小、用工比重大的企业和产品，或主要依靠传统的手工艺，难以实行机械化、自动化生产的企业和产品。

（3）技术型创业的基础是先进、现代化的科学技术。创建的企业一般具有以下特点：需要综合运用多门学科的最新科学研究成果，技术装备比较先进复杂，研发费用较多，中高级科技人员比重大，操作人员也要求有较高的科学知识和技术能力，使用劳动力和消耗原材料较少，对环境污染较小等。技术型创业通常出现在需要花费较多的科研时间和产品开发费用，能生产高精尖产品的行业，如电子计算机工业、原子能工业等。另外，有人把创建电子计算机软件设计、技术和管理的咨询服务企业也归入技术型创业。

三、创业阶段的划分

创业活动包含许多要素和步骤，不同阶段有不同的工作要完成。具体来说，创业活动可分为以下几个阶段。

1. 创业准备阶段

（1）认识清楚自己。创办企业是许多大学生的梦想，但是在创办企业之前，大学生必须了解创办企业所必需的条件，必须认真审视自己，判断自己是否适合创办企业。因为任何一个企业的成功都与创办者的性格、能力、经济状况等密不可分。"我能创业吗？""我能成功吗？"这是创业者经常提出的问题，这些问题没有标准答案。创业的成败取决于创业者本身。创业者在决定创业之前，应该客观分析自己，看看自己是否具备创业的素质、技能和物质条件。成功的创业者之所以成功，不是因为运气好，而是因为他们敢于挑战、工作努力，并且具有经营企业的素质和能力。

（2）认识清楚创业带来的挑战。

1）创业对创业者自身的挑战。创业需要资金，创业者可能需要寻求家人、朋友的帮助，或向银行贷款等。创业需要花费大量的时间，创业者可能需要不分昼夜、没有节假日地工作。缺乏社会经验是大学生普遍存在的问题，创业者要不断地学习，自我突破，要协调各种社会关系。

2）创业还面临着外部压力和风险。创业有可能会失败，创业者要做好应对失败风险的准备和承担相应的责任。市场竞争是难免的，有时还需要与竞争对手合作，创业者要不断地学习、尊重对方，赢得市场份额。在创业过程中，还会出现意外情况，要提前做好防范措施，避免企业受到损失。

2. 创业实施阶段

（1）产生企业想法，确定创业项目。在经过第一阶段的评估后，创业者对自己能否创办企业已经有了明确的认识，如果创办企业是自己想做的事情，而且自己也适合创办企业，那么就需要进一步考虑要创办什么样的企业，也就是要为自己寻找好的企业想法，识别创业机会，确定创业项目。有了合适的创业想法后，要对它进行检验，要知道它是否可行，是否经得起推敲。一家成功的企业始于正确的理念和好的想法。

（2）组成创业团队。完成了市场营销计划后，创业者已经对企业将来的运行情况有了预测，知道了要生产什么产品或提供什么服务，以及生产多少产品或怎样提供服务等。那么，产品或服务都必须依靠人来生产或提供，这需要为企业组建团队，并合理地安排人员，优质高效地完成生产或服务工作。

（3）整合创业资源。巧妇难为无米之炊，在确定了创业项目后，创业团队核心成员要系统的梳理创办企业所需的资源，通过对比现有的资源，寻找差距和短板，进而明确资源获取的途径。这些资源可能包括资金、人才、技术、市场渠道、政策支持等。在资金方面，创业团队可以通过自筹、融资、政府补贴等方式获取；在人才方面，可以通过招聘、合作、培训等方式吸引和留住优秀的人才；在技术方面，可以通过自主研发、技术合作、购买等方式获取；在市场渠道方面，可以通过线上推广、线下活动、合作推广等方式扩大影响力；在政策支持方面，可以了解政府对于创业的政策和优惠，争取到更多的支持。

在整合创业资源的过程中，创业团队还需要注意资源的合理配置和利用。要根据企业的实际情况和发展阶段，合理调配各种资源，确保资源的高效利用和最大化效益。同时，创业团队还需要不断学习和创新，不断提升自身的综合素质和竞争力，以应对日益激烈的市场竞争。

3. 创业启动阶段

（1）制订创业计划。要想创办企业，前期需要做大量的准备，包括收集、整理大量的信息。在这个过程中，创业者需要充分考虑市场需求、竞争环境、产品定位、营销策略、融资计划等多个方面，以确保企业能够在激烈的市场竞争中脱颖而出。一方面，创业者需要对市场进行深入研究，了解消费者的需求和偏好，以及行业的趋势和发展方向。只有掌握了这些信息，才能够制订出符合市场需求的创业计划；另一方面，创业者需要评估自身的实力和优势，明确自己的定位和核心竞争力。同时，创业者还需要不断完善和调整创业计划。随着市场的变化和企业的发展，创业计划也需要不断地更新和改进。只有这样，才能够确保企业始终保持竞争优势，实现可持续发展。

（2）选择企业法律形态。企业是一个组织，需要有一种法律形态。不同的企业法律形态，企业的法律地位和创业者、投资者的风险责任不同。创业者需要根据已经确定的创业项目研究比较每一种法律形态的特点，为企业选择合适的法律形态。

（3）登记注册。所有企业都要按照国家的法律规定开办和经营，并承担相关法律责任。我国法律规定新办企业必须经工商行政管理部门核准登记。只有登记注册，才能受到国家法律的保护。当然，在企业开办和经营过程中，还必须要遵守国家法律、法规。

（4）准备资金。企业登记注册后，要做的就是准备开办企业。创业者需要明确开办企业必须购买的物资和必要的开支，还需要预测所需的资金。如果资金不足，则需要考虑怎样获取更多的资金。另外，还需要关注企业能否盈利，要制订合理的销售计划，预测利润。

4. 经营新企业阶段

企业一旦开办，创业者既要做好内部管理工作，包括人员管理、财务管理等，也要积极应对新企业成长过程中遇到的各种风险和挑战，还要协调工作和休闲等问题。这就要求创业者不断学习和提升自身能力，带领企业不断发展和壮大。

四、创新与创业的关系

（1）创新是创业的基础。创新是指理论、方法或技术等某一方面的发现、发明、改进或新组合，它强调开拓性与原创性；创业是一种思考、推理和行动的方法，目的是把握机会，创造性地整合资源，创办新的企业或开辟新的事业，它强调的是通过实际行动获取利益的行为。将创新的思想或成果用于产业或事业中，开创新的领域或新的局面，就是创业。因此，创业是在创新的基础上将创新的思想或成果转化为现实生产力的一种实践活动，即创业是具有创业精神的个体与有价值的商业机会的结合，是开创新事业，其本质在于把握机会，创造性地整合资源、创新和超前行动。

（2）创业是创新的载体和表现形式，是创新的体现和延伸。创业的成败依赖创新教育根基的扎实程度；创新的成效，只有通过未来的创业实践来检验。因此，创新与创业内容结构相互融合，相辅相成。将两者有机地结合在一起就称为创新创业。创新创业既不同于单纯的创新，也不同于单纯的创业。创新创业是指基于技术创新、产品创新、品牌创新、服务创新、商业模式创新、管理创新、组织创新、市场创新、渠道创新等方面的某一点或几点而进行的创业活动。因此，创新创业与传统创业的根本区别是在创业活动中是否有创新因素。创新是创新创业的特质，创业是创新创业的目标。

（3）创新与创业内容的相似，并不说明两者可以相互替代。创业者只具备创新精神是不够的，它只是为创业成功提供了可能性和必要的准备，如果脱离创业实践，缺乏一定的创业能力，创新精神也就成了无源之水、无本之木。创新精神只有作用于创业实践活动才能有所体现,最终才有可能取得创业的成功。

案例 4-1

用"与众不同"的思维去赚钱

在中国浙江省的一个小山村,有两个年轻人,张华和李强。他们出身贫寒,一起靠开采山石为生,但两人的经营理念截然不同。张华每天努力将大块石头砸成小石子,然后卖给那些建房的人,还要亲自负责送货。李强则没有对石头进行任何加工,而是直接将其运到市里,卖给那些富有的园艺爱好者和装饰公司,因为石头形状各异,李强认为卖造型比卖重量更划算。

三年后,张华的生活有所改善,而李强成为村里第一个买得起小轿车的人。

后来,这个小村庄实施了新的环保政策,禁止开采山石,山上只能种树。村民们纷纷转行种植果树,尤其是种植蜜梨,因为这里的气候适宜,出产的蜜梨肉质细腻多汁,深受市场欢迎,吸引了全国各地的果品商来采购,甚至出口海外。

当其他村民还在专注于种植蜜梨时,曾经卖过石头也种过蜜梨的李强却做出了一个出人意料的决定,他卖掉了自己的梨树,开始种植柳树编织篮子。原来,他意识到外地客商并不担心买不到优质的蜜梨,而是苦恼于没有好的篮子来包装蜜梨。不久之后,李强通过卖篮子赚的钱是其他人卖蜜梨收入的几倍。

又过了三年,李强成为村里第一个建造豪华别墅的人。

随后,一条高速公路从村庄旁边穿过,连通了北边的上海和南边的广州。随着村庄的进一步开放,果农们变得更富裕,开始涉足果汁加工业务,一些有远见的村民还计划合作开办工厂。与此同时,李强在自己的地盘上建起了一堵高3米、长100米的墙,这堵墙面向高速公路,两边是无边的梨园。乘坐高速火车经过这里的人,在欣赏风景的同时,都会看到墙上的巨大广告。凭借这堵广告墙,李强每年能额外赚取近10万元人民币的广告费。两年后,李强在村里开设了一家服装加工厂……

某天,一家国际公司的中国区代表王明在去杭州出差途中听闻了李强的传奇故事。王明对李强独到的商业头脑感到震惊,决心邀请他加入自己的公司。

王明很快找到了李强,只见李强正在自己的服装店门口与对面店铺的老板争吵。李强的店里一套西装标价600元,对方就标价580元;当李强降价到580元时,对方又降到550元……一个月下来,李强的服装店只卖出9套西装,而对面的店铺却卖出了90套。

看到这一幕,王明感到非常失望,认为自己被那些讲述李强故事的人误导了。然而,当他了解到真相后,王明立刻决定以百万元的年薪聘请李强。原来,对面的那家店也是李强开的。

一年多后,李强已经成为王明手下最得力的助手。有一天,当王明询问李强对于做生意赚钱的看法时,李强深有感触地说:"其实,贫穷不可怕,可怕的是思维的贫穷。做生意想要赚钱，就必须有创新的思维。有了与众不同的思维，才能获得与众不同的成功。用'与众不同'的思维去赚钱，你就会比别人更容易赚到钱，而且更容易赚到大钱！"

五、大学生创业优惠政策

1. 税收优惠

持人社部门核发《就业创业证》（注明"毕业年度内自主创业税收政策"）的高校毕业生在毕业年度内（指毕业所在自然年，即1月1日至12月31日）创办个体工商户、个人独资企业的，3年内按每户每年8 000元为限额依次扣减其当年实际应缴纳的增值税、城市维护建设税、教育费附加和个人所得税。对高校毕业生创办的小型微利企业，按国家规定享受相关税收支持政策。

2. 创业担保贷款和贴息

对符合条件的大学生自主创业的，可在创业地按规定申请创业担保贷款，贷款额度为10万元。鼓励金融机构参照贷款基础利率，结合风险分担情况，合理确定贷款利率水平，对个人发放的创业担保贷款，在贷款基础利率基础上上浮3%以内的，由财政给予贴息。

3. 免收有关行政事业性收费

毕业2年以内的普通高校学生从事个体经营（除国家限制的行业外）的，自其在工商部门首次注册登记之日起3年内，免收管理类、登记类和证照类等有关行政事业性收费。

4. 享受培训补贴

对大学生创办的小微企业新招用高校毕业生，签订1年以上劳动合同并交纳社会保险费的，给予1年社会保险补贴。对大学生在毕业学年（即从毕业前一年7月1日起的12个月）内参加创业培训的，根据其获得创业培训合格证书或就业、创业情况，按规定给予培训补贴。

5. 免费创业服务

有创业意愿的大学生，可免费获得公共就业和人才服务机构提供的创业指导服务，包括政策咨询、信息服务、项目开发、风险评估、开业指导、融资服务、跟踪扶持等"一条龙"创业服务。

6. 取消高校毕业生落户限制

高校毕业生可在创业地办理落户手续（直辖市按有关规定执行）。

7. 创新人才培养

创业大学生可享受各地各高校实施的系列"卓越计划"、科教结合协同育人行动计划等，同时，享受跨学科专业开设的交叉课程、创新创业教育试验班等，以及探索建立的跨院系、跨学科、跨专业交叉培养创新创业人才的新机制。

8. 开设创新创业教育课程

自主创业大学生可享受各高校挖掘和充实的各类专业课程与创新创业教育资源，以及面向全体学生开发开设的研究方法、学科前沿、创业基础、就业创业指导等方面的必修课和选修课；同时，享受各地区、各高校资源共享的慕课、视频公开课等在线开放课程，以及在线开放课程学习认证和学分认定制度。

9. 强化创新创业实践

自主创业大学生可共享学校面向全体学生开放的大学科技园、创业园、创业孵化基地、教育部工程研究中心、各类实验室、教学仪器设备等科技创新资源和试验教学平台。参加全国大学生创新创业大赛、全国高职院校技能大赛和各类科技创新、创意设计、创业计划等专题竞赛，以及高校学生成立的创新创业协会、创业俱乐部等社团，提升创新创业实践能力。

10. 改革教学制度

自主创业大学生可享受各高校建立的自主创业大学生创新创业学分累计与转换制度；还可享受学生开展创新试验、发表论文、获得专利和自主创业等情况折算为学分，将学生参与课题研究、项目试验等活动认定为课堂学习的新探索。同时，也可享受为有意愿、有潜质的学生制订的创新创业能力培养计划，以及创新创业档案和成绩单等系列客观记录并量化评价学生开展创新创业活动情况的教学实践活动。优先支持参与创业的学生转入相关专业学习。

11. 完善学籍管理规定

有自主创业意愿的大学生，可享受高校实施的弹性学制，放宽学生修业年限，允许调整学业进程、保留学籍，休学创新创业。

12. 大学创业指导服务

自主创业大学生可享受各地各高校对自主创业学生实行的持续帮扶、全程指导、一站式服务，以及地方、高校两级信息服务平台，为学生实时提供国家政策、市场动向等信息，与创业项目对接、知识产权交易等服务。可享受各地在充分发挥各类创业孵化基地作用的基础上，因地制宜建设的大学生创业孵化基地，与相关培训、指导服务等扶持政策。

拓展阅读

各地区大学生创业优惠政策

1. 北京市

（1）放宽经营范围和经营场所限制。法律、法规未禁止的行业和领域全部向高校毕业生开放。按照法律、法规规定的条件、程序允许高校毕业生创业人员以家庭住所（经利害关系人同意）、租借房、临时商业用房、农村住宅等作为创业经营场所，凭有关证明材料进行注册登记。

（2）减免有关行政管理费用。实行高校毕业生创业有关证照免费办理制度。从事个体经营的高校毕业生，符合中央和省有关收费减免政策的，均可享受管理类、登记类和证照类等有关行政事业性收费的优惠政策。

（3）实行优质高效便捷的准入服务。各级工商部门要开通工商注册绿色通道，设立创业注册登记优先窗口，负责高校毕业生创业注册登记事项。

（4）享受税收减免优惠。高校毕业生从事个体经营，销售额（营业额）未达到现行政策规定的增值税起征点的，不征增值税；开办其他生产经营服务项目，符合国家规定的，可享受相应税收优惠政策。

（5）实行创业补贴。高校毕业生首次成功地从事非农产业创业，并正常经营3个月以上的，经同级就业服务机构核实、劳动保障部门审核、财政部门复核后，给予一次性创业补贴。其中，个人创业的，给予一次性2 000元创业补贴；个人创业并带动2人以上就业的，给予一次性3 000元创业补贴，具体补贴办法按市财政局、市劳动和社会保障局就业专项资金使用有关规定办理。

2. 上海市

（1）大学生注册公司零首付政策。根据相关政策规定，2012年2月10日起上海毕业两年内的高校毕业生只需携带身份证和大学毕业证，就可以到上海市各区县工商部门申请注册登记，以"零首付"的方式创办一家属于自己的公司。"零首付"是指"工商部门取消了所有的收费，包括《营业执照》的成本费。在市场准入的时候，登记公司需要注册资本，大学生创办公司可以没有注册资本，在两年中逐步到位。"

（2）上海大学生创业三年行动计划。上海将小额担保贷款扶持范围扩大到创业后三年以内的创业组织，担保金额最高为100万元，其中10万元以下的贷款项目可免予人担保，并根据创业组织在贷款期间吸纳本市劳动力的情况，给予贷款贴息的扶持。各区县也将通过财政出资设立专项资金，或整合现有各类扶持创业资金，用于小额贷款担保、贷款贴息等给予融资支持。

（3）上海大学生创业财税补贴。上海大学生创业在18个月的初创期内，符合条件的给予有关房租补贴、社会保险费补贴、贷款担保及贴息的扶持。对从事农业创业的高校毕业生，可根据吸纳就业情况，给予专项创业补贴。高校毕业生从事个体经营的，自工商登记之日起3年内可免交登记类、管理类和证照类的各项行政事业性收费。本市高校的非上海生源毕业生在沪创业并吸纳本市劳动者就业的，在申请户籍时予以政策倾斜，有关服务部门免于收取人事代理等服务费用。

（4）上海大学生创业天使基金。大学生科技创业基金成立于2005年，在10余所高校均设有分基金，上海大学生创业只要有意向，就可以向基金提出申请，根据大学生各自不同情况可以获得5万~30万元不等的基金资助。这个基金还有一大优点，即公司如果成长了把钱还上即可，万一亏损了基金也不会再向你收回投资。

（5）上海大学生创业免费培训。为鼓励大学生创业，上海市设立了专门针对应届大学毕业生的创业教育培训中心，培训中心的开支由政府提供，免费为大学生提供项目风险评估和指导，帮助大学生更好地把握市场机会。

（6）上海大学生创业房租补贴。《关于扶持建立非正规就业劳动组织创业园区若干意见的通知》(沪劳保就发〔2005〕6号)中对开业园区房屋补贴做出规定。创业者不仅能以较低租金进驻开业园区,还可以根据所吸纳本市失业、协保、农村富余劳动力的情况享受年度人均房租最高不超过2000元、补贴期限最长不超过3年的开业园区房租补贴,以及《关于进一步鼓励扶持自谋职业和自主创业的若干意见》(沪劳保就发〔2007〕11号)规定自主创业者租赁符合条件的固定经营场所开展创业活动,可享受每年最高不超过2000元、补贴期限最长不超过3年的自主创业房屋补贴。

(7) 上海大学生创业小额贷款融资。《上海市人民政府关于进一步做好本市促进创业带动就业工作的若干意见》(沪府发〔2009〕1号)规定小额贷款担保政策的扶持范围扩大到创业后3年以内的创业组织,担保金额提高到100万元。其中,10万元以下的项目可免个人担保。自主创业的大学生,向银行申请开业贷款担保额度最高可为7万元,并享受贷款贴息。《科技型中小企业技术创新基金初创期小企业大学生创业项目(试点)工作指引》规定,科技型中小企业技术创新基金在初创期小企业创新项目内设立大学生创业项目给予引导和支持。创新基金以无偿资助方式支持立项项目,资助额度为每个项目20万~40万元。

(8) 上海大学生创业信用担保。根据《上海市大学生创业企业信用担保基金章程》,上海市大学生科技创业基金会和上海市杨浦区中小企业信用担保中心共同发起上海市大学生创业信用担保基金。该信用担保基金单笔担保贷款范围是50万元以内,期限为一年以内的流动资金贷款。

(9) 上海大学生网上创业优惠政策。网上创业的形式很多,可以是网上开店,就是在提供开店的网站,按照规定注册一个商店,自己在网上门店组织经营;还可以网上结盟,即创业者自己需要注册一个商店,然后加盟到提供加盟的电子商务网站上利用加盟母体的资源组织销售。其次,上海市高等院校毕业的学生、在职职工参加中高层次的技能培训,鉴定合格后培训费用补贴50%,参加政府补贴培训人员原则上一年只可享受一次补贴。目前,全市共有三家"网上创业"网站,他们一般也会提供免除加盟费、登录费全免、两个月试运行免费等优惠措施。

任务二　创业必备素质

哈佛大学的拉克教授说过这样一段话:"创业对于大多数人而言是一件极具诱惑的事情,同时也是一件极具挑战的事情。"创业能否取得成功,受创业者自身的内在因素和环境的外部因素共同影响。但是,外部的创业环境作为外因,归根结底还是要通过自身的内因起作用。所以,真正起决定性作用的是创业者的创业素质和精神等内在因素。

一、萌发创业意愿

(一)创业意愿的含义

意愿是一种心理状态,引导个人的注意力甚至是经验和行动,为了获得某件东西(某种方法),而指向一个特定的目标(目的)或道路。意愿表明了行动者对于行为有目的的和自发的状态,行动者可以意想他的行为,但是没有办法意想行为的结果。创业者的欲望与普通人欲望的不同之处在于,他们的欲望往往超出他们的现实,往往需要打破他们现在的立足点,打破眼前的樊笼,才能够实现。

在创业意愿的理论研究中,创业意愿是潜在创业者对从事创业活动与否的一种主观态度,是人们具有类似于创业者特质的程度,以及人们对创业的态度、能力的一般描述。创业意愿旨在创立一家新公司或在已有的公司中创造出新的价值增长点。Bird(1998)认为,创业意愿有两个维度,一是内源/外源维度,即创业者的意愿(内源)和利益相关者、市场等的意愿(外源);二是理性/直觉维度。理性的、分析的和因果导向的心理过程是商业计划、机会分析、资源获取、目标设定和大多数目标指导行为的基础。直觉的、整体的和情景性的思维,如愿景、预感等,同样驱使着创业者坚定不移地去追求创业目标。

(二)影响创业意愿的因素

(1)个体特质对个体的创业意愿具有重要的影响,它在很大程度上决定了个体的创业意愿。影响创业意愿的心理特征有成就欲望、内控信念、风险承担倾向、识别和利用机会的能力、模糊性承受能力、处理问题的风格、企业家的个人价值观选择等。

(2)创业环境的影响。首先,包括经济、社会、文化、政治等因素;其次,涉及创业过程来自外在环境的所有支持或帮助服务。

(3)从学生接受的创业教育的角度看,个人背景、在校经历、前瞻性人格、创业能力、具备的创业知识都会影响个体的创业意愿。

(4)在计划行为理论中,对创业意愿的研究发现,创业意愿主要由三个方面决定:一是态度,是指个人对行为所抱有的积极或消极评价;二是感知行为控制力,即个体感知到的执行某种行为的控制能力;三是主观规范,即影响个体决策的外界因素,包括个人感知到的来自配偶、家属、朋友、教师、医生、同事等重要参照个人或群体对行为的期望。

案例 4-2

磁性剪纸创业案例

王子月,一位1990年出生的女大学生,她凭借对剪纸艺术的热爱和对创新的追求,成功地将传统剪纸与现代磁性材料结合,创造出了磁性剪纸这一新型艺术形式,并成功将其商业化。

王子月从小对剪纸艺术有着浓厚的兴趣,但在实践中发现传统剪纸存在易碎、不易保存等问题。为了改进这些问题，她与父亲共同投入研发，经过多次试验，最终找到了一种特殊的磁性材料来替代传统剪纸材料。这种磁性材料不仅解决了传统剪纸易碎的问题，还赋予了剪纸新的使用方式——只要有铁的地方，磁性剪纸就能直接吸附上去，灵巧便携。

2005年8月17日，王子月的磁性剪纸获得了国家知识产权局颁发的专利证书。此后，她又以磁性剪纸为底板，进行技术细分，很快又取得了磁贴画和着色磁性剪纸两项发明专利。

王子月敏锐地捕捉到磁性剪纸的市场潜力，将其定位为学龄前儿童、学生及注重生活品质的消费者的理想选择。她将磁贴画、磁性剪纸等发明专利项目拓展成DIY休闲娱乐产品、广告赠品、家居饰品、艺术收藏品等10大产品市场。

王子月携带专利成果频频在各类大舞台上亮相，包括挺进2008年北京奥运会公园展示，还夺得了中央电视台《我爱发明》大赛的"新金点子奖"。她通过线上和线下相结合的方式，开设网店和实体店，实现产品的广泛销售。磁性剪纸项目在一年内实现了300万元的销售额，显示了其巨大的市场潜力和商业价值。

王子月成功注册了属于自己的公司——义乌市廿分红磁性剪纸有限公司，并与超过120家加盟连锁店合作，进一步扩大了市场份额。

王子月通过创新思维，将传统剪纸与现代科技结合，创造出了具有市场竞争力的新产品。她深入了解市场需求和消费者心理，开发出符合市场需求的产品，并制定了有效的营销策略。王子月的磁性剪纸创业案例是一个典型的将传统艺术与现代科技结合的创新案例。她的成功不仅在于她的创新思维和敏锐的市场洞察力，更在于她勇于尝试、敢于创新的精神。

二、培育创业精神

1. 创业精神的含义

创业精神是指在创业者的主观世界中，那些具有开创性的思想、观念、个性、意志、作风和品质等，主要表现为勇于创新、敢当风险、团结合作、坚持不懈等。创业精神是创业的动力，也是创业的支柱。没有创业精神就不会有创业行动，也就无从谈创业成功。

尽管不同的创业精神论述在具体的维度构成认识上有所差异，但特定的创业事件总是不同程度的创新性、冒险性与主动性的组合，这就是创业精神的基本特征。以往大量研究所采用的创业精神均分成上述三个维度。它们的具体含义如下：创新性是指新奇的研发，开发独特的产品、服务方式或生产流程；冒险性是指愿意尝试具有较大失败可能性的机会；主动性是指在克服障碍时的创造力与持续的努力。在研究中，通常以这三个方面的行为表现来对创业精神进行测试。

在比尔·盖茨看来，成功的首要因素就是冒险，有冒险才有机会，正是有风险才使事业更加充满跌宕起伏的趣味。创业家的冒险，迥异于冒进。什么是冒险，什么是冒进？冒险是你经过努力，有可能得到，而且那东西值得你得到；否则，你只是冒进。创业者一定要分清楚冒险与冒进的关系，要区分清楚什么是勇敢，什么是无知。无知的冒进只会使事情变得更糟，你的行为将变得毫无意义。

案例 4-3

创业本身就是一项冒险活动

很多创业者在创业的道路上，都有过"惊险一跳"的经历。这一跳成功了，功成名就，白日飞升；要是跳不成功，就只好凤凰涅槃了。当年周枫带人做婷美，这样一个 500 万元的项目，做了 2 年多，花了 440 万元还是没有做成。眼看钱就没了，合作伙伴都失去了信心，要周枫把这个项目卖了。周枫说，这么好的项目不能卖，要卖也要卖个好价钱。合作伙伴说，这样的项目怎么能卖到那么多钱，要不然你自己把这个项目买下来算了。周枫就花 5 万元把这个项目买了下来。原来大家一起还有个合伙公司，作为代价，周枫把在这个合伙公司的利益也全部放弃了，据说损失有几千万元。单干的周枫带着 23 名员工，把自己的房子做了抵押，跟几个朋友一共凑了 300 万元。他把其中 5 万元存在账户上，其余的钱，他算过，一共可以在北京打 2 个月的广告。从当年的 11 月到 12 月底，他告诉员工，这回做成了咱们就成了，不成，你们把那 5 万块钱分了，算是你们的遣散费，我不欠你们的工资。咱们就这样了！这些话把他的员工感动得要哭，当时人人奋勇争先，个个无比卖力，结果婷美就成功了。周枫成了亿万富翁，他的许多员工成了千万富翁、百万富翁。

现在很多的大学教授、市场专家分析周枫和婷美成功有诸多原因，发现其实事情没有多么复杂。只是一个合适的产品，加上一个天性敢赌的领导，再加上一些合适的营销手段，就有了这样一桩成功的案例。

2. 创业精神的作用

创业精神能够激发人们进行创业实践的欲望，是心理上的一种内在动力机制。它在很大程度上决定着一个人是否敢于投身创业实践活动，支配着人们对创业实践活动的态度和行为，并影响着态度和行为的方向与强度。

创业精神能够渗透到 3 个广阔的领域产生作用。

（1）个人成就的取得：个人如何成功地创建自己的企业。

（2）大企业的成长：大公司如何使其整个组织都重新焕发创业精神，以具有更强的竞争力和创造高成长。

（3）国家的经济发展：帮助人民变得富强。

3. 创业精神的培育

创业精神的培育不仅需要创业者提高自身的学识修养，更需要制度建设。学识修养是软件，制度建设是硬件。不能只依靠内在的修养，还要依靠制度的调节。

4. 建立创业精神的主体孵化机制

创业精神的某些特质是一种天赋，即成功的创业者的许多资质都是天生的；但需要指出的是，在强调天赋的同时，还应该看到后天的学习对创业精神培育的作用。创业精神的孵化离不开创业者个人自身的勤奋学习、不断进取，以及对某些特质、个性的刻意培养和强化。

5. 保持思想上的先进性

先进的思想理念是任何行动成功的基本前提。观念上的超前会将创业者置于更高的层次，为其提供更为广阔的视野和更新的观察视角。保持思想上的先进性就是要以动态的、发展的眼光看待问题，时刻与外部环境同步，保持高度的外界敏感度，在此基础上进行不断的观察、分析与总结。

6. 不断完善知识框架

现代科技的迅猛发展促使创业者知识架构不断提升和更新。创业者完善的知识架构要靠日积月累，不断充实。一方面要"博"，创业者应该广泛涉猎社会生活知识、人文历史知识、经济学基本理论、管理科学知识和法律、法规知识，这将有助于为自己的知识结构筑就广博的"源头活水"；另一方面要"专"，良好的专业技能是创业者事业成功的保证，创业者应该根据自己的兴趣特长深入发掘自己的专业潜能。

7. 培养过硬的心理素质

创业者的心理素质是创业者气质、兴趣、性格的统称。创业者的心理素质结构应当合理，即创业者各种气质、兴趣、性格能够兼容互补，减少冲突，达到和谐。创业者的心理素质培养应该着力于以下三个方面。

（1）培养顽强的忍耐力，塑造百折不挠的韧性。要认识到，困难是人生的常态，挫折是一种投资，所以，要百折不挠、勇往直前。

（2）培养高度的承受力，要学会自我心理调节。商场如战场，市场环境变化无常，福祸难测，创业者要具有良好的心理调节能力，真正做到临危不惧，处乱不惊，受挫不馁。

（3）要学会独处，注意时常反省自身。戒骄戒躁，不断反省自我，时刻保持真我本色和清醒的头脑。

案例 4-4

晚舟归航

2018年12月，华为首席财务官孟晚舟在加拿大温哥华转机时被拘留，引发了全球关注。这一事件不仅对中加关系产生了影响，也为华为公司和孟晚舟个人带来了巨大的挑战。然而，在这一过程中，孟晚舟展现出了卓越的企业家精神。

面对困境，孟晚舟始终坚守信念，捍卫国家利益。她多次强调自己是无辜的，不会接受任何"政治迫害"。同时，她也强调华为是一家遵纪守法的企业，为全球通信行业的发展做出了巨大贡献。这种对国家和企业的忠诚，体现了企业家的责任感和使命感。孟晚舟始终保持着坚韧不屈的精神。她坚信自己的清白，勇敢地面对法律诉讼，积极配合律师团队进行辩护。这种坚定的信念和勇敢的行动，体现了企业家在面对困难时的果断和毅力。

同时，孟晚舟还展现了卓越的领导力。在加拿大期间，她始终关注华为员工的福祉，通过视频通话与员工沟通，鼓励他们继续努力工作。这种关心员工的举动不仅传递了正能量，也展现了她作为领导者的担当和责任。孟晚舟积极参与社会活动，传递正能量。她参加当地的慈善活动，为弱势群体提供帮助。这些举动不仅展示了她的善良和正义感，也体现了企业家的社会责任感。

经过长达三年的努力，孟晚舟终于获释回国。她的坚韧不屈、忠诚、领导力和社会责任感，赢得了国际社会的尊重和赞誉。回国后，她表示将继续为华为的发展贡献自己的力量，为中华民族的繁荣和强大努力奋斗。这一历程充分体现了孟晚舟作为企业家的卓越品质和精神。

三、孕育创业能力

创业者至少应具有创新能力、学习能力、交际能力和领导能力。

1. 创新能力

创新是创业者发掘机会、将机会转化成市场概念的过程，创新能力是创业者必备的素质能力。创业者需要不断训练自己的创新思维，越早开始越好。日本管理大师大前研一还在麦肯锡咨询公司工作的时候，就用每天上班坐电车的时间来思考电车上的十几条广告，思考有什么更好的广告语，要是自己来做这个广告会怎么做等，这样训练出他卓越的创新思维能力和思考的习惯。

案例 4-5

ofo 共享单车的创新

在中国，许多大学生通过创新解决了各种社会问题，其中一个例子是"共享单车"的概念，这是由一群来自中国大学生的创业项目，它不仅解决了城市交通的"最后一公里"问题，还促进了绿色出行，减少了城市拥堵和污染。

这个创业故事的主角是2014年在北京大学就读的戴威，他与其他几位同学共同创立了ofo，这是最早的共享单车企业之一。他们的创意很简单：将配有智能锁的自行车散布在城市的各个角落，人们可以通过手机应用程序随时找到并租用这些自行车，骑行到目的地后，再将自行车锁好留给下一个需要的人。这个想法源于戴威在大学期间的一次旅行经历，当时他发现在公共交通和私人汽车之间存在一个便捷、环保的出行空白。虽然ofo现在已消失在人们的视野中，但其影响力却是巨大的。

这个商业模式最初面临着公众的怀疑和监管的挑战，但随着时间的推移，共享单车迅速成为城市文化的一部分，并激发了全球范围内对于共享经济的讨论。它通过智能手机的应用，结合了互联网的便捷性和传统交通工具的实用性，提供了一个可持续的出行方式，同时也鼓励了社会的互助和信任。

　　除了解决交通问题，共享单车还带来了经济效益，为许多人提供了就业机会，推动了相关产业链的发展。更重要的是，它反映了年轻一代对于创新和社会责任的强烈渴望。年轻的大学生们用他们对技术的理解和对社会问题的关切，创造了一种全新的商业模式，这不仅是对个人出行习惯的改变，更是对社会生活方式的一次革新。

　　然而，随着市场的饱和及管理上的问题，共享单车也面临着诸多挑战，如车辆的过度投放、维护不善及与城市管理的冲突等。尽管如此，我们不能否认的是，这群大学生通过创新思维，确实找到了一个能够在一定程度上缓解城市交通压力、促进可持续发展的商业模式。

　　总的来说，共享单车是一个典型的中国大学生通过创新解决问题的案例。它不仅展示了年轻人如何通过实际行动来改变世界，也启发了我们对未来城市生活可能采取的更绿色、更智能的模式进行深入思考。尽管挑战重重，但这种创新精神和勇于尝试的态度值得我们肯定，也是中国乃至全球创业领域中的宝贵财富。

2. 学习能力

　　人类社会进入了知识经济时代，人们创造的知识总量也越来越多，知识与技术的更新越来越快；正如摩尔定律所预示的，新技术新产品的生命周期越来越短。因此，需要快速地学习、不断地学习，才能跟上知识潮流的步伐并力争引领潮头。

　　创业的道路上充满了未知，没有完全的经验可以照搬，创业者只有在书本与实践中不断地学习、思考，才能成长起来。虽然大学生在学校学习了十多年，但不代表其真正具备了学习的能力，因为创业者需要的学习能力，比一般的学习更具有"功利性"，例如重在掌握知识的逻辑演绎，并且能够灵活重组或创造性地运用所学内容于实际中遇到的问题。

　　大学生在提升学习能力上可以采用以下三个方法：①写读书笔记，将学到的知识形成自己的思考；②将书中内容用自己的语言讲给别人听［通过博客、杂志（包括企业内刊或行业刊物）等发表］，有助于升华思想和深度思考；③将书中的方法和技巧用于实践，每天有意识地训练自己采用所学方法，并在实践中检验它们，甚至开发出新的更好的方法，达到超越书本的境界，真正学以致用。

3. 交际能力

　　人际交往能力是创业者不可或缺的能力之一。有一种流行的说法：一个人能否成功，不在于你知道什么，而在于你认识谁。人际交往能力强的人，可以在关系网络中穿梭自如，解决别人难以解决的问题，大大提高工作效率，也能与周围的伙伴愉快地合作，从而产生强大的凝聚力。

　　创业者需要深刻理解商业社会人际关系的核心原则是互利双赢，人际关系稳固的根基则是信誉，这是人际关系可持续发展的基本保障。大学生创业者需要从进入大学校园开始就有意识地提升自己的人际能力，除多参加社团与社会实践活动外，还有一些操练的方法，例如，每周结交一个陌生人，并且有意识地不断提高结交的质量，逐步拓展人脉关系。

4. 领导能力

创业者需要具备和谐的领导力。领导能力可以理解为一系列行为的组合，这些行为将激励人们追随领导人要去的地方。在组织中各个层次我们都可以看到领导力，这是事业有序经营的核心。

创业团队一定要有一个灵魂人物，他可以指引方向、凝聚人心和协调团队成员。创业型企业初期的管理通常是不规范的，需要创业团队不计较个人得失的付出，这就需要领袖人物来引领和激励大家共同前行，众志成城克服创业过程中的种种困难。

案例 4-6

残疾大学生的创业故事

李玉明出生于一个普通家庭，不幸的是，在他五岁那年，一场意外事故导致他双腿失去了正常功能。尽管面临着巨大的挑战和困难，李玉明的家人始终没有放弃对他的关爱和支持。他们鼓励他勇敢面对生活，不断追求自己的梦想。

从小，李玉明就对机械和电子产生了浓厚的兴趣。他经常自己动手修理家中的电器，并制作一些简单的机械装置。这些小小的成就让他逐渐树立起自信心，也为他日后的创业之路奠定了基础。

2015 年，李玉明考入了一所知名大学的生物医学工程专业。大学生活对于他来说充满了挑战，但他从未退缩。他总是提前预习课程，积极参与课堂讨论，并利用课余时间深入研究相关领域的知识。

在一次偶然的机会中，李玉明了解到智能运动假肢的前沿研究。他对此产生了浓厚的兴趣，并开始思考如何结合自己的专业知识来研发一款更加先进、实用的智能运动假肢。

他开始着手研发一款名为"智能之翼"的智能运动假肢。这款假肢采用了最先进的传感器技术，能够实时感知患者的运动意图，并通过微型电机驱动关节，实现更加自然、流畅的动作。另外，它还具有自适应功能，可以根据患者的身体状况和运动习惯进行调整，确保最佳的舒适度和安全性。

然而，将这一创新产品推向市场并非易事。李玉明面临着资金、技术、市场等方面的重重挑战。为了解决这些问题，他积极寻求合作伙伴、投资人的支持，并参加了各种创业比赛和活动，以提升自己的知名度和影响力。

在不断的努力下，李玉明终于获得了一家医疗器械公司的支持，他们愿意投资并帮助他进一步研发和生产智能运动假肢。经过数年的努力，这款产品终于问世，并迅速成为市场上的热门选择。

如今，李玉明已经成功创立了自己的公司，专注于智能运动假肢的研发和生产。他的产品不仅在国内市场取得了巨大成功，还远销海外，受到了国内外用户的高度评价和认可。

回想起自己的创业历程，李玉明深感自己很幸运。他感谢自己的家人、老师和朋友一直以来的支持与鼓励。同时，他也意识到，创业之路充满了困难和挑战，但只要有决心和勇气，就一定能够克服一切困难，实现自己的梦想。

在研发过程中，李玉明遇到了很多技术上的难题。例如，如何让假肢更加精确地感知患者的运动意图？如何让假肢的运动更加自然、流畅？为了解决这些问题，他查阅了大量的文献资料，并与导师和同学们进行了深入的讨论与研究。

在研发过程中，李玉明还遇到了很多意想不到的困难。例如，有时候假肢的电机会出现故障，需要重新更换；有时候传感器会失灵，需要重新调试。但李玉明并没有放弃，他坚持不懈地进行调试和改进，最终成功地研发出了一款性能优越、稳定性强的智能运动假肢。

除了技术上的难题，李玉明还面临着资金和市场的挑战。为了获得更多的支持和资源，他积极参加各种创业比赛和活动，并寻求合作伙伴和投资人的帮助。经过不懈的努力，他终于获得了一家医疗器械公司的支持，并成功将产品推向市场。

在市场上，智能之翼假肢受到了广泛的关注和好评。许多用户表示，这款假肢让他们重获了行走的自由和快乐，让他们的生活变得更加美好。另外，智能之翼假肢还获得了多项荣誉和奖项，成为行业的佼佼者。

随着时间的推移，李玉明的公司不断壮大和发展。他们不断推出新的产品和服务，满足不同用户的需求。同时，他们还积极参与社会公益活动，为残疾人提供更多的帮助和支持。

李玉明的故事激励了更多的年轻人去追求自己的梦想，不畏困难，勇往直前。他用自己的行动证明了残疾并不代表一切，只要有决心和勇气，就能够创造出属于自己的精彩人生。

四、掌握创业知识

对于一名创业者来说，无论他准备投身何种创业项目，一些商业知识与经营之道都是他必须提前具备的，而且这些商业知识与经营方法都必须具有很强的针对性，一个专业的创业者肯定要对他所要从事的行业有着相当的了解，并且对这个行业的经营特点也需要了如指掌，否则创业者就需要在创业过程中交出昂贵的学费。

1. 管理知识

作为企业，实行优化管理，创造最大的利润和社会效益是永恒的目标。而管理就是通过计划、组织、控制、激励和领导这五项措施来协调人力、物力和财力方面的资源，从而达到管理的目的。

在一个企业中，任何关系最终都表现为人与人之间的关系，任何资源的分配也都是以人为中心的，因而，管理的关键就是协调人与人之间的关系。一个组织要有成效，必须使组织中的各个部门、各个单位和个人的活动同步、和谐，组织中人力、物力和财力的配备也同样要同步、和谐。协调人力、物力和财力资源是为使整个组织活动更加富有成效，这也是管理活动的根本目的。管理知识涉及计划、组织、控制、激励、领导等几个方面的内容。

2. 营销知识

营销是指企业发现或挖掘准消费者需求，从整体氛围的营造及自身产品形态的营造去推广和销售产品，主要是深挖产品的内涵，切合准消费者的需求，从而使消费者深刻了解该产品进而购买该产品的过程。

营销始于产品生产之前，并一直延续到产品出售以后，贯穿于企业经营活动的全过程。营销知识主要包含以下几个方面：

（1）市场预测与市场调查知识。

（2）消费心理知识。

（3）定价知识和价格策略。

（4）仓储知识。

（5）销售渠道的开发知识。

（6）营销管理知识。

（7）社交礼仪等。

3. 财务知识

企业经营活动所必需的劳动力、生产资料和信息资源都需要用资金去购买，企业运作的各项开支都必须由财务来安排，企业最终的经营效果也必须体现为资金的使用效果。企业能否成长或生存下去，财务问题是最直接的核心要素之一。如何构建企业的财务管理，应该了解以下几个方面的知识：

（1）货币（支票、本票、汇票等）金融知识。

（2）信用及资金筹措知识。

（3）资金核算及记账知识。

（4）证券、信托及投资知识。

（5）财务会计基本知识等。

4. 行业知识

创业者在工作中不需要事事精通、面面俱到，但是熟练的专业知识、精湛的专业技能却是保证自己在业内游刃有余的必备条件。

大学生创业者必须对所要进入的行业有相当深入的了解，这是寻找和把握创业机会的关键。在你准备创业的时候，有必要全面了解行业的发展历程、现状、前沿趋势与竞争格局，透彻理解市场需求的情况，尤其要从顾客角度来理解行业知识，进而了解行业内的成功案例。

创业者可以通过以下四种方式来学习行业知识：①阅读行业内有影响力的著作和杂志；②向行业内知名的专家和企业家学习，阅读他们的博客和发表的文章；③到行业知名网站上了解最新资讯，借鉴别人的成功经验，虚心向前辈请教；④结交行业内人士，通过行业活动或俱乐部等方式接触业内人士，向内行学习经验和探讨疑难问题。互联网上有着非常丰富的相关资讯，大学生对网络的熟练运用，为他们研究和学习行业知识提供了良好的基础。

5. 政策法规知识

了解行业准入门槛和条件，了解注册、纳税的步骤是规范办事、依法经商的要求。利用国家对大学生自主创业的大好政策，是缺乏资金和经验的大学生创业成功的保障。

当然，这并不是要求创业者必须完全具备这些素质才能去创业，但创业者本人要有不断提高自身素质的自觉性和实际行动。提高素质的途径：一靠学习，二靠改造。要想成为一个成功的创业者，就要做一个终身学习者和改造自我者。

素质测试

现在你具备创业的资质吗？

创业充满了诱惑，并非每个人都适合走这条路。美国创业协会设计了一份测试题，假如你正想"单挑"，不妨做一做下面的题。

以下每道题都有4个选项：A. 经常；B. 有时；C. 很少；D. 从不。

1. 在急需决策时，你是否在想"再让我考虑一下吧？"
2. 你是否为自己的优柔寡断找借口说"得慎重，怎能轻易下结论呢？"
3. 你是否为避免冒犯某个有实力的客户而有意回避一些关键性的问题，甚至有意迎合客户呢？
4. 你是否无论遇到什么紧急任务都先处理日常的琐碎事务呢？
5. 你是否非得在巨大压力下才肯承担重任？
6. 你是否无力抵御妨碍你完成重要任务的干扰和危机？
7. 你在决策重要的行动和计划时，常忽视其后果吗？
8. 当你需要做出很可能不得人心的决策时，是否需要寻找借口逃避而不敢面对？
9. 你是否总是在晚上才发现有要紧的事没办？
10. 你是否因不愿承担艰苦任务而寻找各种借口？
11. 你是否常来不及躲避或预防困难情形的发生？
12. 你总是拐弯抹角地宣布可能得罪他人的决定吗？
13. 你喜欢让别人替你做你自己不愿做而又不得不做的事情吗？

计分：选择A得4分，选择B得3分，选择C得2分，选择D得1分。

得分分析：

50分以上，说明你的个人素质与创业者相去甚远。

40～49分，说明你算勤勉，应彻底改变拖沓、低效率的特点，否则创业只能是一句空话。

30～39分，说明你在大多数情况下充满自信，但有时犹豫不决，不过没关系，这也是稳重和深思熟虑的表现。

15～29分，说明你是一个高效率的决策者和管理者，有望成为成功的创业者。

任务三　创业风险管理

一、创业风险的含义及特点

创业风险是指创业投资行为给创业者带来某种经济损失的可能性。风险是一种概率，在未演化成威胁之前，并不对创业活动造成直接的负面影响，所以，风险是一种对未来的影响趋势。风险与收益一般是成正比例关系，即风险越大，获利的可能性越高。任何一家运营中的企业每天都会面临着一定的风险，新创企业自然也不例外。创业风险具有以下特点：

（1）创业风险的客观存在性。创业风险是客观存在的，是不以人的意志为转移的。在创业过程中，由于内外部事物发展的不确定性是事物发展变化过程的特性，因此创业风险也必然是客观存在的。客观性要求人们采取正确的态度承认和正视创业风险，并积极对待创业风险。

（2）创业风险的不确定性。创业的过程往往是将创业者的某一个"奇思妙想"或创新技术变为现实的产品或服务的过程。在这一过程中，创业者面临各种各样的不确定因素，如可能遭受已有市场竞争对手的排斥、进入新市场面临着需求的不确定、新技术难以转化为生产力等。另外，在创业阶段投入较大，而且往往只有投入没有产出，因此，存在资金不足的可能，从而导致创业的失败。

（3）创业风险的相关性。创业风险的相关性是指创业者面临的风险与其创业行为及决策是紧密相连的。同一风险事件对不同的创业者会产生不同的风险，同一创业者由于其决策或采取的策略不同，会面临不同的风险结果。

（4）创业风险的可变性。创业风险的可变性是指当创业的内部与外部条件发生变化时，必然会引起的创业风险变化。创业风险的可变性包括创业过程中风险性质的变化、风险后果的变化及出现新的创业风险三个方面。

（5）创业风险的可测性与测不准性。创业风险的可测性是指创业风险是可测量的，即可通过定性或定量的方法对其进行估计；创业风险的测不准性是指创业风险的实际结果常常会出现偏离误差范围的状况，它一般是因创业投资的测不准、创业产品周期的测不准与创业产品市场的测不准等造成的。

案例 4-7

张力的创业之路

创业是一条充满挑战的道路，尤其是对于经验尚浅的大学生而言。

故事的主人公名叫张力（化名），一个计算机科学专业的大学高年级学生，他对于技术和创业充满热情。在大学期间，他参加了数次编程比赛并取得了不错的成绩。这些经历让他对创业产生了浓厚的兴趣，最终在一个看似有潜力的领域——移动应用开发上投入了大量精力。

张力注意到，随着智能手机的普及，越来越多的企业希望建立自己的移动办公系统，以提高工作效率。他认为，如果能开发出一款功能全面、操作简便且价格合理的移动办公应用软件，很可能会吸引到大量的中小企业客户。于是，他决定放弃学业，全身心投入这个创业项目中去。

2012年初，张力与几位朋友一起工作，他们投入了所有积蓄来开发这款应用。几个月的努力后，他们成功地推出了第一个版本的产品，并吸引了一些用户进行尝试。然而，问题很快显现：用户反馈中充满了关于应用稳定性和安全性的问题。由于团队缺乏专业的测试和质量控制，产品存在许多未被及时发现和修复的Bug。

为了改进产品，张力决定寻找外部投资。他试图通过参加各种创业大赛和活动来吸引投资者的注意。尽管他们获得了一些奖金和小额投资，但远远不够支持产品的持续开发和市场推广。此时，张力开始意识到，他没有制订一个详尽的商业计划，也低估了所需资金的规模。

2013年，当产品开发进入关键阶段时，资金短缺成了团队面临的主要障碍。为了维持项目运行，张力不得不多次向亲朋好友借款，并在没有充分了解合同条款的情况下接受了高利贷。这些高风险的财务决策最终加剧了公司的不稳定性。

另一个让张力措手不及的问题是市场上的激烈竞争。当他开始寻找客户时，发现市场上已经有许多成熟的移动办公解决方案，而且这些公司具备强大的营销和客户服务体系。尽管他的产品在功能上具有竞争力，但由于品牌新、知名度低，很难在市场上获得足够的关注。

在经历了一系列挫折后，张力的项目陷入了停滞。用户增长缓慢，收入远远无法覆盖运营成本。债务压力和持续的资金消耗使他不得不面对一个艰难的决定：关闭项目并申请破产保护。

思考：根据案例提供的材料，你认为张力在创业过程中面临哪些风险？这些风险对企业产生了什么影响？我们应该怎样看待创业过程中的风险？

二、创业风险的管理

迄今为止，风险管理已经形成了一般的管理原则，成熟企业通常依此来管理其所面临的风险。风险管理的程序一般包括识别风险、风险评估、风险管理方法的选择,以及风险管理的实施和效果的评价等环节。

1. 识别风险

对创业进行风险管理,首先要明确风险管理的对象是什么,即识别创业的风险。识别风险是管理这些风险的第一步,它是指对企业面临的现实及潜在的风险加以判断、归类并鉴定风险性质的过程。存在于企业周围的风险多种多样,这些风险在一定时期和某一特定条件下是否客观存在,存在的条件是什么,以及损害发生的可能性等都是风险识别阶段应该回答的问题。识别风险主要包括感知风险和分析风险两个方面。

风险的识别对传统的经营管理有着至关重要的意义,识别如经营活动、劳务活动、战略活动等风险暴露来源为主的企业风险,有助于企业目标的实现,也有助于创业企业的健康发展。

在风险识别实践中,在团队、管理、市场、技术方面常使用访谈和一些定量研究方法去识别团队素质、管理、市场销售、产品技术等方面的风险;在市场、技术方面也常采用专家个人判断法、头脑风暴法、德尔菲法进行风险识别;在财务、产权方面用文件审查法,通过分析资产负债表、损益表、现金流量表、财务记录、营业记录等文件,识别项目的风险因素,预测未来风险。

2. 风险评估

风险评估是指在风险识别的基础上,对所收集的大量的详细损失资料加以分析。这一阶段可按照相关损失发生的概率进行分类,进行损失概率的评估,同时,对损失的规模与幅度进行分析,从而使风险分析定量化。将风险发生的概率、损失的程度与其他综合因素结合起来考虑,确定系统发生风险的可能性及其危害程度,通过比较管理风险所支付的费用,决定是否需要采取风险控制措施,以及控制措施采取到什么程度,从而为管理者进行风险决策、选择最佳风险管理技术提供可靠的科学依据。

风险评估一般采用专家调查法、风险因素取值评定法、分析报酬法等对采集到的数据进行定量估算。经过定量的风险评估结果是创业者进行风险管理的重要依据,但由于风险评估过程涉及主观方面测定,有些风险因素难以量化,其分析、测定过程对风险评估结果会产生显著的影响,因此,风险评估结果仍需要创业者进行最终判断。

3. 风险管理方法的选择

在风险评估的基础上,为实现风险管理的目标,选择最佳的风险管理技术是风险管理的实质性内容。风险管理技术可分为控制型和财务型两大类。前者的目标是降低损失的频率和减少损失的幅度,重点在于改变引起意外事故和扩大损失的各种条件;后者的目标是以提供基金的方式,消化发生损失的成本,即对无法控制的风险进行财务安排。对于有些情况,最好的计划是什么也不做,但在大多数情况下,可能需要安排复杂的方法为潜在的损失融资。

4. 风险管理的实施和效果评价

在作出风险管理方法选择的决策后,个人或企业必须实施其所选择的方法。风险管理应该是一个持续的过程,对实施的效果进行评价是必要的。有时新出现的风险暴露,或预期的损失概率,或损失幅度发生了显著的变化,需要对原有决策进行重新评价。风险管理的效果评价是指对风险管理技术的适用性及其收益情况进行的分析、检查、修正和评估,这是风险的动态性所决定的。通过效果的评价,以保证具体管理方法与风险管理目标相一致,并使具体的方案具有可操作性和有效性。

三、常用的风险处理方法

风险处理是指通过不同的措施和手段,用最小的成本达到最大安全保障的过程。风险处理的方式很多,但最常用的是风险回避、风险控制、风险自留和风险转嫁。

1. 风险回避

风险回避是指设法回避损失发生的可能性,即从根本上消除特定的风险单位或中途放弃某些既有的风险单位。它是处理风险的一种消极方法。避免风险的方法通常在两种情况下采用:一是某种特定风险所致损失的频率或损失的幅度相当高时;二是在用其他方法处理风险而成本大于收益时。

没有风险就没有收益,避免风险虽然简单易行,但它却意味着收益机会的损失。因此,对企业而言,采用风险回避的方法在经济上是不适当的。在某些情况下,避免了某一风险又会产生新的风险

2. 风险控制

风险控制是指风险管理者采取各种措施和方法,消灭或减少风险事件发生的各种可能性,或减少风险事件发生时造成的损失。风险控制的一种特殊形态是割离,它是指将风险单位割离成很多小的独立单位而达到缩小损失幅度的一种方法。

3. 风险自留

风险自留是指对风险的自我承担,是企业自我承担风险损失的一种方法。风险自留有主动自留和被动自留两种。风险自留常常在风险所致损失概率和幅度较低、损失短期内可以预测,以及最大损失不影响企业财务稳定性时采用。在这样的情况下,采用风险自留的成本要低于其他风险处理方式的成本,而且方便有效。但是,风险自留有时也会因为风险单位数量的限制而无法实现其处理风险的功效。一旦发生风险事故,可能会导致财务上的困难而失去其作用。

4. 风险转嫁

风险转嫁是指一些企业或个人为避免承担风险损失,有意识地将损失或与损失有关的财务后果转嫁给另一个单位或个人去承担的一种风险管理方式。风险管理者会尽一切可能回避并排除风险,把不能回避或排除的风险转嫁给第三者,不能转嫁的或损失幅度小的可以自留。

风险转嫁的方式主要有保险转嫁和非保险转嫁两种。保险转嫁是指向保险公司缴纳保险费并同时将风险转给保险公司承担。当风险事故发生时,保险人按照保单的约定得到经

济补偿。非保险转嫁又具体分为两种方式：一是转让转嫁；二是合同转嫁。前者一般适用于投机风险，如当股市行情下跌时卖出手中的股票；后者适用于企业将具备风险的生产经营活动承包给他人，并在合同中规定由对方承担风险损失的赔偿责任，如通过承包合同将某些生产、开发程序或产品销售转给他人等。

对创业企业而言，究竟选择哪种风险管理方式更合理，需要根据对风险评估的结果和具体的环境进行选择。对于损失金额很小的风险宜采用风险自留的方式。对那些出现概率大、损失金额高的风险，如财产责任风险，则宜采用风险转嫁的方式。而对于人力资源风险、财务风险、项目选择风险、环境风险等其他风险则宜采用风险控制的方法来处理。

四、大学生创业常见的风险

（一）创业大学生自身风险

1. 狂热中缺乏理性

自主创业道路将成为大学生就业的一种必然选择和趋势，创业行为不断地在大学生中被实践，在全国范围内掀起创业热潮。由于对于某些创业神话的过分渲染与炒作，使整个社会舆论对于大学生创业寄予很大的希望，从而引发了大学生创业的狂热，几乎到了人人想创业的程度，在校学生按捺不住创业的激情，争着要搭上创业这趟列车，对创业的期望值很高。然而，大学生在心理上没有做好创业的准备，普遍意识不到创业起步的困难和创业风险的压力，把创业想象化、简单化、缺乏理性，存在仅以市场为导向的创业倾向，忽略了自身的成本优势和创新意识的发挥，甚至有的学生创业动机不正、金钱至上、贪婪自私，一遇诱惑便把握不住自己。

2. 自信中缺乏耐心

大学生拥有知识技能，朝气蓬勃，对创业前景充满了信心，表现出一定的自信，认为自己具备高水平的知识技能，有敏锐的商业嗅觉。但由于没有创业经历，对于在创业过程中存在的诸多困难估计不足，做决策时全凭直觉，盲目选择，最终导致退缩或失败的结果。一旦面对失败，就缺乏耐心，只要有一个困难不解决，一个障碍迈不过去，就会前功尽弃。

3. 创新中缺乏经验

优胜劣汰的社会竞争现实，使大学生在创业实践过程中必须求新求异，大学生的创新性特征在创业实践活动中不断提升，确实增加了创业实践活动的社会效益。但也存在着各种创业失败的案例和创新受挫的情形。原因是大学生虽有创新精神，但缺乏经验，对企业的运作规律、要求、技术、管理都不太熟悉。

4. 诚信中缺乏魄力

市场经济已进入诚信时代，作为一种特殊的资本形态，诚信日益成为企业立足之本与发展的源泉。创业机会与风险并存，想要在竞争激烈、机会稍纵即逝的商海中勇立潮头，除诚实可信外，还必须有魄力，敢于抓住商机，即使没有十足把握，也应果断尝试。有的学生自卑胆怯、患得患失，不愿为也不敢为，缺少这种应有的胆量和能力，阻滞了创业向成功的方向发展。

（二）创业过程中面临的风险

创业既能实现大学生的自我认同和自我价值，激发创造力，又可在一定程度上缓解严峻的就业形势，达到实现经济效益和社会效益的双重目的。但任何事情都是一柄双刃剑，在创业途中，有傲立风口的成功者，也不乏折戟半路的失意人。分化格局的形成，除运气外，更多的是对创业风险的把控，对于初涉世事的大学生更是如此。大学生创业过程的风险主要有以下几个方面。

1. 项目选择太盲目

大学生创业时如果缺乏前期广泛的市场调研和论证，只是凭自己的兴趣和想象来决定投资方向，甚至仅凭一时的心血来潮做决定，一定会碰得头破血流。创业初期一定要做好市场调研，在了解市场的基础上创业。一般来说，大学生创业者资金实力较弱，应选择启动资金不多、人手配备要求不高的项目，从小本经营做起比较合适。

2. 缺乏创业技能

有些大学生创业者眼高手低，当创业计划转变为实际操作时，才发现自己根本不具备解决问题的能力，这样的创业无异于纸上谈兵。一方面，大学生应去企业打工或实习，积累相关的管理和营销经验；另一方面，大学生应积极参加创业培训，积累创业知识，接受专业指导，提高创业成功率。

3. 资金风险

资金风险在创业初期会一直伴随在创业者的左右。是否有足够的资金创办企业是创业者遇到的第一个问题。企业创办起来后，就必须考虑是否有足够的资金支持企业的日常运作。对于初创企业来说，如果连续几个月入不敷出或因为其他原因导致企业的现金流中断，都会给企业带来极大的威胁。相当多的企业会在创办初期因资金紧缺而严重影响业务的拓展，甚至错失商机而不得不关门大吉。另外，如果没有广阔的融资渠道，创业计划只能是一纸空谈。除银行贷款、自筹资金、民间借贷等传统方式外，还可以充分利用风险投资、创业基金等融资渠道。

4. 社会资源贫乏

企业创建、市场开拓、产品推介等工作都需要调动社会资源，大学生在这方面会感到非常吃力。平时要多参加各种社会实践活动，扩大自己人际交往的范围。创业前，可以先到相关行业领域工作一段时间，通过这个平台，为自己日后的创业积累人际关系。

5. 管理风险

大学生的理财、营销、沟通、管理方面的能力普遍不足。要想创业成功，必须技术、经营两手抓，可从合伙创业、家庭创业或从虚拟店铺开始，锻炼创业能力，也可聘用职业经理人负责企业的日常运作。创业失败者基本上都是管理方面出现了问题，其中包括决策随意、信息不通、理念不清、患得患失、用人不当、忽视创新、急功近利、盲目跟风、意志薄弱等。特别是大学生知识单一、经验不足、资金实力和心理素质较弱，更会增加管理上的风险。

6. 竞争风险

竞争是必然的。如何面对竞争是每个企业都要随时考虑的事情，对新创企业更是如此。如果创业者选择的行业是一个竞争非常激烈的领域，那么在创业之初极有可能受到同行的强烈排挤。一些大企业为了将小企业吞并或挤垮，常会采用低价销售的手段。对于大企业来说，由于规模效益或实力雄厚，短时间的降价并不会对他们造成致命的伤害，而对初创企业则可能意味着存在彻底毁灭的危险。因此，考虑好如何应对来自同行的残酷竞争是创业企业生存的必要准备。

7. 团队分歧的风险

现代企业越来越重视团队的力量。创业企业在诞生或成长过程中最主要的力量来源一般都是创业团队，一个优秀的创业团队能使创业企业迅速地发展起来。但与此同时，风险也就蕴含在其中，团队的力量越大，产生的风险也就越大。一旦创业团队的核心成员在某些问题上产生分歧不能达到统一时，极有可能会对企业造成强烈的冲击。事实上，做好创业团队的协作并非易事。特别是与股权、利益相关联时，很多初创时很好的伙伴都会闹得不欢而散。

8. 核心竞争力缺乏的风险

是否具有自己的核心竞争力是最主要的风险。一个依赖别人的产品或市场来打天下的企业是永远不会成长为优秀企业的。核心竞争力在创业之初可能不是最重要的问题，但要谋求长远的发展，就是最不可忽视的问题。没有核心竞争力的企业终究会被淘汰出局。

9. 意识上的风险

风险性较大的意识有投机的心态、侥幸心理、试试看的心态、过分依赖他人，以及回本的创业者本身的经验、学识、能力，尤其是对要涉足行业的了解情况，将对创业成功起重要的作用。在熟悉的行业中创业，市场熟、产品熟、人际关系也熟，就能"驾轻就熟"。因此，创业者要注意自身知识的积累及对自身创业能力的培养。

（三）大学生创业的法律风险

随着学生创业群体的逐渐增加，创业中的法律风险不容忽视，主要有创业组织形式的选择、创业组织运行中的合同法律风险和知识产权法律风险、创业组织终止的法律风险等。

1. 创业经营过程中的法律风险

创业组织经营过程中的法律风险类型较多，涉及领域广，下面仅针对经营过程中最常出现的几类法律风险进行分析：

（1）合同法律风险。以合同为机制的市场经济是建立在信用体系上的，市场经济、契约和信用是不可分割的一个体系。创业组织在经营的过程中，接触最多的可能就是合同签订及履行过程中的法律风险。合同是指平等主体的自然人、法人、其他组织之间设立、变更、终止民事权利义务关系的协议。合同在订立过程中,创业组织需要关注的风险主要有以下几个方面:

1)缔约主体是否具有相应的缔约能力和资格;若为本人订立合同,应关注订立合同的当事人主体资格是否合法;若为代理人订立合同,则应关注代理人是否具有代理资格,是否获得委托授权。

2)合同双方要多沟通,注意双方对合同内容的理解是否一致,意思表示是否真实,合同标的是否合法,对方是否具有履约能力,以避免对方合同的违约。

3)为防止对方当事人违约给自己造成的损失,可以要求对方提供必要的担保;担保方式包括定金、保证人、抵押、质权等。创业大学生可以选择一个最适合自己的方式来保证对方合同的履行。合同履行中的法律风险主要是注意双方附随义务的履行,如通知义务、协助义务、保密义务等。另外,合同订立的形式具有多样性,如果是以口头形式订立的合同,一定要注意合同的达成过程及履行过程中的证据保全。在合同履行过程中,如果对方违约且协商不成,必须及时地通过诉讼方式来维护自己的权利,因为我国民法典承认诉讼时效制度,超过一定的期限债务将得不到法律的支持,成为自然之债。《中华人民共和国民法典》第一百八十八条规定:向人民法院请求保护民事权利的诉讼时效期间为三年。法律另有规定的,依照其规定。

(2)知识产权法律风险。在现实生活中,学生创业者因不懂知识产权等相关法律知识,致使自己的知识产权受到不法侵害或侵害他人知识产权的案例普遍存在。知识产权又称智慧财产权,是指权利人一段时间内对智力成果享有的独占排他的权利,是企业非常重要的无形资产。因此,大学生创业者应对这方面的内容有所了解,做到不去侵犯他人的知识产权,学会依法保护自身的知识产权。

(3)创业组织终止的法律风险。大学生组建的创业组织民事主体资格的灭失是创业组织终止的方式。该过程的风险主要体现在以下两个方面:

1)已终止自己的创业活动,但由于疏忽而并未按照法定程序办理注销登记手续,不法分子借机冒用从事一些违法活动。

2)创业组织终止后的债务承担风险。创业组织终止后,创业组织原来的债务因组织形式的不同而最终的承担者也不同,如果创业组织是公司的形式,那么就仅以公司的财产作为债务承担的担保债务。若为个体工商户、合伙企业、个人独资企业,则创业学生要对创业组织存在期间的债务承担无限连带责任。

大学生要避免创业失败,需要关注公司内部法人治理结构、知识产权的合理保护、合同风险控制等问题,创业并非单纯依靠一腔热情就能成功,需要在点点滴滴的过程中将法律思维与管理行为相互融合。

2. 风险规避对策

发生经营困难甚至歇业、股东僵局等问题,往往不是市场不景气、缺乏业务机会等,根本原因还是在内部管理上没有做好梳理和规划,是业务发展过快、管理跟不上所致。

（1）加强内部规章制度的建设。招聘员工不仅是签署劳动合同这样简单，在明确主营方向和业务流程之后，需要建立起一套相对完善的内部岗位管理制度或员工管理手册，使管理有依据、行为有准则。

（2）创新成果的保护需要强化法律意识。创新性企业唯一的发展动力就是知识产权、技术研发成果，对于没有厂房、土地、大型设备的"轻资产"创业公司而言，应及时申请专利、商标、著作权，切勿先推广使用之后，市场模仿竞争者来了才想起来要申请保护。

（3）在业务合同的签署过程中，不能简单认为自己是创业企业，有订单就不错了，客户想怎么写就怎么签，因为一份不平等或苛刻条款的商业合同是缺乏可操作性的，把自己放在缺乏法律保障的市场竞争环境中，无疑是加大了创业的风险，一旦无法按时按质完成合同约定的条款，就可能面临违约赔偿的法律责任，不仅拿不到产品或服务酬劳，也许还要承担高额违约金，那就得不偿失了。

由于创业知识和经营经验等方面的缺乏，未能意识到创业过程中的法律风险，有些大学生可能会无意间违反法律规定；也可能为利益冲昏头脑，明知故犯，违反法律规定。准备创业的大学生在创业前应做好充分准备，注意实践过程中可能产生的法律风险，查阅学习相关法律知识，熟悉大学生创业的各个环节，思考如何有效防范法律风险的方法和解决途径，培养自己的风险意识，熟悉国家对于大学生创业的既有扶持政策，努力做好法律风险的事前防范。

讨论交流

昙花一现的肉牛养殖场

创业青年王正平原本经营着一家装饰公司，生意做得挺红火，一年也有几十万元的收入。但王正平是一个胸怀大志的创业者，他希望做一家有成就的大公司，成为一名受人尊敬的企业家。由于装饰装修行业的竞争越来越激烈，而且本地装饰市场的总量有限，王正平认为这个行业不是自己最终实现梦想的平台，他一直在寻找新的机会。

王正平在一次回乡探亲时了解到，为了加快贫困地区经济建设和改善生态环境，政府决定把一些贫困地区的几十万群众整体移民到自己的家乡，成立了本省最大的县级移民经济开发区，通过发展现代化农业和畜牧业来改善移民群众的生活，为了扶持当地的农业和畜牧业发展，省市各级政府都给予了许多的优惠和扶持政策。王正平敏锐地意识到自己一定能从家乡的开发建设中找到新的事业起点和更好的发展机会。他开始在家乡四处搜集信息，很快他发现了一家外地人投资的大型肉牛养殖场，可这家肉牛养殖场的基础建设还没完成，老板就因为陷入法律纠纷而被判刑入狱了，肉牛养殖场也荒废了下来。这家肉牛养殖场拥有300多亩土地和大量未完工的生产建筑及设施等资产，鉴于那位外地老板的现实情况，王正平相信自己有可能以低价收购这家企业。

有了这个想法，王正平立即行动起来，他设法见到了尚在狱中服刑的这位外地老板，经过与这位老板及其代理人的反复谈判，果然不出王正平所料，对方答应可以60万元的低价把肉牛养殖场卖给王正平。王正平经过核算发现，收购肉牛养殖场的现有资产完成剩余的基础建设、启动生产、必要的流动资金等加起来需要200多万元，可是自己手头没有这么多钱。王正平决定卖掉自己在省城的装饰公司，先把这家肉牛养殖场买下来，剩余的资金再想其他办法筹借。

王正平尝试用各种方法来筹借项目的启动资金。功夫不负有心人，王正平终于找到了几位愿意出资合股参与这个项目的朋友，他又从银行贷了一部分款，这样，项目的启动资金就凑齐了，王正平顺利地启动了肉牛养殖场的项目。

争取政府支持，获得政府扶持

在当初筹划项目的时候，王正平就确立了一个原则，鉴于肉牛养殖是当地政府确立的重点产业发展方向，因此一定要让自己的企业得到政府的关注与支持，要努力借助政府和政策的资源来发展企业。在项目启动之初，肉牛养殖场还处于基础建设阶段，王正平就凭自己在家乡有很多亲戚朋友的社会关系优势，积极地联系当地政府各个部门的领导。王正平善于包装自己，善于与政府领导打交道，拥有出色的公关技巧，也敢于大胆地投入。很快，王正平就和当地——开发区管委会的主任建立起了联系并成了朋友。

这位主任非常看好王正平的个人素质和他的企业的发展前景，也希望能通过扶持王正平的企业带动整个地区的肉牛养殖产业。于是在这位主任的主导之下，当地各级政府部门都把眼光聚焦到了王正平的企业。肉牛养殖场还没有投产，政府就一次性无偿给了王正平价值150万元的青储饲料，并投入50万元给王正平的企业铺设了一条专用道路。

在肉牛养殖场完成基建投产后，王正平再接再厉，继续从政府争取各种优惠政策。在他出色的运作之下，好事接踵而至，当地开发区管委会把王正平的企业确立为"肉牛产业龙头企业""县城经济观摩点""科技特派员示范点"，王正平本人也获得了"农村科技致富带头人""优秀创业青年"等荣誉，甚至当地管委会还推举王正平为人大代表。管委会还以极低的价格给王正平的企业划拨了饲草种植基地。

配合领导要求，企业加大投资

王正平的企业受到当地政府的大力关注和扶持，一举成为当地规模最大的肉牛养殖企业。政府的各级领导也频频到现场视察他的肉牛养殖场，王正平的主要精力几乎都放在了联系政府各级部门参与政府组织的各项活动、应付各级领导的检查参观上。一次，当地开发区管委会的主任专门找到王正平，提出考虑到各级领导去王正平企业考察得比较频繁，而企业目前只有生产区而没有办公区，为了更好地展示企业的实力和政府扶持的成效，政府考虑再在黄金位置给王正平无偿划拨30亩土地，用于企业建设一个高规格的办公接待区，但基建费用必须由企业承担。

听到这个消息，王正平犹豫了，他知道企业的流动资金并不充裕，如果把有限的资金投入到基建中，很可能影响企业的生产。管委会主任安慰王正平，让他不要担心，说不久上级政府划拨的一大笔专项扶持资金就会到位，到时候可以拨给王正平的企业，以帮助他们保持正常的生产。有了主任的承诺，王正平虽然心里还是有点打鼓，但一想到政府给了自己的企业这么大的支持，自己的企业也理应为政府做些贡献，而且那30亩黄金位置的土地也确实是个不小的诱惑，他决定按照主任的要求建设高规格的办公接待区。

领导人事变动，企业财务恶化

其实，王正平的肉牛养殖场从创办之初开始，企业的财务状况就一直很紧张，200多万元的启动资金根本不够完成养殖场所有的基建工程，很多欠建筑承包商的工程款还没有付清，购买种植基地的钱也没有付，流动资金也只能保证已建成的12座大型肉牛养殖车间中的一小半维持正常生产。

为了建设新的办公接待区，王正平不得把本就少得可怜的流动资金挪用了，但钱还是不够，他只好要求建筑承包商先垫款开工并承诺等政府的专项扶持资金一到账，就连同养殖场所欠的工程款一起付清。

就这样，新办公接待区的工程勉强开工了。王正平因为有管委会主任专项扶持资金的承诺，所以大胆地更改了工程的设计方案，大幅度地提高了建设标准。办公楼落成后仅王正平的一间办公室面积就有近200平方米，配有全套的高档办公家具，空调、计算机一应俱全，还有专用的休息室和卫生间。

可就在办公楼刚落成，其他附属设施开始动工，王正平还沉浸在搞大工程、上大项目，自己已经感觉很像大企业家的亢奋中的时候，养殖场出问题了，由于缺乏最起码的流动资金，正常的生产不得不停滞下来。王正平非常着急，立即去找管委会主任询问政府的那笔专项扶持资金什么时候能到位。可没想到的是，主任告诉王正平自己马上就要调到其他地区任职，专项资金的事要等到下一任主任到任后再决定是否拨给王正平的企业。

没办法，王正平不得不又耐心地等了一段时间。等到新的开发区管委会主任到任后，王正平立即去拜访，可新主任的工作思路和老主任并不一样，他婉转地告诉王正平，今后开发区政府重点扶持的产业方向不再是肉牛养殖而是设施农业，所以政府的专项扶持资金不会再拨给王正平的企业了。

这个答复无疑是对王正平的当头一棒，企业的现金流已经断了，企业已欠下了巨额债务，这样用不了多久，企业就难以为继了。王正平得不到政府扶持资金的消息不胫而走，于是为企业承包养殖场和办公接待区建设的建筑商们立即停工，并纷纷上门找王正平催要欠款，就连之前入股的股东们也纷纷要求撤股。种植基地也因为王正平迟迟付不了款而被政府收回了。

每天债主盈门的王正平寝食不安，不得已把养殖场仅剩的肉牛卖掉还了债，又把自己的轿车抵了债，可仍然偿还不了巨额债务。

王正平想了很多的办法恢复生产，他找到银行，可因为他之前的贷款还没有还清，银行拒绝继续给他贷款；找其他的投资人融资，可企业的巨额债务让有兴趣的投资人望而却步；他甚至想把养殖场卖掉，可一家已经停产的养殖场和一大堆已经停工的烂尾工程一时很难找到买主。在苦苦支撑了几个月后，王正平终于坚持不下去了，成立仅两年多的企业就这样倒闭了。

【各抒己见】

王正平努力争取政府关注的行为是对还是错？他的问题出在哪里？

实践案例

华夏之音创始人徐鹏杰的创业史

华夏之音的风险管理

模块实训

一、创业案例分析

1. 实训目标

通过采访或实地调研，深入了解并分析一个创业案例。

2. 实训要求

（1）5～8人为一组，开展实训。

（2）根据表4-1填写访谈或调研内容，并与其他小组交流。

3. 实训步骤

（1）通过家庭、学校等相关渠道，锁定目标及方式。

（2）通过电话或现场采访创业者。

（3）填写创业案例分析表。

（4）各小组交流创业案例分析结果。

表 4-1　创业案例分析表

项目	内容
创业者简介	
公司基本信息	
创业项目核心内容	
成功因素分析	
发展前景分析	
小组的访谈收获	

二、增强自己的创业能力

1. 实训目标

对自己的相关能力进行准确的评估,并制定提升方案,为创业活动的开展做好准备。

2. 实训要求

认真审视自己的创业能力,在准确进行自我评估的基础上,实事求是地填写表 4-2。

3. 实训步骤

(1)在左边一栏列出你认为自己在个人素质和技术能力方面的弱点。

(2)在右边一栏列出你克服这些弱点的方法。

表 4-2　个人创业能力提升计划表

我的弱点	我如何在这方面有所提高
(1)	
(2)	
(3)	
(4)	
(5)	
(6)	
(7)	

模块五

创业准备：创业机会、创业团队与创业资源

学习指南

创业是创业机会、创业团队、创业资源的系统组合：创业机会是创业过程的核心驱动力；创业团队是创业的主导者；创业资源是创业成功的必要保障。因此，创业过程中，只有把握好三者之间的关系，将创业机会、创业团队、创业资源三个核心要素匹配好和平衡好，才能取得创业的成功。

通过本模块的学习，学生应该能够对创业三个核心要素的相关概念有准确的认知，能够结合自身特点及外部环境识别创业机会，并通过创业团队的组建及创业资源的管理整合实现创业机会的价值。

学习目标

知识目标

1. 了解创业机会的概念、来源，掌握创业机会的识别及评价方法；
2. 了解创业团队的概念、要素及类型，掌握创业团队组建的原则及程序；
3. 了解创业资源的概念、分类，了解创业融资的主要渠道，掌握创业资源的管理和整合技巧。

能力目标

1. 能够通过对自我及环境的分析，识别并评价创业机会，选择创业项目；
2. 能够围绕创业项目组建一支战斗力强的创业团队；
3. 能够围绕创业项目挖掘和管理创业资源，合理筹集创业资金。

素养目标

1. 能够正确认识自己，充分发挥自己的优势，改正或避免自己的缺点，结合自身优势选择项目，增强同学们善于发现问题，并创新性解决问题的意识；
2. 培养团队合作意识，提升团队合作及沟通协调能力；
3. 培养善于思考、勇于探索的创新精神，增强社会责任感。

案例导入

创业物流快递广告

随着居民消费结构的升级和转型，快递业的发展前景非常广阔。在电子商务爆炸式增长的环境下，一位"90后"女孩发现了一个创业理念，创立了中国第一家"快递单广告"商业公司，月营业额近 100 万元。

郭星是标准的"90后"一代，毕业后，她找到了第一份工作，并为一家公司散发了广告传单。每天，她都能看到快递公司的员工拖着大量的货物，穿梭于街道和居民区，拿着快递单寻找门牌号，并将货物送到门口，她的灵感闪现。如果广告印在快递公司的送货清单上，那么至少有两个人可以看到或阅读广告，一个是送货人员，另一个是收货人。

几天后，在没有任何资金的情况下，一个由 10 多人组成的"快递单广告"创业团队成立了，郭星与胡薛梅是联合创始人和领导者。他们很快分成两组，进行分工和行动。一组人联系物流和快递公司，而另一组人去寻找愿意在快递单上做广告的顾客。所有的事情在完成之前都是困难的。另外，他们是充满激情和缺乏社会经验的应届毕业生。只有在过去的几天里，团队才开始工作，当他们一无所获时，有些人无法坚持，选择了退出。半个多月过去了，尽管几家快递公司声称愿意合作，但他们还没有找到愿意在快递单上刊登广告的客户。这时，急中生智的他们不知道谁想出了一个好主意：让郭星把"快递订单广告"的宣传材料放进快递信封，伪装成快递公司的员工，直接去电商的公司，督促前台工作人员将快递转给相关部门和领导。等了一个星期后，小吃公司联系了郭星。经过双方的深入沟通，小吃卖家愿意支付 8 000 元，以尝试的态度在快递单上购买了两个广告位。"快递单广告"创业团队最终获得了第一笔订单，受到了极大的鼓励。这 8 000 元成了这个团队的启动资金。

不久之后，郭星成功注册了自己的快递订单广告公司。郭星从"快递单广告"业务的创业理念到团队和公司的建立，逐渐赢得了众多商家和客户的青睐。他们一个接一个地加入并投放广告，吸引了业界和媒体更多的关注。

物流快递广告公司成立后，郭星和她的公司经历了一个多月的热情扩张。他们与 11 家快递公司建立了长期合作伙伴关系，业务标准是一个广告点收费 0.4 元，一万份开始印刷。与此同时，50 多家商家将自己的品牌和广告放在快递单广告业务上。公司的业务和收入日益增长，一个月内累计收入 100 万元。如今，在成都成华区的一栋住宅里，在一个简单的办公环境下，年轻的"90后"女大学生很忙，要么接受物流和快递公司的家访，要么在计算机上寻找有广告需求的商业客户。无论是创业时间、业务增长、业务配额和品牌价值，他们的物流快递广告公司都创造了惊人的神话。

案例思考

郭星是如何发现创业机会的？又是如何成功的？你从中得到了什么启示？

任务一　识别创业机会

创业是一个人发现创业机会后，对自己拥有的资源或通过努力能够拥有的资源进行优化组合，从而创造出更大的经济价值或社会价值的过程。识别机会是创业的开端，也是创业的前提，想要在竞争激烈的市场中生存，就要找到别人没有发现的创业机会。因此，识别创业机会是创业成功最重要的一步，好的创业机会是创业成功的一半。

一、创业机会的概念及特征

创业机会也称为商业机会或市场机会，就是个人、群体或组织在环境中发现了需求，从而对拟创办的企业产生的初步设想。一家成功的企业既要满足顾客的需要，提供顾客想要的产品，又要为企业主带来利润。创业机会应当包括：你的企业将销售什么产品或服务；你的企业将向谁销售产品或服务；你的企业将如何销售产品或服务；你的企业将满足顾客哪些需要。

需要注意的是，一个好的想法未必是一个好的创业机会，这就是创业想法和创业机会之间的区别。

创业机会需要确保收入超过成本并能够得到利润。例如，通过一项新技术发明了一个非常有创意的产品，但是市场可能并不需要它；或者一个想法听起来不错，但是在市场上没有竞争力，不具备必要的资源，也是不值得做的。尽管有时市场有需求，但是需求的数量却不足以收回成本。事实上超过 80% 的新产品都是失败的。

创业机会具备以下特征。

1. 客观性

创业机会是客观存在的，不依赖于人的主观想象，无论创业企业是否意识到，它都会客观存在于一定的社会经济环境之中。尽管有时是企业在创造一些市场机会，但是这些所谓"创造"的创业机会仍然是客观存在的，只是被创业企业最先发现和利用而已。客观存在的创业机会对所有人都是公开的，每个创业者都有可能发现，不存在独占权。在创业者发现创业机会的时候，就要考虑潜在的竞争对手，不能认为发现创业机会就意味着独占，独占创业机会就意味着成功。

2. 潜在性

机会是一种无形的事物，人们只能凭感觉意识它的存在，而无法看到、触摸它。机会总是潜藏在社会现象的背后，因此，人们很难认识到机会的存在，往往与机会失之交臂。创业机会并非一种现实的、明确的、具有价值的产品或服务，创业机会的潜在性决定了创业机会的风险性。创业机会从潜在的需求变成现实产品或服务的过程也是创业者不断躲避风险、创造价值的过程。

3. 时效性

时效性是指创业机会必须在机会窗口存续的时间内被发现并利用;而机会窗口是指将商业想法推广到市场上所花费的时间。创业者在机会窗口的哪个阶段进入市场,在很大程度上决定了创业的成败。一般来说,市场规模越大,待定机会的时间跨度越大,市场的成长性就越好。如果创业者一定要等到天时、地利、人和各种条件都具备的时候再开始实践,可能机会已经不复存在了。

4. 行业吸引力

不同行业的利润空间、进入成本和资源要求不同,其行业吸引力也不同。一般来说,最具有吸引力的持续成长的行业,有不断增长的市场空间和长期利润的预期,对新进入者的限制较少。另外,当产品对消费者必不可少时,消费者对该产品存在刚性需求,如生活必需品,这也会提升行业吸引力。行业的选择是创业者选择机会首要考虑的问题。对于任何创业者,应首先进入那些大部分参与者都能获得良好效益的行业,而不要选择那些很多公司为了生存而拼命挣扎的行业。

5. 不确定性

创业机会总是存在的,但机会的发展在事先往往难以预料。创业机会在一定的条件下产生,条件改变了,结果往往也会随之发生改变。创业者在发掘创业机会时,一般是根据已知条件进行的,但结果可能会出乎意料,因为创业条件有可能会改变,或者创业者利用机会的努力程度不够。

二、创业机会的来源

创业机会的来源主要包括问题(尚未满足的需求)、变化、创造发明(新技术、新发明)、竞争、顾客差异5个方面。

1. 问题(尚未满足的需求)

创业的根本目的是满足顾客需求,而顾客需求在没有满足之前就是问题。寻找创业机会的一个重要途径,就是善于发现和体会自己与别人在需求方面的问题,或生活和工作中的难处,如共享单车解决了出行最后一千米的问题。

案例 5-1

快剪的诞生

快剪(Quick Cuts)是一家专注于为忙碌都市人提供快速、方便且价格实惠的理发服务的连锁店。这个概念是受到日益加快的生活节奏和人们对于高效服务需求的启发而诞生的。

创业故事始于一位大学生小张的观察与思考。小张发现,在繁忙的都市生活中,许多人尤其是职场人士,往往难以抽出时间来安排诸如理发这样的个人护理活动。传统的理发店通常需要预约、等待,且价格参差,这给本就时间紧张的顾客带来了额外的不便。小张认为,如果能够提供一种更加符合现代人快节奏生活的理发服务,那么这将是一个潜在的巨大市场。

凭借这个创业点子,小张开始构思一个新型的理发店模式——快剪。这个模式核心在于简化服务流程,提高服务效率:不设预约系统,顾客到店即享即席服务;精简服务项目,提供快速、标准化的理发服务;通过优化内部运营和采用经济实惠的定价策略吸引更多寻求性价比的顾客。另外,小张还计划利用现代科技手段,如移动应用和在线支付,来提升顾客体验。

快剪凭借其新颖的服务概念迅速赢得了市场的关注,尤其受到了那些时间观念强烈、追求效率的年轻职场人士的欢迎。随着品牌知名度的提升,小张逐步扩大了连锁店的规模,并通过社交媒体和口碑营销来进一步吸引新客户。

快剪的成功证明了小张对市场的敏锐洞察和对消费者需求的正确把握。他通过创新的服务方式满足了都市人对于节省时间的需求,同时也展示了在传统行业中找到创新切入点的创业机会。

2. 变化

创业的机会大都产生于不断变化的市场环境,环境变了,市场需求和市场结构必然发生变化。市场变化主要来自产业结构的变化、消费结构升级、城市化加速、人口思想观念的变化、政府政策的变化、人口结构的变化、居民收入水平的提高、全球化趋势等方面。例如,居民收入水平提高,私人轿车的拥有量将不断增加,这就会派生出汽车销售、修理、配件、清洁、装潢、二手车交易、陪驾等诸多创业机会。

案例 5-2

大学生创业助小微企业上"云"——逐梦网红经济的"00后"

一件蓝色丝绒西服,一双淡灰色"老爹鞋",一条明晃晃的金属项链……曹吉龙的样子,完全符合记者对这一新兴行业的印象。嘴巴里时不时蹦出一些网络词汇、手部偶尔摆出一些摇滚歌星的手势,还热衷在朋友圈晒自拍,眼前这个年轻人显然就是人们口中的"后浪"。

由于喜爱追逐流行趋势且为人热情开朗,曹吉龙在学校里一直是一个社交活跃分子。以他为中心集聚了一大群爱玩会闹、爱拍敢秀、喜欢短视频和直播的校园潮人。"大家都是志同道合的朋友,都想把梦想变成现实。"他说,这也是他创业的初衷。

不只有时尚潮人的外表,曹吉龙还有一个创新开放的头脑。2019 年 9 月,他和两位朋友创立了工作室,尝试通过原创视频打造网红号。一次偶然的机会,他们关注到一个名为"药水哥"网红的一次直播。在与粉丝互动中,这个人偶然间用头顶飞了一个矿泉水瓶子。这个两秒钟不到的行为艺术,瞬间点燃了曹吉龙的创意火花——"就拍一个'头球王'"。他通过翻转的视频剪辑方法,把原本一次性的动作,变成了反复多次。瓶子顶出去,又飞回来,再顶出去。没想到,这条视频爆红抖音。一天时间,浏览量突破1 500万，点赞超过125万，评论数8.5万，涨粉近两万。当天，这条视频被抖音官方贴上了"我是头球王"的热门标签，引发了网友的集体模仿和挑战。

视频火了，曹吉龙在网友圈子里也火了。经常有想当网红的少男少女发私信或打电话给他说想做视频。于是，他和团队大胆尝试做"孵化"——复制自己的成功经验，帮助别人实现"网红梦"。半年多时间，他先后为5个本地网红做了200多个视频。Vlog、宠物秀、情感创意剧集……视频总浏览量过亿，总点赞量超过了百万，视频最高点击量超1 000万次。

2020年年初，赶上学校实行弹性学分制，鼓励学生休学创业，曹吉龙决定专心创业，公司选址在金华开发区浙江菁英电子商务产业园，团队扩充到7人。除了脑子灵活，曹吉龙的商业敏锐度也很高。凭借许多成功实操案例和经验，曹吉龙入选了金华市首期网红直播特训营导师。在与企业交流过程中，他发现了新商机。受疫情影响，许多传统中小企业开始转战线上，都想尝试通过短视频和直播推广带货。但是，他们一没资源、二没技术、三没经验，只能向市场寻求帮助。

"我们来帮助企业。"曹吉龙说，他们的公司就是提供营销策划、包装孵化、技术支持、资源对接和代运营等一系列服务，帮助中小企业快速搭上"短视频+直播"顺风车，实现销售模式从线下到线上的转型。

在兰溪一家新开的小吃店里，曹吉龙和老板吴刚侃侃而谈。面对这个年纪比自己大两轮的资深创业者，曹吉龙丝毫没有露怯。"切记！不要试图把你的产品推销给所有人。只要锁定喜欢小吃的一群人就可以。"曹吉龙一边讲解抖音推广的误区，一边为店铺策划了宣传排期：第一阶段，用美食短视频和促销活动把人吸引到店里来；第二阶段，通过创意短视频和直播的方式打造网红产品。当天，曹吉龙的团队为店铺拍摄了第一个抖音视频。老板本人也是第一次面对镜头，为自家的肉包子吆喝。

目前，曹吉龙已经与金华本地6家传统中小企业签了合作协议。"企业不擅长的地方就是我们存在的价值。"他自信满满地说。

案例来源：《浙江日报》

3. 创造发明（新技术、新发明）

创造发明提供了新产品、新服务，更好地满足顾客需求。例如，随着计算机的诞生，计算机维修、软件开发、计算机操作的培训、图文制作、信息服务、网上开店等创业机会随之而来。即使你不发明新的东西，你也能成为销售和推广新产品的人，从而给你带来商机。

4. 竞争

如果能弥补竞争对手的缺陷和不足，这也将成为创业机会。看看你周围的公司，你能比他们更快、更靠谱、更便宜提供产品或服务吗？你能做得更好吗？若能，你也许就找到了机会。因此，很多创业机会就是缘于竞争对手的不足和失误而"意外"获得的。

5. 顾客差异

顾客要为创业产品或服务买单，因此，顾客的性别、年龄、地域、购买习惯等差异会影响创业机会的产生。在电商巨头将更多的注意力放在一、二线城市居民的消费升级上时，拼多多另辟蹊径，以爆款＋低价的模式，通过社交裂变的方式，成功接收了很多三线以下城市收入不高的消费者，最终利用短短的几年时间，从零开始，一跃而上发展成为新的电商巨头。

三、创业机会的评价

尽管发现了创业机会，但并不意味着要创业，更不意味着成功就在眼前。创业活动是创业者与创业机会的结合，并非所有的创业机会都有足够大的潜力来填补为把握机会所付出的成本，并非所有机会都适合每个人。创业者需要利用自己的商业敏感作出主观判断，同时，也要利用一定的科学方法作出定量分析。将主观判断和客观分析相结合才能不失时机地识别创业机会。

（一）主观评价法

识别创业机会的商业敏感与个人能力、天赋和决心直接相关。有些人确实具有天才型的商业敏感能力，很大程度上商业敏感取决于个人天赋。但是，可以发现具备较高商业敏感的人都有一些共同的特征。

1. 较强的信息处理能力

发现创业机会需要相对充分、准确、及时的信息，并能获取到别人难以获取的有价值的信息。但是评价创业机会需要较强的信息处理能力。较强的信息处理能力与一个人的认知能力和逻辑思维能力相关。

2. 良好的人际关系

良好的人际关系不但可以帮助创业者发现更多的创业机会，还可以帮助创业者识别创业机会。判断一个创业机会的价值，不同的人往往从不同的视角去分析。通常情况下，那些有着广泛社会关系网络的创业者会比拥有少量关系网的人更容易从更多的角度去分析创业机会，能更清楚地认识创业机会，更为理性地识别创业机会。

3. 专注精神

判断一个事物，对其的认知程度决定了判断的准确性。而认知程度并不是天生的，而是后天习得的。专注精神提高了一个人在某方面的认知程度。创业者往往比其他人更容易发现本行业的创业机会，并且能更为快速、准确地判断创业机会的价值。调查表明，9%以上的创业者都是从先前工作的行业中发现创业机会，并迅速抓住创业机会实现创业的。当一个人专注于一个行业，就容易发现利益，并能凭借专业知识，迅速判断出创业机会的价值。

4. 自信乐观的心态

比较自信的人往往比较相信自己的判断。比较乐观的人往往比较看好机会的前景而不是风险。所以，自信乐观的人在创业机会面前体现的是一种勇敢的精神，敢于尝试的精神往往能在别人之前识别机会和抓住机会。创业者在创业的过程中会面临许多随之而来的压力，因此，创业者应勇于面对压力，时刻保持积极、乐观、自信的心态，这也是创业者必须具备的精神品质。主观评价创业机会的价值主要是根据创业者的个人特质（其方法就是需要创业者具备以上四种特征）、社会资本、资源等情况与创业机会本身特征是否匹配，这样就能为准确地评价创业机会的价值提供依据。

（二）客观评价法

客观评价创业机会就是利用创业机会评价标准体系，对创业机会的要素进行打分或评判，相对客观地评价创业机会。

1. 蒂蒙斯创业机会评价体系

蒂蒙斯的创业机会评价框架，涉及行业与市场、经济价值、收获条件、竞争优势、管理团队、致命缺陷、个人标准、理想与现实的战略性差异八个方面的53项指标，见表5-1。通过定性或量化的方式，创业者可以利用这个体系模型对行业和市场问题、竞争优势、财务指标、管理团队和致命缺陷等作出判断，进而评价一个创业项目或创业企业的投资价值和机会。

表5-1 蒂蒙斯的创业机会评价表

行业与市场	1. 市场容易识别，可以带来持续收入
	2. 顾客可以接受产品或服务，愿意为此付费
	3. 产品的附加价值高
	4. 产品对市场的影响力高
	5. 将要开发的产品生命长久
	6. 项目所在的行业是新兴行业，竞争不完善
	7. 市场规模大，销售潜力达到1 000万~10亿元
	8. 市场成长率在30%~50%甚至更高
	9. 现有厂商的生产能力几乎完全饱和
	10. 在五年内能占据市场的领导地位，达到20%以上
	11. 拥有低成本的供货商，具有成本优势
经济价值	1. 达到盈亏平衡点所需要的时间在1.5~2年以下
	2. 盈亏平衡点不会逐渐提高
	3. 投资回报率在25%以上
	4. 项目对资金的要求不是很大，能够获得融资
	5. 销售额的年增长率高于15%
	6. 有良好的现金流量，能占到销售额的20%~30%
	7. 能获得持久的毛利，毛利率要达到40%以上
	8. 能获得持久的税后利润，税后利润率要超过10%
	9. 资产集中程度低

续表

经济价值	10. 运营资金不多，需求量是逐渐增加的
	11. 研究开发工作对资金的要求不高
收获条件	1. 项目带来附加价值的具有较高的战略意义
	2. 存在现有的或可预料的退出方式
	3. 资本市场环境有利，可以实现资本的流动
竞争优势	1. 固定成本和可变成本低
	2. 对成本、价格和销售的控制较高
	3. 已经获得或可以获得对专利所有权的保护
	4. 竞争对手尚未觉醒，竞争较弱
	5. 拥有专利或具有某种独占性
	6. 拥有发展良好的网络关系，容易获得合同
	7. 拥有杰出的关键人员和管理团队
管理团队	1. 创业者团队是一个优秀管理者的组合
	2. 行业和技术经验达到了本行业内的最高水平
	3. 管理团队的正直廉洁程度能达到最高水平
	4. 管理团队知道自己缺乏哪方面的知识
致命缺陷	不存在任何致命缺陷
个人标准	1. 个人目标与创业活动相符合
	2. 创业家可以做到在有限的风险下实现成功
	3. 创业家能接受薪水减少等损失
	4. 创业家渴望进行创业这种生活方式，而不只是为了赚大钱
	5. 创业家可以承受适当的风险
	6. 创业家在压力下状态依然良好
理想与现实的战略性差异	1. 理想与现实情况相吻合
	2. 管理团队已经是最好的
	3. 在客户服务管理方面有很好的服务理念
	4. 所创办的事业顺应时代潮流
	5. 所采取的技术具有突破性，不存在许多替代品或竞争对手
	6. 具备灵活的适应能力，能快速地进行取舍
	7. 始终在寻找新的机会
	8. 定价与市场领先者几乎持平
	9. 能够获得销售渠道，或已经拥有现成的网络
	10. 能够允许失败

评价体系说明如下：

（1）主要适用于具有行业经验的投资人或资深创业者对创业企业的整体评价。

（2）该指标体系必须运用创业机会评价的定性与定量方法才能得出创业机会的可行性及不同创业机会之间的优劣排序。

（3）该指标体系涉及的项目比较多，在实际运用过程中可作为参考选项库，结合使用对象、创业机会所属行业特征及机会自身属性等进行重新分类、梳理简化，提高使用效能。

（4）该指标体系及其项目内容比较专业，创业导师在运用时，一方面要多了解创业行业、企业管理和资源团队等方面的经验信息；另一方面要掌握这53项指标内容的具体含义及评估技术。

2. 标准打分矩阵法

标准打分矩阵是选择对创业机会成功有重要影响的因素，再由专家小组对每个因素进行最好（3分）、好（2分）一般（1分）三个等级的打分，最后计算出每个因素在各个创业机会下的加权平均分，从而可以对不同的创业机会进行比较。表5-2是其中10项主要的评价因素，在实际使用时可以根据具体情况增加或选择部分因素进行评价。

表5-2　10项主要评价因素打分矩阵

标准	专家评分			
	最好（3分）	好（2分）	一般（1分）	加权平均
易损伤性				
质量和易维护性				
市场接受度				
增加资本的能力				
投资回报				
市场的大小				
制造的简单性				
专利权状况				
广告潜力				
成长的潜力				

3. SWOT分析法

创业成功与否，关键取决于是否有足够的消费者愿意购买提供的产品或服务，而且产品或服务的价格也应该有够的利润空间。因此在选择创业之前，就应该做好市场调查，对顾客、竞争对手、资源要求、自己的技能、知识和经验、政策与环境限制等进行分析，这有助于了解自身和市场，验证创业项目是否可行。

SWOT分析法是指根据内部因素——优势（Strength）和劣势（Weakness），以及外部因素——机会（Opportunity）和威胁（Threat）分析项目的可行性的方法。进行SWOT分析时，要考虑选择的创业项目的实际情况，并写下所有的优势、劣势、机会、威胁。

（1）优势。优势是相比竞争对手，自己拥有的强项。例如，产品或服务比竞争对手的好，员工的技术水平高等。

（2）劣势。劣势是相比竞争对手，自己存在的弱项。例如，产品或服务比竞争对手的贵，没有足够的资金，无法像竞争对手那样提供综合性的系列服务等。

（3）机会。机会是指周边地区存在的有利因素。例如，自己的产品或服务比较新颖，许多新的住宅小区正在这个地区建设，潜在顾客的数量会上升等。

（4）威胁。威胁是指周边地区存在的不利因素。例如，在这个地区有提供同样产品或服务的其他企业，原材料价格上涨将导致商品价格上升等。

SWOT 分析的结果有四种可能的组合，分别是 SO、WO、ST、WT。这时，可以有针对性地采取相应的 SO 策略、WO 策略、ST 策略或 WT 策略。

（1）SO 策略。SO 策略是依靠内部优势去抓住外部机会的策略。例如，一个资源雄厚（内在优势）的创业团队发现某一国际市场并未饱和（外在机会），那么它就应该凭借自身的资源去开拓这一国际市场。

（2）WO 策略。WO 策略是利用外部机会弥补内部弱点的策略。例如，计算机服务需求日益增长（外在机会），创业团队却十分缺乏技术专家（内在劣势），那么就应该培养技术专家，或购入一家拥有技术的计算机公司。

（3）ST 策略。ST 策略就是利用内部优势去避免或减轻来自外部威胁的打击。例如，一个企业的销售渠道很多（内在优势），但是由于各种限制又不能经营其他商品或服务（外在威胁），那么就应该走集中型、多样化的道路。

（4）WT 策略。WT 策略就是直接克服内部弱点和避免外部威胁。例如，一个商品质量差（内在劣势）、供应渠道不可靠（外在威胁）的企业应该强化企业管理，提高产品质量，稳定供应渠道，或走联合、合并之路，以谋求生存和发展。

考虑到这四种策略，针对自己的创业项目，最终会有以下几种可能的结果：

（1）坚持自己的创业项目构思，并进行全面的可行性研究（SO 组合）。

（2）修改原来的创业项目构思（ST 组合）。

（3）弥补自身不足，利用市场机会（WO 组合）。

（4）完全放弃这个创业项目构思（WT 组合）。

任务二　组建创业团队

虽然每个创业者的创业过程各不相同且不可复制，但是在研究了众多创业活动后却可以得到一个共同的结论：一个人单打独斗的创业要比创业团队的成功率低得多。对于创业者来说，单打独斗的时代已经过去，只有有效的团队合作和坚持不懈的团队精神，才能让企业具有更强大的生命力。

一、创业团队的概念及特点

团队是由员工和管理层组成的一个共同体,它合理利用每个成员的知识和技能协同工作,解决问题,达到共同的目标。创业团队就是指在创业初期(包括企业成立前和成立早期),由一群才能互补、责任共担、愿意为共同的创业目标而奋斗的人所组成的特殊群体。创业团队有别于一般团队,表现有以下五个方面。

(1)团队的目的不同。初创时期的创业团队建设的目的是成功地创办新企业,随着企业成长,创业团队可能会发生成员的变化,新组建的高管团队是创业团队的延续,其目的是发展原来的企业或开拓新的事业领域。然而,一般团队的组建只是为了解决某类或某种特定问题。

(2)团队成员的职位层级不同。创业团队的成员往往处在企业的高层管理的位置,对企业重大问题产生影响,其决策甚至关系到企业的存亡。而一般团队的成员往往是由一群能解决特定问题的专家组成的,其绝大多数也并不处于企业高层位置。

(3)团队成员的权益分享不同。创业团队成员往往拥有公司股份,以便团队成员负有更高的责任,而一般团队未必要求成员拥有股份。

(4)团队关注的视角不同。创业团队成员关注的往往是企业全局性的、战略性的决策问题,而一般团队成员只关注战术性或执行层面的问题。

(5)成员对团队的组织承诺不同。创业团队成员对公司有一种浓厚的情感,其连续性承诺(由于成员对组织投入而产生的一种机会成本,足以让成员不离开组织的倾向)、情感性承诺(个体对组织的认同感)和规范性承诺(个人受社会规范影响而不离开组织的倾向)都较高,而一般团队成员的组织承诺则并不高。大学生创业团队应该具有较强的资源整合能力,能通过团队成员之间的技能互补提高驾驭环境不确定性的能力,从而降低新创企业的经营风险,增加创业成功的概率。

案例 5-3

难得的创业团队——腾讯五虎将

这是一个难得的兄弟创业故事,其理性堪称标本。

二十多年前的那个秋天,马化腾与他的同学张志东"合资"注册了深圳腾讯计算机系统有限公司,之后又吸纳了三位股东:曾李青、许晨晔、陈一丹。这5个创始人的QQ号,据说是从10001到10005。为避免彼此争夺权利,马化腾在创立腾讯之初就和四个伙伴约定清楚:各展所长、各管一摊。马化腾是CEO(首席执行官),张志东是CTO(首席技术官),曾李青是COO(首席运营官),许晨晔是CIO(首席信息官),陈一丹是CAO(首席行政官)。

之所以将腾讯的创业五兄弟称为"难得",是因为直到2005年的时候,这五人的创始团队还基本是保持这样的合作阵形,不离不弃。直到腾讯做到如今的"帝国"局面,其中4个还在公司一线,只有COO曾李青挂着终身顾问的虚职而退休。

都说一山不容二虎,尤其是在企业迅速壮大的过程中,要保持创始人团队的稳定合作尤其不容易。在这个背后,工程师出身的马化腾从一开始对于合作框架的理性设计功不可没。

从股份构成上来看,5个人一共凑了50万元,其中马化腾出了23.75万元,占了47.5%的股份;张志东出了10万元,占20%的股份曾李青出了6.25万元,占12.5%的股份;其他两人各出5万元,各占10%的股份。

虽然主要资金都由马化腾所出,他却自愿把所占的股份降到一半以下,47.5%。"要他们的总和比我多一点点,不要形成一种垄断、独裁的局面。"而同时,他自己又一定要出主要的资金,占大股。"如果没有一个主心骨,股份大家平分,到时候也肯定会出问题,同样完蛋。"

保持稳定的另一个关键因素,就在于搭档之间的"合理组合"。

据《沸腾十五年:中国互联网1995—2009》作者林军回忆说,"马化腾非常聪明,但非常固执,注重用户体验,愿意从普通的用户的角度去看产品。张志东是脑袋非常活跃,对技术很沉迷的一个人。马化腾技术上也非常好,但是他的长处是能够把很多事情简单化,而张志东更多是把一个事情做得完美化。"

许晨晔和马化腾、张志东同为深圳大学计算机系的同学,他是一个非常随和而有自己的观点,但不轻易表达的人,是有名的"好好先生"。而陈一丹是马化腾在深圳中学时的同学,后来也就读深圳大学,他十分严谨,同时又是一个非常张扬的人,他能在不同的状态下激起大家的激情。

如果说其他几位合作者都只是"搭档级人物",只有曾李青是腾讯5个创始人中最好玩、最开放、最具激情和感召力的一个,与温和的马化腾、爱好技术的张志东相比,是另一个类型。其大开大合的性格,也比马化腾更具备攻击性,更像拿主意的人。不过或许正是这一点,也导致他最早脱离了团队,单独创业。

后来,马化腾在接受多家媒体的联合采访时承认,他最开始也考虑过和张志东、曾李青三个人均分股份的方法,但最后还是采取了5人创业团队,根据分工占据不同的股份结构的策略。即便是后来有人想加钱、占更大的股份,马化腾说不行,"根据我对你能力的判断,你不适合拿更多的股份"。因为在马化腾看来,未来的潜力要和应有的股份匹配,不匹配就要出问题。如果拿大股的不干事,干事的股份又少,矛盾就会发生。

当然,经过几次稀释,最后他们上市所持有的股份比例只有当初的1/3,但即便是这样,他们每个人的身价都还是达到了数十亿元人民币,是一个皆大欢喜的结局。

思考: 马化腾能够选择性格不同、各有特长的人组成创业团队是其成功的一个重要因素,你认为他们能够在成功开拓局面后依然保持长期默契合作的关键因素是什么?

二、创业团队的构成要素

1. 目标

创业团队首先要设置清晰的创业目标。创业目标是创业团队存在的理由,也是团队运作的核心动力。只有具有明确的目标,创业团队才能清楚创业的方向,知道为了实现此目标需要付出哪些行动和努力,才能准确把握时机和商机。另外,明确的目标能够使创业团队清楚地知道组织需要什么样的人才,在寻找合作伙伴或雇用员工时能按照创业团队的目标选择最合适的人才,提高团队的综合实力。创业目标的设立要切实可行,并依靠团队的力量共同规划和设计,使之成为凝聚团队成员的无形信念和精神力量。创业目标确定之后,为了推动团队最终实现创业目标,要对总目标加以分解,设定若干可行的、阶段性的子目标。

2. 定位

定位是团队通过何种方式与现有的组织结构相结合,如何产生新的组织形式。创业团队的定位有以下两层含义。

(1)创业团队的定位。创业团队在创业企业中处于什么位置、由谁选择和决定团队的成员、创业团队最终应对谁负责,以及采取什么方式激励下属。

(2)创业团队成员的个体定位。创业团队成员的个体定位即成员在创业团队中要扮演什么角色,是决策者还是计划制订者或监督者等,要根据每个成员的专业和优势确定其角色定位,从而保证每个成员都能最大限度地发挥自己的功效;另外,要决定是大家共同出资、共同参与管理,还是共同出资、聘请第三方(职业经理人)管理,这体现在创业企业的组织形式是合伙企业还是公司制企业。

3. 权限

权限是指团队负有的职责和享有的权利。在创业团队中,权限主要包括以下两层含义。

(1)团队成员的权力。虽然许多创业团队推崇群策群力,将决策权交给全部成员,每项决策都是由整个团队共同商议讨论之后才做出决定,但是在具体执行的时候需要适当的分权,在不损害集体利益的情况下,个人需要拥有与职责相对应的决策权力。团队核心领导人的权力大小与创业团队的发展阶段相关,一般来说,在创业团队的发展初期,领导权相对集中,团队越成熟,领导者拥有的权力相应越小。

(2)团队权力。要确定创业团队在创业企业中拥有什么决定权,如财务决定权、人事决定权等。

4. 计划

计划是为达成目标所做出的安排,是未来的行动方案。只有把创业总目标、阶段性的子目标转化成科学合理、极具操作性的行动计划,才能有效地推进团队向创业目标靠近,实现创业团队的成功。创业团队在制订计划时要充分考虑创业企业的内外部环境、企业自身优势与劣势等因素;制订的计划一定要具有可行性,否则就只能是纸上谈兵,对创业团队没有任何帮助；计划不仅要确保组织目标的实现，而且要从众多的方案中选择最优方案，从而使创业团队的资源得到最合理、最有效的应用。

5. 人员

创业目标是通过创业团队成员实现的，所以，人是构成创业团队最核心的力量。只有吸收适合创业的成员进入创业团队，才能保证创业团队的稳健经营。不适合的人员进入创业团队，会给团队的管理和发展带来巨大的危害。选择团队成员的方法主要是根据团队的发展目标，明确团队需要的知识、技能、经验，然后根据个人加入团队的目的、知识结构、个性、兴趣、价值观念等选择合适的人选。

创业团队各构成要素之间相互影响、相互作用、缺一不可。其包括以下四个方面的含义。

（1）创业团队有共同的价值观、统一的目标和标准。这是组建创业团队的前提，创业团队必须为统一的目标而奋斗，并有一致的价值观，这样组成的创业团队才有战斗力。没有统一的目标和共同的价值观，创业团队即使组建起来了，也不能形成合力，缺乏战斗力。

（2）创业团队成员负有共同的责任。有了统一的目标和价值观后，创业团队成员还必须共同负起责任来达到目标。一个好的创业团队一定是所有成员都能共同负责任的团队。

（3）创业团队成员的能力互补。这是组建创业团队的必要条件。当组建起来的创业团队成员的知识、能力可以互补时，这个团队就可发挥出"1+1＞2"的作用。如果创业团队成员的知识、能力不能互补，就失去了组建团队的意义，即使组建了团队，也不能起到很好的作用，甚至会限制有能力的人发挥作用。

（4）创业团队的人愿意为共同的目标做出贡献。这是创业团队能否取得成功的关键。创业团队的成员除有责任心外，还要有甘于奉献的精神和行动，才能成为企业的核心，带领企业前进。

三、创业团队的类型

一般来说，创业团队可分为三种，分别是星状创业团队、网状创业团队和虚拟星状创业团队。

1. 星状创业团队

在团队中有一个核心人物，充当领军的角色。星状创业团队在形成之前，一般是核心人物有了创业想法，然后根据自己的设想组建创业团队。因此在团队形成之前，核心任务已经就团队的组成进行过仔细思考了，并根据自己的想法选择相应的人员加入团队。星状创业团队的结构图如图5-1所示。

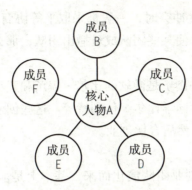

图 5-1 星状创业团队结构图

星状创业团队有以下几个明显特点：

（1）组织结构紧密，向心力强，主导人物在组织中的行为对其他个体影响巨大。

（2）决策程序相对简单，组织效率较高。

（3）容易形成权力过分集中的局面，从而使决策失误的风险加大。

（4）当其他团队成员和主导人物发生冲突时，因为核心主导人物的特殊权威，使其他团队成员在冲突发生时往往处于被动地位，在冲突较严重时，一般都会选择离开团队，因而对组织的影响较大。

2. 网状创业团队

网状创业团队的成员一般在创业之前都有密切的关系，一般都是在交往过程中，共同认可某一创业想法，并就创业达成了共识以后，开始共同进行创业。在企业创立之初，各位成员扮演的是协作者或伙伴的角色，如图 5-2 所示。

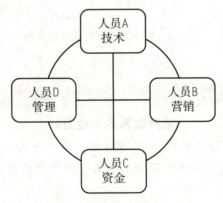

图 5-2 网状创业团队结构图

网状创业团队有以下几个明显特点：

（1）团队没有明显的核心，整体结构较为松散。

（2）组织的决策效率相对较低。

（3）容易在组织中形成多头领导的局面。

（4）当团队成员之间发生冲突时，一般都采取平等协商、积极解决的态度消除冲突；一旦团队成员间的冲突升级，使某些团队成员撤出团队，那么将对整个团队的结构产生很大的影响。

这种创业团队比较典型的例子是微软的比尔·盖茨和童年玩伴保罗·艾伦，惠普的戴维·帕卡德和他的斯坦福大学同学比尔·休利特等。这些创业之前已有密切关系的人，基于一些互动激发出创业点子，然后合伙创业。

3. 虚拟星状创业团队

这种创业团队是由网状创业团队演化而来，基本上是前两种的中间形态。在团队中会由团队成员协商出一个核心成员，充当整个团队的代言人。核心成员地位的确立是团队成员协商的结果，因此该核心成员具有一定的威信，能够作为团队的领导。团队的领导是在创业过程中形成的，既不像星状创业团队那么集权，不像其核心主导人物那样有权威；也不像网状创业团队那么分散，核心成员的行为必须充分考虑其他团队成员的意见，如图 5-3 所示。

图 5-3　虚拟星状创业团队结构图

案例 5-4

联邦家私的创业团队

广东联邦家私集团有限公司成立于 1984 年，几十年来从一个小作坊成长为中国家具行业中的民营企业翘楚，而当初创业时的 6 个股东仍然留在联邦。这个团队是如何组建的呢？

1984 年 10 月 28 日，联邦集团的前身广东南海盐步联邦家具厂成立。王润林、何友志、杜泽荣、陈国恩这 4 个小时候一起玩的朋友聚在一起，商量着干一番事业。小小的家具厂让这几个朋友走得更近了，但他们之间的关系发生了一些变化，在朋友之外多了一层股东关系。

王润林之前学过设计，何友志做过藤椅师傅，杜泽荣在建筑公司干过打桩，陈国恩也没有什么做老板的经历。这样的 4 个普通人创立了联邦家具厂。然而，4 个农民出身的人还是不知道企业怎么办，他们还需要新的成员加入进来。

之后他们请杜泽桦加入团队。那时的杜泽桦是一家藤器厂的厂长，是当时广州荔湾区最年轻的厂长，曾参加过中国第一期厂长经理培训班，正是意气风发之时，他被推举为团队的核心。随后，同样有着藤器厂工作背景的另一个玩伴郭泳昌也加入了这个团队。

四、创业团队的组建原则

团队是创业企业人力资源管理的核心，一个企业若是没有明显的核心人力资源，其成功的可能性几乎为零。为此，组建一个合适的、具有战斗力的创业团队是所有创业企业面临的共同问题，组建创业团队应该遵循以下几个原则。

1. 目标明确合理原则

在团队管理中，明确的目标是至关重要的。一个清晰、具体、具有挑战性的目标，能够让团队成员明确自己的奋斗方向，形成共同的价值观和行动力。同时，目标也必须是合理的、切实可行的，否则不仅难以达成，还可能导致团队成员的士气低落，失去信心。

首先，明确的目标有助于团队成员清晰地认识到自己的职责和任务。在团队中，每个成员都应该清楚自己的角色和定位，知道自己的工作是如何与整个团队的目标相联系的。只有当每个人都明确自己的职责和任务，才能更好地协作配合，形成合力，推动团队不断向前发展。

其次，具有挑战性的目标能够激发团队成员的积极性和创造力。当团队成员面临具有挑战性的目标时，他们会感到一定的压力和紧迫感，但同时也会激发出自己的潜能和创造力，寻求更好的解决方案。这种积极向上的氛围能够激发整个团队的活力和创造力，推动团队不断超越自我，实现更高的成就。

然而，目标的设置也需要注意合理性和可行性。一个不切实际的目标不仅会让团队成员感到困惑和无助，还可能导致资源的浪费和时间的浪费。因此，在设置目标时，需要充分考虑团队的实际情况和能力，确保目标是切实可行的。同时，也需要及时调整目标，根据实际情况进行修正和完善，确保团队能够顺利实现目标。

2. 技能互补原则

创业者寻求团队合作，旨在弥补创业目标与自身能力间的差距。团队成员在知识、技能、经验等方面互补，通过协作发挥协同效应。团队合作对于创业者的成功至关重要，因为创业过程中往往会遇到各种挑战和难题。一个人的能力和知识是有限的，而一个团队则能够集合众人的智慧和力量，共同应对这些挑战。

在团队合作中，每个成员都应该明确自己的角色和责任，发挥自己的优势，同时也要尊重和支持其他成员。只有通过良好的沟通和协作，才能够实现团队的整体目标。

另外，团队合作还能够促进成员之间的互相学习和成长。每个成员都有自己的特长和优点，通过交流和合作，可以互相学习和借鉴，不断提升自己的能力和素质。因此，对于创业者来说，建立一支高效、协作、互相支持的团队，是实现创业目标的重要保障。只有在这样的团队中，才能够共同应对创业路上的各种挑战，实现创业成功。

3. 团队原则

团队在企业中占据着至关重要的地位，是企业文化凝聚力和执行力的基石。一个团队的成功与否，不仅取决于单个成员的能力，而是基于团队成员能否共同协作，以集体的力量推动目标的达成。

在高效的团队中，所有成员都应共享责任和成就，无论是面对挑战时的艰难困苦，还是项目成功时的喜悦与满足。当经营成果能够公平且透明地分享给每个成员时，团队的凝聚力和归属感便会大大增强。这种文化环境鼓励员工将团队的整体利益视为首要任务，而不是仅关注个人的利益。

在一个优秀的团队里，不存在个人英雄主义的概念。每个成员的价值体现在他们对整个团队贡献的大小，而非个人的名利。团队合作的核心，在于每个人都认识到自己的角色和职责，并致力于通过自己的努力为整体的成功作出贡献。

对于个人而言，理解到只有在整个团队成功的大背景下，个人才能获得真正的成功，是极其重要的。因此，每个成员都应该具备长远的视角，愿意在必要时牺牲短期的个人利益，比如放弃一些立即的薪资或福利，以换取团队的长期发展和持续成功。

为了维护和强化这种团队精神，企业需要制定明确的团队目标，提供合理的激励制度，确保团队成员的贡献被认可，并通过有效的沟通和团建活动来加强成员间的信任与合作。

4. 激情原则

激情是推动个人迈向成功的重要动力，尤其在创业这一充满挑战的旅途中，它显得尤为关键。对于创业团队而言，选择那些对项目充满热情的人至关重要，因为这种热情能够在面对困难和不确定性时提供额外的动力及韧性。

在企业的初创期，团队成员需要准备好投入大量的时间和精力，这通常意味着长时间的工作日和高强度的工作负荷。在这一阶段，不仅是对项目的热爱，还有对成功的渴望，将激励团队成员持续前进，即使在压力巨大的情况下也不放弃。

然而，仅有激情并不足够。一个人对事业的信心和承诺同样不可或缺。一个专业能力出众却缺乏信心的人可能会在遇到第一个障碍时就动摇，而这样的犹豫可能会影响到整个团队的士气和进展。因此，在组建团队时，寻找既具备必要技能又有着坚定信念和足够激情的成员，是确保创业成功的关键因素。

案例 5-5

团结一心，共创辉煌——以《西游记》解析创业团队的合作之道

在古典名著《西游记》中，唐僧带领其三位徒弟孙悟空、猪八戒和沙僧历经九九八十一难，最终取得真经。这段旅程不仅是一次修行之路，也隐喻了一个成功创业团队的合作过程。通过深入分析他们的团队合作模式，我们可以为现代创业团队提供宝贵的合作与管理启示。

案例分析：

共同愿景：唐僧与其弟子们共享一个清晰的目标——前往西天取经。这一目标为团队成员提供了明确的工作方向和动力源泉，正如优秀的创业团队需要一致的企业愿景。

角色分工：孙悟空担任"保护者"和"解决高手"，利用其非凡能力保护团队安全并解决棘手问题；猪八戒作为"协调者"，以其幽默和社交能力缓和紧张气氛，维护团队关系；沙僧则是"执行者"，勤勉可靠，处理各种日常事务；唐僧本身则扮演"领导者"和"道德指南针"，确保团队不偏离既定路线。

互补能力：每个成员都有独特的技能和能力，这些能力在取经的过程中得到了充分的发挥和应用，体现了团队成员间的互补性。

信任与支持：尽管路途中遇到许多分歧和争执，但最终他们之间建立了深厚的信任和支持。在创业团队中，这种信任是合作无间的基础。

沟通与决策：唐僧与其徒弟们之间的有效沟通是他们能够克服困难的关键。即使出现分歧，他们也能够通过协商找到解决问题的方法。

逆境中的坚韧与成长：面对重重挑战，团队成员并未放弃，反而在逆境中学习成长，增强了个人与团队的实力。

灵活应变：无论是对抗妖魔还是应对自然环境的挑战，唐僧和他的徒弟们都表现出了高度的适应性和灵活性。

结论：

通过《西游记》中唐僧师徒的团队合作，我们可以看到一个成功的创业团队需要有共同的目标、明确的角色分工、互补的能力、坚定的信任及有效的沟通机制。同时，逆境中坚持和不断学习成长的精神，以及面对挑战时的灵活应变能力，都是创业成功不可或缺的要素。《西游记》不仅是一部文学巨著，更是一个关于团队合作与创业精神的生动案例。

五、创业团队组建的基本程序

1. 明确创业目标

明确创业目标，一方面，应明确自己的创业思路；另一方面，必须将自己掌握的创业机会形成一定的创意，进而形成一个创业目标。创业团队的总目标就是要通过完成创业阶段的技术、市场、规划、组织、管理等各项工作实现企业从无到有、从起步到成熟。总目标确定后，为了推动团队最终实现创业目标，再将总目标加以分解，设定若干可行的、阶段性的子目标。

2. 制订创业计划

创业计划是在对创业目标进行具体分解的基础上，以团队为整体来考虑的计划。创业计划确定了在不同的创业阶段需要完成的阶段性任务，通过逐步实现这些阶段性目标来最终实现创业目标。一份完整的创业计划，必须包括创业核心团队的计划和人力资源计划。通过创业计划可以进一步明确创业团队的具体需求，如人员的构成、素质和能力要求、数量要求等。创业团队的组建需要契合创业计划的要求，以匹配创业项目的运作。

3. 招募合适的人员

招募合适的人员是组建创业团队最关键的一步。创业团队成员的招募应考虑以下两个方面。

（1）互补性。创业团队至少需要管理、技术和营销三个方面的人才，只有这三个方面的人才形成良好的沟通协作关系后，创业团队才可能实现稳定、高效。

（2）规模适度。适度规模是保证团队高效运转的重要条件，团队成员一般以 3~12 人为宜。

4. 职权划分

创业者要处理好责、权、利等各方面的关系，即确定每个成员所要负担的职责及所享有的权限。根据创业计划的需要，明确团队成员的职责定位，可以使创业团队形成合力，共同实现创业目标，同时，也可避免因职责不明、权力分配不明确引发的冲突。一般来说，创业团队越成熟，领导者所拥有的权力相应越小；在创业团队发展的初期，领导权相对比较集中。

5. 构建创业团队的制度体系

创业团队制度体系体现了创业团队对成员的控制和激励能力，主要包括团队的各种约束制度和各种激励制度。一方面，创业团队通过各种约束制度（主要包括纪律条例、组织条例、财务条例、保密条例等）指导其成员避免作出不利于团队发展的行为，实现对其的行为进行有效的约束，保证团队的稳定秩序；另一方面，创业团队要实现高效运作需要有效地激励机制（主要包括利益分配方案、奖惩制度、考核标准、激励措施等），才能使团队成员看到随着创业目标的实现，其自身利益将会得到怎样的改变，从而达到充分调动成员的积极性、最大限度发挥团队成员作用的目的。

6. 对团队进行调整融合

随着团队的运作，团队组建时在人员配备、制度设计、职权划分等方面的不合理之处会逐渐暴露出来，这时就需要对团队进行调整融合，这是一个动态持续的过程。在进行团队调整融合的过程中，最为重要的是要保证团队成员间经常积极有效的沟通与协调，培养强化团队精神，提升团队士气。

案例 5-6

"健康食谱"——大学生创业团队的营养餐饮突破

在健康意识日益增强的社会背景下，四名来自不同专业领域的大学生李明、张薇、王洋和赵涵组成了一个名为"健康食谱"的创业团队。他们共同致力于打造一款集营养科学与个性化饮食为一体的订餐服务 App，旨在为忙碌的都市人提供便捷而健康的餐饮解决方案。

根据每个成员的专业、经验等特点，他们确定了团队分工：李明，团队的灵魂人物，主修经济学，负责整体规划和资源协调；张薇，计算机科学专业的技术骨干，承担App开发和维护工作；王洋：营养学的专家，专注于食品的营养配比和食谱创新；赵涵：市场营销达人，负责市场调研、品牌推广和社交媒体运营。

虽然他们是同学，彼此之间非常熟悉，但是他们的团队合作之路却并不是一帆风顺的。在早期的市场调研阶段，团队成员就面临了第一次重大的冲突。王洋坚持认为产品的核心竞争力应在于其营养价值，他希望将App打造成一个营养教学平台，强调食物对健康的贡献。然而，赵涵则认为，尽管营养科学至关重要，如果不能兼顾味道和外观等因素，产品很难吸引广泛用户。她主张更多关注顾客的实际饮食体验和偏好。

这场关于"健康与美味哪个更重要"的辩论持续了数周，导致团队的工作进度陷入停滞。李明意识到，如果任由分歧继续，项目可能会彻底失败。于是，他提议召开一个团队会议，旨在找到一个双方都能接受的解决方案。

会议上，张薇提出了一个折中的想法：为什么不把两者结合起来呢？通过技术手段，App可既提供科学的营养建议，又能根据用户的口味偏好推荐食谱。这样，用户既能享受到美味的食物，又能确保营养均衡。

这个提案得到了团队的一致认可。王洋和赵涵也意识到，通过合作而不是对立，他们可以创造出更有价值的产品。接下来，张薇和王洋开始了紧密合作，共同开发了一个算法，该算法能够分析用户的饮食数据，同时结合营养学原则和用户喜好进行个性化推荐。

随着产品开发进入尾声，另一个问题浮现。在初步测试阶段，用户反映App的操作过于复杂，导致体验大打折扣。这一问题直接影响到了团队的士气，尤其是对于张薇来说，这是一次打击。她投入了大量时间和精力在技术开发上，却收获了用户的不满。

面对这一挑战，李明再次召集团队进行紧急会议。经过讨论，团队决定简化App的功能，去除一些非核心的技术特性，将重点放在用户界面（UI）和用户体验（UX）上。另外，赵涵建议增加教育性的内容来引导用户更好地理解和使用App的各项功能。

在经历了多次迭代和改进后，App终于获得了用户的肯定。团队成员之间的信任和合作也在这一过程中得到了加强。每个人都学会了倾听对方的意见，并在冲突中寻找共识。最终，"健康食谱"成功上线，并迅速在市场上获得了积极的反响。用户喜爱这款App提供的个性化饮食建议和简便的订餐流程。团队的努力不仅赢得了用户的认可，也为他们自己带来了宝贵的创业经验。

"健康食谱"团队的故事表明，团队合作是创业成功的关键。面对冲突和挑战时，团队成员需要保持开放的心态，愿意沟通和协作，才能找到最佳的解决方案。通过共同努力，他们不仅解决了彼此间的分歧，还创造了一个能够满足市场需求的创新产品。

课堂测试

团队成员个性测试

HR（人力资源）性格测试——你是"老虎""孔雀""考拉""猫头鹰"还是"变色龙"？

PDP（行为风格）人才测评工具能快速识别团队成员的个性特点，甚过了解对方十年。它用五种动物来表示每个人的个性特点，例如，"老虎"特质的人喜欢用较直接、粗率及权威告诉的方式进行沟通，而"孔雀"特质的人则喜欢用委婉、推销及说服的方式进行沟通。我们与"孔雀"特质的人进行沟通时，若用的是"老虎"的语言，"孔雀"会觉得紧张、害怕，沟通效果可想而知。通过PDP测评，了解团队中每个成员的个性特质和沟通语言，并训练其用对方的语言与团队成员进行沟通，可以提升团队的沟通效果。PDP测评还能帮助管理者了解团队成员的工作动机、精力能量、决策思维与行为模式、工作的适应性及压力的来源等多方面信息，协助团队成员进行自我激励及潜能开发，从而提升团队成员的工作满意度并调适工作环境。另外，团队成员觉得自己被管理者关心，也可进一步拉近与团队的距离。

先试试回答以下的问题：

如果答案是"非常同意"，请给自己打5分；如果是"比较同意"，则打4分；如果是"差不多"，打3分；如果只是"有一点同意"，请打2分；如果答案是"不同意"，就打1分。

需要注意的是，回答问题时不是依据别人眼中的你来判断，而是你认为你本质上是不是这样的。

1. 你做事是一个值得信赖的人吗？
   非常同意　比较同意　差不多　一点同意　不同意
2. 你个性温和吗？
   非常同意　比较同意　差不多　一点同意　不同意
3. 你有活力吗？
   非常同意　比较同意　差不多　一点同意　不同意
4. 你善解人意吗？
   非常同意　比较同意　差不多　一点同意　不同意
5. 你独立吗？
   非常同意　比较同意　差不多　一点同意　不同意
6. 你受人爱戴吗？
   非常同意　比较同意　差不多　一点同意　不同意
7. 你做事认真且正直吗？
   非常同意　比较同意　差不多　一点同意　不同意
8. 你富有同情心吗？
   非常同意　比较同意　差不多　一点同意　不同意

9. 你有说服力吗？
非常同意　比较同意　差不多　一点同意　不同意
10. 你大胆吗？
非常同意　比较同意　差不多　一点同意　不同意
11. 你精确吗？
非常同意　比较同意　差不多　一点同意　不同意
12. 你适应能力强吗？
非常同意　比较同意　差不多　一点同意　不同意
13. 你组织能力好吗？
非常同意　比较同意　差不多　一点同意　不同意
14. 你是否积极主动？
非常同意　比较同意　差不多　一点同意　不同意
15. 你害羞吗？
非常同意　比较同意　差不多　一点同意　不同意
16. 你强势吗？
非常同意　比较同意　差不多　一点同意　不同意
17. 你镇定吗？
非常同意　比较同意　差不多　一点同意　不同意
18. 你勇于学习吗？
非常同意　比较同意　差不多　一点同意　不同意
19. 你反应快吗？
非常同意　比较同意　差不多　一点同意　不同意
20. 你外向吗？
非常同意　比较同意　差不多　一点同意　不同意
21. 你注意细节吗？
非常同意　比较同意　差不多　一点同意　不同意
22. 你爱说话吗？
非常同意　比较同意　差不多　一点同意　不同意
23. 你的协调能力好吗？
非常同意　比较同意　差不多　一点同意　不同意
24. 你勤劳吗？
非常同意　比较同意　差不多　一点同意　不同意
25. 你慷慨吗？
非常同意　比较同意　差不多　一点同意　不同意
26. 你小心翼翼吗？
非常同意　比较同意　差不多　一点同意　不同意

27. 你令人愉快吗？
非常同意　比较同意　差不多　一点同意　不同意

28. 你传统吗？
非常同意　比较同意　差不多　一点同意　不同意

29. 你亲切吗？
非常同意　比较同意　差不多　一点同意　不同意

30. 你工作足够有效率吗？
非常同意　比较同意　差不多　一点同意　不同意

评分：

把第5、10、14、18、24、30题的分加起来就是你的"老虎"分数；把第3、6、13、20、22、29题的分加起来就是你的"孔雀"分数；把第2、8、15、17、25、28题的分加起来就是你的"考拉"分数；把第1、7、11、16、21、26题的分加起来就是你的"猫头鹰"分数；把第4、9、12、19、23、27题的分加起来就是你的"变色龙"分数。

假如你有某一项分远远高于其他四项，你就是典型的这种属性，假若你有某两项分数大大超过其他三项，你是这两种动物的综合；假若你各项分数都比较接近，恭喜你，你是一个面面俱到近似完美性格的人；假若你有某一项分数特别低，要想提高自己，就需要在该项"动物"属性的加强上下功夫了。下面就来逐一分析各种迥然不同的"动物"

1. "老虎"型

个性特点：有自信、够权威、决断力高、竞争性强、胸怀大志、喜欢评估、企图心强烈、喜欢冒险、个性积极、竞争力强、有对抗性。

优点：善于控制局面并能果断地作出决定；这一类型工作方式的人成就非凡。

缺点：当感到压力时，这类人就会太重视迅速地完成工作，从而容易忽视细节，他们可能不顾自己和别人的情感。由于他们要求过高，加之好胜的天性，有时会成为工作狂。

"老虎"型工作风格的主要行为如下：

（1）交谈时进行直接的目光接触；

（2）有目的性且能迅速行动；

（3）说话快速且具有说服力；

（4）运用直截了当的实际性语言；

（5）办公室挂有日历、计划要点。

举例："老虎泰格"具备高支配型特质，竞争力强、好胜心盛、积极自信，是个有决断力的组织者。他胸怀大志、勇于冒险、分析敏锐，主动积极且具有极为强烈的企图心，只要认定目标就勇往直前，不畏反抗与攻讦，誓要取得目标。

2. "孔雀"型

个性特点：很热心、够乐观、口才流畅、好交朋友、风度翩翩、诚恳热心、热情洋溢、好交朋友、口才流畅、个性乐观、表现欲强。

优点：此类型的人生性活泼，能够使人兴奋。他们高效地工作，善于通过建立同盟或搞好关系来实现目标。他们很适合需要当众表现、引人注目、态度公开的工作。

缺点：因其跳跃性的思考模式，常无法顾及细节及对事情的完成执着度。

"孔雀"型工作风格的主要行为如下：

（1）运用快速的手势。
（2）面部表情特别丰富。
（3）运用有说服力的语言。
（4）工作空间里充满了各种能鼓舞人心的东西。

举例："孔雀百利"具有高度的表达能力，他的社交能力极强，有流畅无碍的口才和热情幽默的风度，在团体或社群中容易广结善缘、建立知名度。孔雀型领导人天生具备乐观与和善的性格，有真诚的同情心和感染他人的能力，在以团队合作为主的工作环境中，会有很好的表现。

3. "考拉"型

个性特点：很稳定、够敦厚、不好冲突、行事稳健、强调平实、有过人的耐力、温和善良。

优点：他们对其他人的感情很敏感，这使他们在集体环境中左右逢源。

缺点：很难坚持自己的观点和迅速做出决定。一般来说，他们不喜欢面对与同事意见不合的局面，他们不愿处理争执。

"考拉"型工作风格的主要行为如下：

（1）面部表情和蔼可亲。
（2）说话慢条斯理，声音轻柔。
（3）用赞同性、鼓励性的语言。
（4）办公室里摆有家人的照片。

举例："考拉加利"具有高度的耐心。他敦厚随和，行事冷静自持；生活讲求规律，但也随缘从容，面对困境，能泰然自若。

4. "猫头鹰"型

个性特点：很传统、注重细节、条理分明、责任感强、重视纪律。保守、分析力强，精准度高，喜欢把细节条例化，个性拘谨含蓄。

优点：天生就有爱找出事情真相的习性，因为他们有耐心仔细考察所有的细节并想出合乎逻辑的解决办法。

缺点：把事实和精确度置于感情之前，这会被认为是感情冷漠。在压力下，有时为了避免做出结论，他们会分析过度。

"猫头鹰"型工作风格的主要行为如下：

(1) 很少有面部表情；
(2) 动作缓慢；
(3) 使用精确的语言、注意特殊细节；
(4) 办公室里挂有图表、统计数字等。

举例："猫头鹰斯诺"具有高度精确的能力，其行事重规则轻情感，事事以规则为准绳，并以之为主导思想。他性格内敛，善于以数字或规条为表达工具，而不大擅长用语言来沟通情感或向同事和部属等做指示。他行事讲究条理分明、守纪律重承诺，是个完美主义者。

5."变色龙"型

优点：善于在工作中调整自己的角色去适应环境，具有很好的沟通能力。

缺点：从别人眼中看"变色龙"族群，会觉得他们较无个性及原则。

"变色龙"型工作风格的主要行为如下：

综合了"老虎""孔雀""考拉""猫头鹰"的特质，看似没有突出个性，但擅长整合内外资源，没有强烈的个人意识形态是他们处世的价值观。

举例："变色龙科尔"具有高度的应变能力。他性格善变，处世极具弹性，能为了适应环境的要求而调整其决定甚至信念。

任务三　获取创业资源

从企业的初创到最终收获，创业资源的获取和整合伴随着整改创业过程，创业者要有效识别各种创业资源，并且积极借助企业内外部的力量对创业资源进行组织和整合，形成企业的核心竞争力，促进企业成长。

一、创业资源的含义及作用

1. 创业资源的含义

创业的前提条件之一就是创业者拥有或能够支配一定的资源。资源就是任何一个主体，在向社会提供产品或服务的过程中，所拥有或能够支配的、能够实现自己目标的各种要素及要素组合。

概括地说，创业资源是企业创立及成长过程中所需要的各种生产要素和支撑条件。对于创业者而言，只要是对其创业项目和新创企业发展有所帮助的要素，都可归入创业资源的范畴。因此，在创业过程中，应当积极拓展创业资源的获取渠道。

对于创业者而言，巧妙运用创业资源比拥有创业资源更为重要，一个成功的创业者，善于在没有资源的时候发现资源，拥有资源的时候整合资源，从而达到"点石成金"的效果,把资源用于企业运营。资源的有无和价值的高低决定了企业的竞争力,只有合理地利用人才、技术、管理等资源才可以让襁褓中的企业茁壮成长。

2. 创业资源在创业过程中的作用

创业资源在企业形成之前,即机会识别阶段,以及企业成体之后的成长阶段,扮演着关键角色,且在这两个不同的阶段,创业资源展现出其各自的独特功能。

在机会识别的初期,创业资源的紧密联系是显而易见的。直观上,机会识别涉及对可能的创业机遇进行分析、调查和评估。本质上,创业机会的存在取决于创业者能否察觉到别人未能看出的特定资源的潜在价值。因此,在相同的产品或盈利模式下,一些人会采取行动去创业,而其他人可能会错过良机;有的人可能会取得巨大成功,而其他人则可能失败。通常,失败的原因是缺乏必要的创业资源。

在企业成长的过程中,创业资源继续发挥其重要作用。一方面,创业者需要积极地从外部获取创业资源;另一方面,已经获得的创业资源会在企业发展过程中被整合和利用。资源整合通过创业战略的制定和执行来推动创业过程。丰富的创业资源是企业战略制定和实施的基础与保障,同时,充足的创业资源还可以适时调整企业的战略方向,帮助企业选择正确的创业战略。因此,创业资源对于创业战略的实施具有积极的影响。

二、创业资源的分类

1. 必备资源

创业者在开启新企业时,必须确保拥有或能够控制一系列的资源,这些资源对于企业的成立和成长至关重要。必备资源涉及财务、物理空间、人力资源和产品多个方面。资金资源是支撑企业发展的基石,可能来自亲友的无息借款、政府的低息贷款计划、各种政策支持的创业或科技基金,以及私人投资者如风险资本、天使投资者和私募股权投资。场地资源提供了企业运营所需的实体环境,包括自有地产、可租赁空间、政府支持的科技园或工业园区内的优惠场地,以及孵化器和创业园区提供的低成本办公空间。人才资源是企业成功的关键,涵盖了创始人自己的能力和经验、共同奋斗的团队成员,以及能够招募到的专业管理人才、营销专家、顾问和员工团队。产品资源则是企业核心竞争力的体现,这包括拥有自主知识产权的创新产品,以及那些具有明确市场需求和潜力的商品。

总的来说,这些资源构成了企业的基础架构,为创业的每一步提供支持和动力。无论是资金的筹集、办公场所的选择、团队的建设,还是产品开发和市场推广,这些资源都是创业旅程中不可或缺的要素。

2. 支撑资源

支撑资源是那些虽然不直接掌握在创业者手中,但通过策略性地开发和利用外部力量可以获取的资源。这些资源对于企业的发展和扩张有着不可忽视的作用。在营销方面,支撑资源可能包括企业自有的推广渠道,或是那些可供使用或租用的第三方营销平台和媒介。另外,构建和维护一个强大的关系网络也是至关重要的,这包括与亲朋好友,曾经的老师、同学、工作中的同事等建立的个人联系，以及能够进行资源共享和交换的行业伙伴或其他社会群体。甚至，那些看似联系较弱的社会联系也可能成为宝贵的资源渠道。支撑资源强调的是企业如何通过外部营销途径和人际关系网络来扩展其影响力与市场覆盖，这些资源的巧妙运用可以为企业带来额外的竞争优势和增值机会。

3. 外围资源

外围资源，即创业者在其所处环境中可自然接触或享用的资源，它们并非创业者主观所能控制，而是外在的公共资源。这些资源涵盖多个方面，如创业环境、政策、文化及市场信息等。创业环境方面，主要考量地区经济发展水平、创业辅导与融资机构的存在情况、创业培训与学习条件、政府对于创业的态度，以及地区的自然条件等。创业政策则主要涉及税收优惠、工商注册支持、行业准入、创业扶持，以及保障创业者利益的各项政策。创业文化则反映地区的生活习惯、人们对于冒险的态度、对创业行为的看法、地域特有的文化与思维方式，以及人们对财富与安逸的不同选择。至于市场信息，则主要关注是否具备高效的网络系统、市场的开放性、安全性与公平性、信息共享的程度，以及行业协会与市场组织的运作情况。

4. 负资源

负资源指的是那些可能对创业项目发展产生不利影响的资源。与必备的、支撑的和外围的资源相比，这些资源属于不利于项目发展的因素，因此被称作负资源。在创业的实际操作中，正确处理负资源同样具有重要意义，因为避免损失同样可以被视为一种收益方式。尽管负资源在创业项目的发展过程中确实存在，但它们并非主要影响因素。因此在大多数情况下，当提及创业资源时，通常指的是那些对项目发展有利的资源，即正资源。

三、创业资源的获取方法

一个优秀的创业者善于在创业的途中寻找创业资源。依赖创业初期的初始资源是无法让企业壮大的。而获取创业资源的途径有很多，按照获取方法可分为以下几类。

1. 资源内部的积累

资源的内部开发过程可以看作是一种内部资源积累的过程。因为外部市场并不能购买到创业者所需要的全部资源，所以创业企业必须通过使用内部资源而不断沉淀、积累，通过长期使用资源，企业能够不断学习并开发优越的资源。如在某些技术人员的培养上，其他企业尚无专门研究某项高新技术的人才，创业者只能通过企业内部培养的途径来获取这种人力资源。

2. 项目的吸引力

项目的吸引力决定了外部的投资及市场的需求，投资者主要是依据企业项目本身的吸引力来决定是否提供企业快速发展过程中最迫切需要的资金资源、设备资源及技术资源。市场需求则决定了企业发展的前景，通过市场需求，企业可以累积资金资源和口碑。

3. 社会关系的协调

强大的社会关系可以争取到更好的销售渠道及销售机会。以我国目前的国情来看，在创业者创立企业的早期阶段，社会关系所带来的资金、技术、硬件设备可以保证企业的基本发展，降低企业亏损后的成本。企业进入快速发展模式后，社会关系的重心也会由亲朋好友转移到商业伙伴中，这样的社会关系可以为企业发展和转型提供大量资金及技术。

4. 购买

企业通过动用财务资源在市场上购买外部资源，以增强自身实力和竞争力。这包括购置厂房与设备等物质资产，获取专利技术提升技术水平，聘请经验丰富的员工加强团队能力，以及通过外部融资筹集必要的运营资金。这些策略帮助企业扩大生产规模、加速技术创新、优化人才结构，并保证有足够的资金支持业务发展。

5. 联盟

企业之间的联盟是一种战略协作方式，通过这种方式，企业可以与其他组织联手开发那些自身难以独立获取或开发的资源。这种合作的基础在于双方的资源和能力能够相互补充，确保双方都能从联盟中获益，并有一致的利益目标。另外，成功的联盟还需双方对资源的价值和如何使用这些资源达成一致的理解及协议。

案例 5-7

大学生进军婚庆市场

东华理工大学 2013 级电子计算机专业在校大学生——库军强经过充分的市场调查，得出"开拓西式婚礼市场必定会有丰厚的回报"的结论，决定进军这一领域。

2016 年 10 月 28 日，他注册了江西省抚州市永恒西式婚庆公司，并于 11 月 2 日在互联网上开设婚庆网站。但是，库军强没有西式婚庆所需的教堂、婚庆用品，也没有业务推广和报纸电视广告的经费，他是如何解决这一问题的呢？

首先是解决场地问题——教堂，抚州市的两个教堂在江西省是最雄伟的。库军强以详细的计划书使教堂负责人相信，抚州市第一家西式婚庆公司很有前景，双方成功签了一个三年的合作协议。

其次，对于婚庆用品，库军强经过两个月的奔波，和抚州市一家大酒店及几家婚庆用品店达成协议，租用他们的婚庆用品，它们也成为婚庆公司的长期合作伙伴。

再次，至于广告，则想办法吸引媒体眼球，让他们主动报道——库军强在学校就业指导课上的模拟招聘会中得到启发，他做了一个模拟婚庆。

2017 年 1 月 12 日，库军强公司和米兰婚纱摄影店在抚州市最繁华的街道赣东大道上，举行了一场模拟婚庆，吸引了抚州市的许多媒体，当天的报纸都用了相当的篇幅报道婚庆的事情。模拟婚庆的录像上传到了婚庆公司的网页上，全国的朋友都能看到。模拟婚庆的录像传上网页后的第二天，公司就接到了浙江一对新人的电话，这是公司的第一笔业务，他们报价 5 万。自此，公司的婚庆业务便红火起来。

四、创业资源的利用与整合

资源整合是指企业对不同来源、不同层次、不同结构、不同内容的资源进行识别与选择、汲取与配置、激活和有机融合，使其具有较强的柔性、条理性、系统性和价值性，并创造出新资源的一个复杂的动态过程。资源整合的唯一目的是使企业获得最大的经济利益。

许多创业者早期所能获取与利用的资源都相当匮乏，而优秀的创业者在创业过程中所体现出的卓越创业技能之一，就是创造性地整合、转换和利用资源，尤其是能够创造持续竞争优势的战略资源，并由此成功地开发创业机会、推进创业过程向前发展。

资源整合可分为资源的战略整合和战术整合。在战略层面上，资源整合反映的是系统的思维方式，就是要通过组织和协调，将企业内部彼此相关却彼此分离的职能，将企业外部既有共同使命又拥有独立经济利益的合作伙伴，整合成为一个客户服务系统，取得"1+1>2"的效果。在战术层面上，资源整合是对各项资源进行优化配置的行为，是根据企业的发展战略和市场需求对有关资源重新配置，以凸显企业的核心竞争力，并寻求资源配置与客户需求的最佳结合点。

整合、利用资源的途径一般有有效地利用自有资源、创造性地拼凑资源和发挥资源的杠杆效应三种。

（1）有效地利用自有资源。有效地利用自有资源主要是指在缺乏资源的情况下，创业者分多个阶段投入资源，并且在每个阶段或决策点投入最小的资源，因此，也被称为步步为营法。步步为营法的主要策略是成本最小化，设法降低资源的使用量，降低管理成本。很多时候，步步为营不仅是一种做事情最经济的方法，也是创业者在资源受限的情况下寻找实现企业理想目的和目标的途径，更是在有限资源的约束下获取满意收益的方法。

（2）创造性地拼凑资源。资源拼凑理论有3个核心概念，即"凑合利用""突破资源约束"和"即兴创作"。具体而言，"凑合利用"是利用手头资源来实现新的目的和开发新的机会，重在对资源的创新性利用；"突破资源约束"是指创业者拒不向资源、环境或制度约束屈服，积极主动地突破资源传统利用方式的束缚，利用手头资源来实现创业目标，因而凸显了创业者在资源拼凑过程中表现出来的创新意识，以及创造创业价值所必需的可持续创业能力；"即兴创作"与前面两个概念紧密相关，是指创业者在凑合利用手头资源、突破资源约束的过程中必须即兴发挥，创造性地使决策和行动同时进行。

（3）发挥资源的杠杆效应。资源的杠杆效应是指以最小的付出获取最多的收获的现象，通常有以下表现形式。

1）利用一种资源换取其他资源。
2）创造性地利用其他人认为无用的资源。
3）能够比其他人有更长的时间占有资源。
4）借用他人或其他公司的资源来达到创业者自身的目的。
5）用一种富余资源弥补一种稀缺资源，产生更高的附加值。

案例 5-8

蒙牛的资源整合

蒙牛集团的创始人牛根生以前只是伊利（内蒙古伊利实业集团股份有限公司）的一个洗碗工，但他凭着自己的勤奋和聪明逐渐做到了伊利生产部门总经理的职位。

后来牛根生因为各种原因从伊利辞职了，他那个时候已经40多岁了，去北京找工作，人家嫌弃他年纪大。没有办法他又回到呼和浩特，邀请原来伊利的几个同事，一起出来创业，人有了，但是没有奶源，没有工厂，没有品牌。

就在这时，牛根生开始了对资源的整合。他通过人脉关系打听到哈尔滨有一家乳制品公司，这家公司设备都是新的，但是生产的乳制品质量有问题，同时，营销渠道也没有打通，所以产品一直滞销，牛根生马上找到这家公司的老板说："你来帮我们生产，我们这边都是伊利技术高层，可以帮忙技术把关，牛奶的销售铺货我们也承包了。"这位老板一听马上答应下来。这样他们几个一起出来创业的伙伴也有了落脚的地方，解决了生存的问题。

在乳制品这个行业，没有品牌很难销售，因为品牌代表着安全可靠。牛根生想出了借势整合的办法，打出口号："蒙牛甘居第二，向老大哥伊利学习。"牛根生恰到好处地运用了营销学上的"比附效应"，也就是通过与竞争品牌的比较来确立自己的市场地位，借竞争者的势头，来衬托自己的品牌形象。另外，牛根生也不只是盯着伊利，而是把自己和内蒙古的几个知名品牌联系起来，说："伊利、鄂尔多斯、宁城老窖、蒙牛为内蒙古喝彩！"因为前三个都是内蒙古驰名商标，把自己放在最后，给人感觉就是蒙牛是内蒙古的第四品牌。牛根生整合品牌资源，蒙牛没有花一分钱，但迅速成为知名的品牌。

没有奶源怎么解决？如果自己买牛养，没有那么多人员去照顾。牛根生深谙伊利"公司连基地，基地连农户"的经营模式，于是，牛根生当仁不让地将这套模式搬到了蒙牛，并且做得更深刻、更彻底。在这里蒙牛整合了三个方面的资源：农户、农村信用社和奶站。从信用社借钱给奶农，蒙牛担保，而且蒙牛承诺包销路。奶牛生产出来的奶由奶站接收。蒙牛定时把信用社的钱还了，把利润又给了奶农，趁机喊出一个口号："一年养10头牛，过的日子比蒙牛的老板还牛。"

通过这样的资源整合，蒙牛创造了中国企业史无前例的1 947.31%的增长速度。

五、创业融资的含义及作用

（一）创业融资的含义

从狭义上来看，一个企业在创业中资金筹集的过程和方式称为融资。公司往往根据自身产品的市场前景、现有的资金资源及公司未来发展的需要，通过客观的分析和冷静的决策后，向公司的投资者和债权人筹集资金，安排资金的供应，以此保证公司正常运营及发展，以及管理公司的日常开销。公司筹备资金都按照一定的准则，采用自己公司特有的渠道和方式去进行。一般情况下，企业筹集资金主要出自企业发展扩大规模的需要、企业还债的需要和企业周转的需要三个目的。

从广义上来看，融资也称金融，也就是货币资金的融通，不仅包括资金的融入，也包括资金的运用，即包括狭义金融和投资两个方面。创业融资是指创业企业根据自身发展的要求，结合生产经营、资金需求等现状，通过科学的分析和决策，借助企业内部或外部的资金来源渠道和方式，筹集生产经营和发展所需资金的行为与过程。

（二）创业融资在创业过程中的作用

1. 创业融资是创业管理的关键内容

创业管理是一个动态的、阶段性的管理，涵盖了机会识别、创业计划书撰写、获取创业资源和管理新创企业等阶段。创业融资是获取创业资源这一阶段中的一项重要内容。机会识别阶段需要创业者进行一定的调查和对机会风险的评估，也需要一定的资金支持；创业计划书的撰写阶段虽然不依赖于资金，但也需要资金支持，解决具体撰写过程中的基本资料、分析工具和用具的开支等问题；而管理新创企业阶段毫无疑问需要大量的资金投入；在获取创业资源阶段，就社会资源、资金资源、技术资源和人才资源的关系而言，资金资源是使技术转化为生产力创造经济价值的基础，也是形成和提升社会资源、获取人才资源的必要手段。因此，资金资源是确保创业资源有效发挥作用的重要条件。

综上所述，创业融资确保了资金资源的获取，为其他资源的有效整合和功效提升提供了有力的物质条件，也为创业管理各阶段工作的开展提供了物质保障，是创业管理的关键内容。

2. 创业融资在企业成长的不同阶段具有不同的侧重点和要求

创业融资通常不是一次性融资，而是伴随着创业企业成长的多次融资，各阶段融资的侧重点和要求也不尽相同。创业融资的各阶段主要包括"种子期""创立期"和"扩张期"。种子期是指对创业企业的创意进行验证和可行性研究的阶段；创立期是指创业企业成立并进入正式运营、初步形成一定的盈利能力的阶段；扩张期则是指创业企业销量开始增长、企业不断扩张规模的阶段。此时，创业企业开始拥有稳定的现金流和稳定的收入，市场信誉已建立，企业处于良性发展中。

（1）种子期创业者主要进行创意的可行性研究、技术开发和市场调研。因此，所需资金量不大，创业融资需求较低。但由于创业企业仍未真实存在，创业成功的不确定性较大，因此，创业融资风险较大，创业者很难取得资金拥有者的投资，更多的可能要来自自身拥有的资金。

（2）创立期企业需要完成正式注册、购置设备、投入生产等一系列活动。资金需求量明显增加，创业融资需求大幅度增加。大幅度增加的资金需求单靠创业者自己是难以承担的，需要大量外部资金。但此时的创业企业由于盈利能力和获取现金流能力不强，很难提供良好的信誉和资产担保，使外部融资难度较大。

（3）进入扩张期，创业企业具有了一定的资金实力，但由于实施大力开拓市场、不断推陈出新的迅速成长战略，创业企业仍存在较大的融资需求，融资的风险依然存在，只是相较于种子期而言略有下降。而当创业企业进入扩张期后期，由于企业自身资金实力提升，对资金的需求不再迫切，融资需求显著减少。同时，企业开始考虑上市等更为宽广的融资方式。

六、创业所需资金测算

新创企业投入运营之后，很难立即带来收入，为了保证公司在启动阶段业务运转顺利，在公司经营达到收支平衡之前，创业者必须准备足够的资金以备支付各种费用。

（一）融资前需要权衡几个因素

1. 创业者的自由和独立的价值最珍贵

创业意味着自己做自己的主人，不需要按照其他人的命令行事，这就是创业带给你的独立和自由。作为自负盈亏的独立经营者，创业者所做的每个决定唯一要考虑的，仅仅是顾客和市场的需求，而不是别人的眼色。

2. 得到基金会削弱创业者的自主权

世界上没有免费的午餐。一旦某些基金贷款给你，创业者的经营决策就要受制于人：天使基金会以占用创业者企业股份的方式给创业者投资；银行会要求创业者按期给他们财务报表，还会有业务人员经常来企业"视察"。

（二）必须做好投资规划

1. 千万不要低估项目的潜伏期

再好的经营项目也不会马上就有利润收入。任何创业项目从启动到盈利，都需要一个潜伏期，这个潜伏期的长短，与行业和企业规模有关。企业与人一样，有其生命周期，产业在不同的阶段，需要的资金也会有所不同。

2. 设计合理的资金组合有利于降低经营风险

在创业启动资金的组合上，创业指导专家建议有一个合理的资金组合比例。例如，可用的最高资金金额中有1/3是自有资金，外来资金最好不要超过2/3的份额。研究创业成败的案例结论表明：如果自有资金不足1/3，创业者和银行的资金风险都会加大。

3. 尽量多地留好储备金

创业必须对从开业到盈利阶段的资金做足够的预算和储备，把资金看成是个人和外来资金各占1/2估算比较稳妥。因为这个时期的储备金究竟需要多少，实在是一个难以确定的数字，但是无可置疑的是，资金断流会导致创业失败。一般需要将企业没有收入的时间按3个月（或者更长）来计算，所以，储备金应不低于3个月的固定成本总和。

（三）创业资金的分类与测算

按照资金投入企业的时间可将资金分为投资资金和营运资金。

1. 投资资金

投资资金发生在企业开业之前，是企业在筹办期间发生各种支出所需要的资金。投资资金包括企业在筹建期间为取得原材料、库存商品等流动资产投入的流动资金；购建房屋建筑物、机器设备等固定资产，购买或研发专利权、商标权、版权等无形资产投入的非流动资金；以及在筹建期间发生的人员工资、办公费、培训费、差旅费、印刷费、注册登记费、市场调查费、咨询费和技术资料费等开办费用所需的资金。投资资金估算表参考表5-3。

表 5-3 投资资金估算表

序号	项目	数量	金额
1	房屋、建筑场地		
2	设备		
3	办公家具		
4	办公用品		
5	员工工资		
6	创业者工资		
7	市场调查费用		
8	房屋租金		
9	购买存货/原材料		
10	营销费用		
11	水电费、电话费		
12	保险费		
13	设备维护费		
14	员工培训费		
15	开办费		
—	—		
	合计		

2. 营运资金

对创业启动资金进行估算需要丰富的企业管理经验，以及对市场行情的充分了解。为了比较准确地估算出自己的创业启动资金，需要分类列清单，从有形的商品到专业的服务，越详细越好。

七、创业融资渠道

资金缺乏是大部分大学生创业者在创业过程中面临的重要问题。而由于受融资信息、信用能力等多种因素的影响，相当多的大学生创业者的创业资金主要来源于"父母支持"、"朋友合股"等融资渠道。因此，认识与拓展大学生创业融资渠道是大学生创业活动中现实且紧迫的要求。

（一）私人资本融资

私人资本融资即资金来源于个人而非机构。

1. 个人积蓄

个人积蓄是企业创建初期的一个重要的资金来源。研究表明，70%的创业者都依靠自己的资金为新企业提供融资。例如，蒙牛的创业资金就是几个创始人卖掉股票拼凑的。但是这种渠道提供的资金有限，一般情况下仅能维持初期的基本开销。

2. 向亲友借款

在中国，以家庭为中心形成的亲缘、地缘、商缘等社会网络关系背景下，向亲友借款也成为众多创业者的融资渠道。世界银行对北京、成都、顺德、温州4个地区的私营企业做过调查，结果显示：我国的私营中小企业在初始阶段90%以上的初始资金都主要由业主、创业团队成员及家庭提供。创业者和亲属朋友之间的亲情友情有助于克服不熟悉的投资者所面临的不确定性。但弊端也比较明显，即容易出现纠纷。因此，在利用这一融资途径时需要认真考虑一系列潜在问题，达成书面协议，对金额、偿还方式、利率、还款日期及万一企业破产后的偿还方式等都要注明，这样有助于消除隐患。

3. 天使投资

天使投资是由个人或非正式机构出资协助原创项目或小型企业而对其进行一次性前期投资的一种形式。被投资的项目或初创企业一般拥有某种专门技术或独特概念，这是受天使投资青睐的前提。天使投资的金额一般较小，而且是一次性投入，它对创业企业的审查也不严格，更多是基于投资人的主观判断或个人的好恶。通常，天使投资人不但可以带来资金，同时也能带来一定的资源网络，如果他们是知名人士，还可以提高公司的信誉和影响力。

（二）机构融资

创业者可以通过一定的机构获取融资。

1. 银行贷款

银行贷款是中小企业最普遍尝试的融资渠道，但其成功率较低。这是因为中小企业经营状况的高风险性与银行业的审慎原则显著冲突，银行在贷款过程中过于注重抵押物，因此，中小企业会受到很大限制。但当企业发展到一定阶段，具有一定的信誉、资产或其他担保时，银行贷款会成为创业资金的主要来源之一。

2. 非银行金融机构融资

除银行外，还有一些非银行金融机构可以提供资金融入，如信托公司、典当行、保险公司、小额贷款公司等机构。但在融资过程中要注意其可能存在的高成本和高风险。

3. 风险投资

风险投资是一种典型的股权融资形式。风险投资者非常看重企业未来的发展，因而，对投资项目的考察是所有投资方式中最为客观和严格的。对中小企业而言，风险投资为企业长远发展提供了市场化的资金支持，减少了创业所承担的风险。要获得风险资本的支持，创业者需要直接向风险投资机构申请或通过中介机构来获取，同时，创业项目应当有好的盈利预期和市场前景、准备充分的商业计划书和优秀的创业团队。

（三）政府扶持资金

创业者还可以利用政府扶持政策，从政府获得融资支持。近年来，国家大力倡导创新创业，各级政府出台了一系列针对大学生创业的扶持政策，如创业税费减免、创业担保贷款和贴息、创业补贴等。各省、自治区、直辖市均专门成立的大学生创业扶持基金，以及大学生创业大赛项目平台，除提供奖金、创业服务外，还为大学生提供创业信息、就业创业培训等。

政府提供的创业扶持资金通常被所有创业者高度关注，其优势在于利用政府资金不用担心投资方的信用问题；而且政府的投资一般都是免费的，进而降低或免除了创业者的筹资成本。但申请创业扶持基金有严格的申报要求；同时，政府每年的投入有限，筹资者必须与其他筹资者竞争。

（四）众筹

众筹即大众筹资或群众筹资，是指采用"团购+预购"的形式，向网友募集项目资金的模式。这种模式门槛低，不限行业，有创意的想法均可在网上发起众筹。但是这种融资渠道能否成功、能否融到足够的资金均存在较大的不确定性，因此建议作为备选融资方案。

创业融资不仅是一个技术问题，还是一个社会问题，创业者应从建立个人信用、积累社会资本、写好创业计划、测算不同阶段的资金需求量等方面做好准备。因此，突破创业融资束缚，可以提升整体创业的成功率，这需要政府、社会、高校等协调配合，形成合力。

讨论交流

反思视美乐：钱并不一定是好东西

曾被誉为中国第一家高科技学生创业公司的视美乐，如今几乎销声匿迹。视美乐的创始人之一徐中对外公开表示："我们几个人当初满怀理想创立了视美乐，希望三五年能够上市，二十年能发展成为中国的索尼、爱普生。现在，公司已不是当初所想象的样子了，我们几个都转变了发展方向，可以说是壮志未酬。"

1999年3月，邱虹云、王科和徐中3位清华学生靠打工挣的钱及朋友、家人的资助，筹集50万元注册了公司。两个月后，上海第一百货商店股份有限公司与视美乐签订两期注入5 250万元风险投资的协议，这是第一例本土化的风险投资案例，在资本市场引起了巨大的震动。

1999年12月，视美乐的专利产品——多媒体超大屏幕投影机试验成功。2000年4月25日，视美乐公司与青岛澳柯玛集团有限责任公司（以下简称"澳柯玛"）共同组建北京澳柯玛视美乐信息技术有限公司（以下简称"澳视公司"），注册资金3 000万元，双方各占50%的股份。原视美乐公司的主要技术人员全部进入澳视公司。

但是后来，澳柯玛控股澳视公司绝大多数股份，3位视美乐创始人只能作为小股东存在，相继退出了公司管理层。对于过去的创业经历及后来的退出，这些曾经的大学生创业者都不愿意再谈。而随着澳柯玛侵占上市公司资金案发，视美乐从此一蹶不振。

【各抒己见】
你认为视美乐失败的主要原因是什么？对于我们获取创业融资有什么启发意义？

实践案例

华夏之音是怎样发现创业机会的？

华夏之音创业团队的合作案例

华夏之音的资源整合

模块实训

一、识别创业机会

1. 实训目标

掌握创业机会的来源，并运用科学的评价方法分析其可行性。

2. 实训要求

（1）5～8人一组，以小组为单位开展活动。

（2）每个小组成员独立思考，构思出创业想法。

（3）小组讨论，确定一个有商业价值的创业机会。

（4）依据确定的创业机会，运用SWOT方法验证创业项目。

3. 实训步骤

（1）每个成员针对创业项目的每一种来源至少想出1个创业项目，并填写表5-4。

（2）每个成员选择一个最想做的项目，独立思考，并在小组内阐述自己的创业设想。

（3）小组投票确定最优方案，利用图5-4，通过SWOT分析创业项目的可行性。

表5-4 创业想法识别表

项目产生来源		创业想法
问题 （尚未满足的需求）	1	
	2	
变化	1	
	2	
创造发明 （新技术、新发明）	1	
	2	
竞争	1	
	2	
顾客差异	1	
	2	

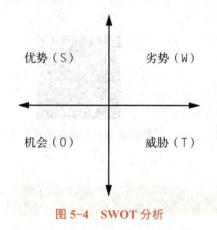

图5-4 SWOT分析

二、组建创业团队

1. 实训目标

根据所学内容组建创业团队。

2. 实训要求

组建创业团队，并对自己组建的团队进行总结和分析。

3. 实训步骤

（1）确定团队成员，并分析每个团队成员的特点。

（2）确定组织架构及部门职责。

（3）根据成员特点及组织架构，确定团队的人事分配，完成表5-5的填写。

（4）制定团队文化和纪律，并经全体成员的讨论通过。

表 5-5　团队建设一览表

团队名称		
标志		
口号		
企业组织架构		
部门与岗位职责		
部门	岗位职责	
（1）		
（2）		
（3）		
（4）		
（5）		
人事安排		
部门	姓名	职务
团队纪律		
1.		
2.		
3.		

三、评估创业资源

1. 实训目标

根据所学内容梳理创业资源。

2. 实训要求

以创业团队为单位梳理创业资源内容，讨论后完成创业资源评估表（表5-6）。

3. 实训步骤

（1）讨论创业团队是否具备相关资源。

（2）若某项资源不具备，讨论确定对策。

表 5-6 创业资源自我评估表

资源类别	资源内容	具备	不具备	对策
必备资源	资金资源			
	场地资源			
	人才资源			
	产品资源			
支撑资源	营销网络			
	关系网络			
外围资源	创业环境			
	创业政策			
	创业文化			
	市场信息			
负资源				

模块六
创业架构：商业模式与创业计划

学习指南

商业模式是一种包含了一系列要素及其关系的概念性工具，用以阐明某个特定实体的商业逻辑，它描述了企业所能为客户提供的价值，以及企业的内部结构、合作伙伴网络和关系资本等，商业模式可以看作创业活动的基本逻辑框架。创业计划则是对创业过程中涉及内外环境及要素的综合安排，可以看作在商业模式基础上对创业的各种细节的梳理与完善。逻辑清晰的商业模式、细致完善的创业计划都是创业前期、创业初期不可或缺的。

通过本模块的学习，学生应能掌握商业模式、创业计划的编制方法，从而在创业的过程中打造适合自己的商业模式与创业计划。

学习目标

知识目标
1. 了解商业模式的含义、基本特征、类型；
2. 掌握商业模式设计的基本方法与商业模式画布；
3. 掌握创业计划书的编制及演示方法。

能力目标
1. 能够用商业模式画布为自己的企业设计出具有创新性的商业模式；
2. 能够编制具有吸引力的创业计划书；
3. 能够积极通过各种渠道进行创业计划书的演示。

素养目标
1. 提升学生将创新思维与创业模式设计相结合的意识与能力；
2. 通过创业计划书的撰写，树立规划意识；
3. 提升团队合作的意识和沟通表达的能力。

🔹 **案例导入**

抖音的商业模式

抖音于 2016 年 9 月上线，当时短视频正处于高热度阶段，在移动化、碎片化消费日益盛行的当下，低门槛低成本地分享生活信息的短视频成了最应景的影像消费产品。抖音之所以能在短视频领域脱颖而出，与其背后的商业逻辑密不可分。

概括来说：一方面，抖音通过签约一批网红来保证优质内容的持续产出，且成立了服务达人的经纪团队，通过广告等变现手段进行激励；另一方面，则采用相对"去中心化"的机制进行内容分发，通过算法持续挖掘普通用户的爆款内容，维持用户活跃度。

具体来说，抖音主要靠以下几方面实现持续盈利：

（1）广告变现。在抖音的商业模式中有个十分重要的就是广告变现的方式，等到抖音有一定数量的粉丝之后，就会吸引到众多的广告商，而对于抖音达人来说就能够通过接广告或者说为品牌定制内容的方式来实现变现。通常，采用的都是利用软广植入等方式，将其和品牌合作营销结合在一起，就现在的情况，垂直账号想要实现变现会更加的容易，美妆、测评类都属于这种类型，如果拥有了 10 万+的粉丝就能够有不错的收入了。

（2）卖货变现。卖货变现主要包括两个方面，分别是电商和微商，是抖音目前最为重要的变现模式，可以做到和传统的平台电商、社交电商抗衡，俨然已经发展成为当今第三种电商的模式，也被人们称为是抖商时代。而对于抖音官方来说，对于这种商业模式也十分认同和鼓励，在门槛上有了很大程度的降低。

（3）开直播卖货和粉丝刷礼物。除上面的两种商业模式外，开直播是一种更加简单、方便的变现方式，只要得到了粉丝打赏的礼物就可以得到音浪，而音浪可以直接提现为人民币。

（4）知识现变/课程培训。抖音也有众多的自媒体人在使用，是一种十分重要的商业模式，往往是通过对专业知识的分享来吸引到大量的粉丝，之后再通过对课程、培训等服务进行销售而获得盈利。

🔹 **案例思考**

在短视频行业还没有成熟的商业模式可借鉴的情况下，抖音为什么能够崛起？抖音的商业逻辑和同行有什么差异？抖音的快速发展带给我们什么启示？

任务一　关于商业模式

彼得·德鲁克说过："当今企业之间的竞争，不是产品之间的竞争，而是商业模式之间的竞争。"商业模式已经成为创业者十分关注的一个名词。几乎每个创业者都确信，有了一个好的商业模式，成功就有了一半的保证。

一、商业模式的含义

商业模式的概念首次出现于20世纪50年代，在20世纪90年代因特网兴起后，引起了理论界和实践界的广泛关注。不同的学者对商业模式概念的描述各不同。简单来说，商业模式就是能够为企业带来收益的一种模式，是企业进行赖以生存业务活动方式。

商业模式本质上是企业为客户创造并传递价值，使客户感受并享受到企业为其创造的价值，反映的是利益相关者之间的交易关系。创业企业如果缺少这套逻辑或构思的商业模式效力不足，则创业企业未来既难以为客户创造价值，也难以向客户传递价值，更难以为自身赢得利润。

实际上，当要准备创业或正在创业时，只要能回答以下三个问题，并清晰地解决问题背后的商业逻辑，就能够定义好一个商业模式。即使完全不知道关于商业模式的定义，也完全可以设计出自己的商业模式。

（1）彼得·德鲁克问：谁是用户？用户需要什么？

（2）管理者问：如何通过商业活动获得经济效益？企业能够为用户提供价值的潜在逻辑是什么？

（3）创业者问：我们凭什么创业？如何才能创业成功？

二、商业模式的地位

商业模式贯穿企业运行的整个过程，涉及企业的生产、开发、营销等各个环节，而商业模式的构建可以从企业运行的各个环节入手。商业模式不一定需要企业在技术上有变革性的突破，它可以是企业运行环节中的一个环节的创新，或者是对原有模式的重构，甚至是对整个行业现有模式的颠覆性创新。

商业模式是一个系统性的思考方式，它不仅是关于赚钱的方式，更是关于如何将市场需求、生产、分销、企业能力和成本结构等各个方面的问题，组合成一个有机、有效、契合的整体。这种模式决定了企业如何在市场竞争中生存和盈利。

商业模式决定了企业的命运，一个优秀的商业模式能够让企业在市场竞争中立于不败之地。因此，企业需要不断地进行商业模式的创新和优化，以适应市场的变化和满足消费者的需求。

案例 6-1

大疆——消费级无人机市场的霸主

大疆是全球消费级航拍无人机的领导企业,是一家中华民族自豪的科技公司,其产品线覆盖无人机飞行控制系统、专业影视航拍平台、顶级商用云台系统、专业级无线遥控和成像终端等高科技产品。

大疆的创始人汪滔是香港科技大学的一个研究生毕业生,他们把在实验室跟导师合作产生的一些科技成果,很好地转化到商业领域。刚开始的时候,他们将研发出的产品放在论坛上卖,当时一个模型可以卖到几万元,这就是最初的商业模式。

汪滔认为,做产品,就是要将产品做得更好,有更多的人来使用。年轻的大疆在利润率最高的时候追求转型,主动寻求面向更多客户的商业可行性。这个从大学科研成果孵化出的技术性创业公司,没有满足做一个B2B的公司,维系稳定的客户,靠着技术的代差在细分和窄众市场中安然自乐,提出了:好的技术,只有更便宜,才能形成真正的市场规模,把小生意做成更大的生意,为更广大的消费者提供更好的产品和服务。

大疆开始转型,从过去的小作坊模式,开始直接面对终端的消费者,开始面对全世界飞行爱好者、无人机爱好者。从仅将产品卖给单一的、固定的、少数的、细窄的市场客户,开始转型主动迎合更广阔的大市场,更消费级的平民化,服务更多的客户。

大疆是技术扩散的受益者,它将飞控技术、飞行器技术、航拍技术等垂直领域技术,引入了更大的消费级市场,更多的消费者在其中找到了自己的乐趣,更多的消费者为其买单。这些技术也给予了大疆非常可观的回报。大疆的创新模式分为两个重要阶段:

第一阶段:技术驱动型创新,他们将香港科技大学的科研成果积极地对接市场需求,进行产业化、商业化,来满足市场的需求。

第二阶段:市场驱动型创新,将市场需求从原来单一客户,走向了更广泛的消费级市场。

大疆的核心竞争力,是把同类产品的价格做得更低,使更广大的消费者有购买力,激活了更大规模的消费群体,以及成就了其今天绝对的行业领先优势。

三、成功商业模式的基本特征

成功的商业模式必须能够突出企业不同于其他企业的独特性。具有吸引力的、成功的商业模式通常需要具备能够创造价值与竞争优势的特点,而这些特点往往是商业模式评价不可忽略的重要因素,也影响着创业活动的结果。一般来说,成功的商业模式具有以下基本特征。

1. 持续盈利

持续盈利是指企业既要能获得利润，又要有发展后劲，具有可持续性、长久性，而不是一时的偶然行为。企业能否持续盈利是人们判断其商业模式是否成功的最基本的标准，也是唯一的外在标准。

2. 客户价值最大化

商业模式能否持续盈利与该模式能否使客户价值最大化有必然联系。一个不能满足客户价值的商业模式，即使盈利也一定是暂时和偶然的，是不具有持续性的；相反，一个能使客户价值最大化的商业模式，即使暂时不盈利，终究也会走向盈利。因此，创业者要将对客户价值的实现和满足作为企业追求的主观目标。

3. 合理的资源整合

资源整合就是要优化资源配置，有进有退、有取有舍，要获得整体的最优。在战略思维的层面上，资源整合是系统论的思维方式，是通过组织协调，把企业内部彼此相关但却分离的职能，把企业外部既肩负共同使命又拥有独立经济利益的合作伙伴，整合成一个为客户服务的系统，取得"1+1>2"的效果。

4. 持续创新

在经营企业的过程中，商业模式比高科技更重要，商业模式是企业能够立足的先决条件。成功的商业模式不仅是指在技术上的突破，还包括对某一个环节的改造，或对原有模式的重组、创新，甚至是对整个企业规则的颠覆。商业模式的创新形式贯穿企业经营的整个过程，贯穿企业资源开发研发模式、制造方式、营销体系、市场流通等各个环节。也就是说，在企业经营的每个环节上的创新都可能会变成一种成功的商业模式。

5. 适当的风险把控

商业模式有两个方面的风险：一是系统外的风险，如来自政策、法律和行业的风险；二是系统内的风险，如产品的变化、人员的变更、资金短缺等。好的商业模式往往能够抵御和规避企业在经营过程中遇到的风险。

任务二　商业模式画布

商业模式并不仅是各种商业要素的简单组合。商业模式的构成要素之间必然存在着内在联系，一个好的商业模式可以把这些要素有机地联系在一起，从而阐明某个企业或某项活动的内在商业逻辑。只有其内部构成要素协调一致，才能阐明创造价值、传递价值和实现价值的商业逻辑。

一、认识商业模式画布

亚历山大·奥斯特瓦德提出的商业模式设计框架可以帮助我们厘清商业模式。该框架包含客户细分、价值主张、渠道通路、客户关系、收入来源、核心资源、关键业务、重要合作和成本结构9个关键要素。参照这九大要素就可以描绘分析乃至设计和重构企业商业模式。由于该框架是商业模式创新时召开会议或头脑风暴常用的工具，常由一面大黑板或一面墙来呈现，因而又被通称为商业模式画布，如图 6-1 所示。

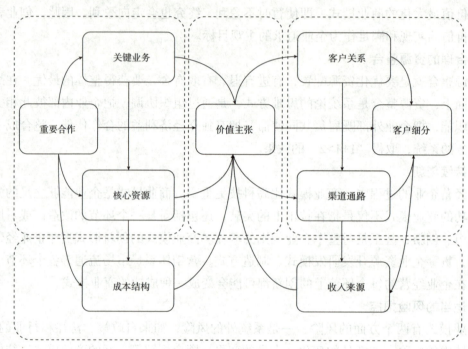

图 6-1 商业模式画布

二、商业模式画布的九大模块

1. 客户细分

客户是谁？这是一切商业活动的本源。客户细分是商业模式中的一个核心模块，它指的是企业根据客户的属性、特征等，依照一定的规则将客户分为多个类别。无论是潜在客户还是现有客户，企业都可以对他们进行细分。这样做的目的是更精准地满足客户的需求，提供差异化的产品或服务，从而提高竞争力和盈利能力。

案例 6-2

手机行业的客户细分

假设有一家手机制造公司，它的目标市场是广大的手机消费者。然而，如果这家公司把所有消费者视为一个统一的市场来进行营销和产品开发，那么这将是一项非常困难的任务，因为消费者的需求和偏好存在很大的差异。因此，这家公司可能会进行客户细分，将消费者划分为几个不同的群体。例如：

（1）年轻人：这个群体可能更喜欢具有创新功能和时尚设计的手机。他们可能愿意为了获取最新的技术和社交媒体应用而支付更高的价格。

（2）中年人：这个群体可能更看重手机的实用性和耐用性。他们可能需要一个拥有良好通话质量和长电池寿命的手机。

（3）老年人：这个群体可能对手机的易用性有较高的要求。他们需要大字体、简单的操作界面和强大的紧急联络功能。

思考：你认为还可以怎样对手机的用户进行细分？

2. 价值主张

在确定客户之后，要思考我们的服务和产品对于客户来说有什么价值。商业模式中的价值主张模块指的是企业提供给客户的独特价值，解释了为什么客户会选择这家公司而非其他公司。这个独特的价值解决了客户的问题或满足了客户的需求。价值主张不仅是一个产品或服务，它可能是产品的附加功能，也可以是带给顾客的心理上的感受，旨在满足特定客户群体的需求。

价值主张不仅是商业模式的核心部分，也是实现成功商业模式的关键步骤。

案例 6-3

参半：重新定义漱口水

有一家做漱口水的新品牌，叫作"参半"，成立4年，获得了10轮融资，字节跳动连续两轮追投。参半上线第二个月，就成为淘宝漱口水品类下的第二名，硬生生从老牌漱口水巨头李施德林手中抢下一大块市场。

参半的成功，除像其他新国货那样运用纯熟的互联网营销法外，更重要的是与老品牌实现各个方面的差异化定位。可以说，参半几乎是重新定义了漱口水这个产品。

（1）从产品功能上做差异。传统的漱口水定位为医疗用品，功效明确为"清洁口腔"；参半则将漱口水定义为像口香糖那样的日用品，主打功效"口气清新"。"清洁口腔"针对健康需求，而"口气清新"事关个人形象，针对社交需求。年轻人对口腔健康问题可能没那么重视，但对于个人形象一定是高度在意的。

（2）从产品设计上做差异。传统的漱口水大多为一成不变的医用蓝色，在口感上，因为添加了酒精，入口很辣口；在包装上，多为500毫升以上的大瓶，只能放在家里使用。而参半的包装则主打高颜值，采用粉红、粉蓝、粉紫等各种颜色；在口感上，创新无酒精的新配方；在包装上，采用条状小包装，一次用一条，方便携带。

（3）从产品渠道上做差异。传统漱口水是放在药店里，或者超市里与牙膏、牙刷等产品摆放在一起。参半新开发了便利店和美妆店路线。

参半的联合创始人张轶说:"以前的口腔护理产品,大家都是把它当药来卖,更多的是一种耐用品,就算是牙膏,消费者也不会经常买。"如今,口腔护理赛道最大的机会来自口腔护理消费品的快消化,也就是像矿泉水那样即买即喝,大量消耗。而要成为快消品,就必须想方设法降低用户的使用门槛,使用门槛降低了,购买频次才能上去。

参半对漱口水的重新定位,不是为了差异化而差异化,而是在围绕优化用户体验、降低使用门槛方面做文章。

资料来源:得到头条第218期,有删改.

3. 渠道通路

有了客户喜欢的服务和产品,那么现在来讨论传递的问题。用什么样的媒介?遵循什么样的流程来接触客户、传递价值、传播主张?是建立网站提供服务,还是代理分销最终放在客户可以看到的货架上?这些都是建立传播渠道要考虑的问题。一般来说,商品渠道可分为自有渠道与合作伙伴渠道。自有渠道可分为直接渠道(自建销售队伍,在线销售)和非直接渠道。合作伙伴渠道包括合作伙伴店铺与批发商等。

案例 6-4

虎邦辣酱:开创新渠道,成为外卖最佳伴侣

虎邦辣酱能短时间内成长为新一代消费品牌,一个关键就是选对了外卖渠道作为突破口。

辣椒酱江湖里,传统商超渠道被老干妈主导,其他品牌在价格和品牌影响力上都远远无法与其竞争。网购渠道,主流的淘宝、京东流量成本日益高涨,已成为所有大大小小品牌的必争之地,过了早期的红利阶段。新的小红书等内容阵地则成为新消费品牌们影响用户心智、建立品牌的主战场。作为一个新消费品牌,虎邦辣酱积极布局了网购渠道、小红书等内容渠道,但真正让其一炮而红的,是开创性地发现了外卖场景。

数据显示,2022年外卖用户数已增长至5.44亿人。这个5亿多人口的大渠道,刚好与辣椒酱的消费场景吻合。外卖产品主要为简餐,满足用户便捷的同时一定程度上损失了餐食的部分口味,变得寡淡。辣椒酱正好可以为餐食加重口味,弥补缺失的口感。

发现外卖这个超级渠道后,虎邦辣酱创始人陆文金快速建立了一个精通外卖运营的团队,以帮助外卖商家提供运营服务为切入点,快速地扩张到2万多家外卖网点。通过运营服务,建立了虎邦辣酱在外卖平台销售的基础。

4. 客户关系

有了客户产品并且建立了桥梁媒介,对于大多数商家来说,后面的问题在于如何稳住已有的客户并且持续地增加新的客户。客户的黏性和忠诚度需要良好的客户关系来保证,好的客户关系意味着能够追加销售和新的产品。因此，我们需要回答：客户细分群体希望我们与其建立和保持何种关系？哪些关系我们已经建立？这些关系的成本如何？如何把它们与商业模式的其余部分进行整合？

案例 6-5

海底捞的客户关系

海底捞成立于 1994 年，是一家以火锅为主打的中式餐饮企业。经过 20 多年的发展，海底捞已经成为中国火锅行业的领军企业，并在全球范围内开设了多家分店。海底捞的成功秘诀之一就是高度重视客户关系管理，将客户需求放在首位，为顾客提供极致的服务体验。

1. 海底捞的客户关系管理实践

（1）代客泊车：海底捞为顾客提供免费的代客泊车服务，让顾客在等待就餐的过程中感受到便捷与舒适。

（2）节约当道的点菜服务：海底捞的点菜服务不仅专业，还会根据顾客的口味和需求给出合适的建议，避免浪费。

（3）及时到位的席间服务：海底捞的服务员会定时巡场，确保顾客在就餐过程中享受到周到的服务。

（4）星级般的 WC 服务：海底捞的卫生间清洁程度堪称星级酒店水平，让顾客感受到细致入微的关怀。

（5）细致周到的餐后服务：用餐结束后，海底捞的服务员会主动询问顾客对餐品的满意度，并赠送免费的果盘和糖果。

2. 海底捞客户关系管理的效果

（1）问卷结果分析：根据相关报告，有 30% 的员工对客户关系管理非常了解，70% 的员工有点了解。这说明海底捞在客户关系管理方面的培训和传播做得非常到位。

（2）顾客满意度：海底捞凭借极致的服务体验，成功赢得了顾客的青睐，顾客满意度持续保持在较高水平。

（3）企业竞争力：通过实施客户关系管理，海底捞在火锅市场脱颖而出，成为行业内的佼佼者。

5. 收入来源

收入来源代表了企业从每个客户群体中获得的现金收益（需扣除成本）。如果说客户是一个商业模式的心脏，那么收入来源便是该商业模式的动脉。主要回答以下问题：什么样的价值能让客户愿意付费？他们付费买的是什么？他们是如何付费的？他们更愿意如何付费？每项收入来源占总收入的比例是多少？

一般而言，收入来源主要包括资产销售、使用收费、订阅收费、租赁收费、授权收费、经济收费、广告收费等。

案例 6-6

美团优选的收入来源

美团优选的盈利模式主要基于其独特的商业模式和运营策略,具体来说,主要体现在以下几个方面:

(1)商品销售是美团优选的主要收入来源。美团优选通过其线上平台,为消费者提供丰富多样的商品选择,从食品、日用品到生鲜等应有尽有。消费者下单购买后,美团优选会从每笔交易中抽取一定比例的佣金,这是其主要的盈利方式。同时,美团优选还通过优化供应链、降低采购成本等方式,提供具有竞争力的价格,从而吸引更多消费者,实现销售增长和盈利提升。

(2)广告和品牌推广也是美团优选的重要盈利途径。美团优选平台拥有大量的用户流量和精准的用户画像,为品牌商家提供了良好的广告推广渠道。商家可以在美团优选平台上投放广告,提升品牌曝光度和销售额,而美团优选则通过提供广告位和精准营销服务,获取广告费用。

(3)美团优选还通过会员制度、优惠券等方式,增加用户黏性和消费频次,进一步提升盈利能力。例如,用户可以通过购买会员享受更多优惠和特权,而美团优选则通过会员费增加收入来源。同时,美团优选还会定期发放优惠券,吸引用户下单购买,从而增加销售额和盈利。

(4)美团优选还通过与其他业务板块的协同合作,实现资源共享和互利共赢。例如,美团优选可以与美团外卖、美团酒店等业务板块进行合作,共同推广商品和服务,提升整体销售额和盈利能力。

美团优选的盈利模式具有多样性和灵活性,既依赖于商品销售和广告推广等传统盈利方式,又不断创新和优化运营策略,拓展新的盈利途径。这使美团优选能够在激烈的市场竞争中保持领先地位,实现持续稳健的发展。

6. 核心资源

前面的五个部分讨论了很多规划,从现在开始将讨论如何实施这些规划。首先要讨论的就是资源,考虑需要哪些核心的资源才能保证前述的五个方面能顺利地搭建起来,是需要资金还是人力,或者知识产权,或者某些固定资产,只有准备好"食材"我们才能开始"炒菜"。

每一种商业模式都需要一些核心资源。这些资源使企业得以创造并提供价值主张,获得市场,保持与某个客户群体的关系并获得收益。不同的商业模式需要的核心资源是不同的。例如,一个微芯片制造商需要的核心资源是资本密集型的生产设备,而微芯片设计商则更聚焦于人力资源。

核心资源包括实物资源、金融资源、知识性资源及人力资源。核心资源可以是自有的,也可以租赁,还可以从合作伙伴处获得。

案例 6-7

瑞幸咖啡的核心资源

瑞幸咖啡作为我国咖啡市场的一股新兴力量，其核心竞争力主要体现在两个方面。

首先，它独具特色的品牌形象和精准的品牌定位，这是吸引众多消费者选择的关键因素。瑞幸咖啡以"价格低、品质高"的品牌形象，成功打破了咖啡市场的高端壁垒，让更多的消费者能够享受到高品质的咖啡。这种亲民的形象，使瑞幸咖啡在市场上拥有极高的认知度和好感度。

其次，瑞幸咖啡强大的IT技术也是其核心竞争力之一。正是凭借这一点，瑞幸咖啡实现了精准营销、产品定制和精准开店。通过大数据分析，瑞幸咖啡能够深入了解消费者的消费习惯和喜好，从而实现精准营销。同时，借助先进的IT技术，瑞幸咖啡还可为消费者提供个性化的产品定制，满足他们的个性化需求。而在开店方面，瑞幸咖啡精准选址和店铺布局，使每一家门店都能处于最佳的位置，以满足周边消费者的需求。

7. 关键业务

"食材"准备好了，现在该考虑做哪些"菜"的问题了，开展哪些活动才能体现价值主张？建立怎样的渠道才能传播服务和产品？维系客户关系如何落地转化成为可操作的解决方案？这些就是我们的关键业务。

一般来说，关键业务可分为三种类型：一是制造产品，与设计、制造及配送产品有关，是企业商业模式的核心；二是平台/网络，网络服务、交易平台、软件甚至品牌都可被看作平台，与平台管理、服务提供和平台推广有关；三是问题解决，为客户提供新的解决方案需要知识管理和持续培训等业务。

案例 6-8

华为的技术研发优势

华为的关键业务在于其技术创新和研发实力，以及在全球范围内的通信设备供应和解决方案提供，应该说华为的技术创新和研发实力是其商业模式中的核心。

首先，华为拥有强大的研发实力。华为持续投入巨额资金用于研发，每年的研发投入占销售收入的比重一直保持在高位。根据公开数据显示，华为近十年累计投入的研发费用超过人民币1.11万亿元，坚持每年将10%以上的销售收入投入研究与开发。其中，2023年华为研发费用支出为1 647亿元，占全年收入的23.4%。这种持续、大规模的研发投入使华为能够不断创新，推出具有竞争力的产品和服务。同时，华为的研发团队规模庞大，拥有众多高素质的研发人员，他们在通信技术、人工智能、云计算等多个领域进行深入研究，为公司的技术创新提供了有力支持。

其次，华为在技术创新方面取得了显著成果。华为在5G技术、人工智能、云计算等领域都拥有领先的技术实力和专利布局。例如，在5G技术方面，华为拥有大量的5G专利,并在全球范围内提供了广泛的5G解决方案和设备。这些技术创新成果不仅提升了华为的市场竞争力,也为全球通信行业的发展做出了重要贡献。

华为注重与全球合作伙伴建立紧密的合作关系,共同推动技术创新和产业发展。华为与全球顶尖的科研机构和高校建立了广泛的合作关系,通过产学研合作,共同研发新技术、新产品,推动行业进步。这种开放合作的研发模式使华为能够充分利用全球资源,加速技术创新和成果转化。

另外,华为还注重研发成果的转化和应用。华为不仅关注技术的创新,还注重将技术成果转化为实际的产品和服务,满足市场需求。华为的产品线涵盖了通信设备、智能终端、云计算等多个领域,能够为全球客户提供全面的解决方案和服务。这种以市场需求为导向的研发策略使华为能够更好地满足客户需求,提升客户满意度。

华为在技术研发方面的优势主要体现在强大的研发实力、显著的技术创新成果、紧密的合作伙伴关系及注重研发成果的转化和应用等方面。这些优势使华为能够在激烈的市场竞争中保持领先地位,为未来的可持续发展奠定坚实基础。

8. 重要合作

重要合作用来描述商业模式有效运作所需要的供应商与合作伙伴的网络,需要考虑:谁可以作为我们的伙伴?我们能从伙伴那里获得什么核心资源?我们能为伙伴带来什么价值?重要伙伴可分为四类:非竞争者之间的战略联盟关系;竞争者之间的战略合作关系;为开发新业务而构建的合作关系;为确保可靠供应的采购商而建立的供应商和采购商的关系。

案例 6-9

腾讯与万达的联动

腾讯(Tencent)是中国领先的互联网技术公司,涵盖社交、媒体、娱乐等多个领域。万达集团(Wanda Group)是中国最大的私营企业之一,业务包括商业地产、文化产业、旅游业等。在数字化转型和消费升级的大趋势下,双方看到了线上线下融合的巨大潜力。为了共同探索新的商业模式并扩大各自业务的市场份额,腾讯与万达展开了一系列深入的合作。

(1)成立合资公司:腾讯与万达合作成立了一家名为"丙晟科技"的合资公司,旨在整合双方资源,打造线上线下融合的新型消费模式。

(2)智慧商场解决方案:丙晟科技推出了一套智慧商场解决方案,利用腾讯的技术优势,如大数据分析、人工智能、微信小程序等,为实体商场提供客流量分析、智能导购、无人零售等数字化服务,以提升顾客体验和提高运营效率。

(3)微信支付入驻万达商场:作为合作的一部分,万达商场全面接入微信支付,为消费者提供便捷的支付方式,并通过微信平台为商场导流。

(4)内容与娱乐联动:腾讯旗下的游戏、影视、音乐等内容资源与万达的线下场景结合，例如，在万达电影院内推出与腾讯相关的电影主题活动，或者在万达主题公园内设置腾讯游戏IP的体验区，吸引消费者参与。

（5）新零售探索：双方共同探索新零售模式，将腾讯的线上流量和技术支持与万达的线下商业地产资源相结合，打造全新的零售生态。例如，通过微信小程序为消费者提供线上预订、线下提货的服务，或者在万达商场内设置特色体验店，展示和销售腾讯旗下的智能硬件产品。

通过这次合作，腾讯和万达不仅在商业模式上实现了创新，还在市场上取得了显著的成绩。万达商场通过引入腾讯的技术和服务，成功吸引了更多年轻消费者，提升了商场的竞争力和品牌影响力。同时，腾讯也借助万达的线下资源，拓宽了其在实体商业领域的布局，为消费者提供了更加丰富的线下体验。另外，双方的合作还为中国的新零售行业树立了一个成功的典范，推动了整个行业的创新和发展。

9. 成本结构

成本结构是用来描述运营一个商业模式所产生的所有成本的总和。创造和传递价值、维护客户关系及创造收益都会发生成本。主要回答以下问题：什么是商业模式中最重要的固有成本？哪些核心资源花费最多？哪些关键业务花费最多等。

可以将商业模式的成本结构宽泛地分为两个类型——成本导向型和价值导向型。

（1）成本导向型。成本导向型的商业模式聚焦于最大限度地将成本最小化。这种方式的目标在于创造并维持极精简的成本结构，采取的是最低价的价值主张、自动化生产及广泛的业务外包。例如，廉价的航空（如西南航空、易捷航空）、经济型酒店（如宜家连锁酒店、七天连锁酒店）都是成本导向型商业模式的典型代表。

（2）价值导向型。有些企业在设计商业模式时，不关注成本，而更多地关注价值创造。通常更高端的价值主张和高度的个性化服务是价值导向型商业模式的特点。例如，企业为客户提供极致或专属服务、奢华的设施，都属于此范畴。

任务三　商业模式类型设计

每个创业者都想为自己的企业设计一个独特、全新的商业模式。虽然商业模式创新是一件非常困难的事情，但很多企业都在模仿、改进现有的商业模式，或在与现有商业模式竞争的基础上收获了巨大成功。

一、常见的商业模式类型

恰当的商业模式能够帮助企业走向巅峰，而错误的、滞后的商业模式会让企业折戟沉沙。企业能够实现发展越来越依赖于其运用恰当的创新型商业模式的能力。下面介绍几种常见的商业模式。

1. 多边平台式商业模式

多边平台式商业模式是一种具有普遍性的商业模式，传统的农贸市场就是典型的多边平台式商业模式，表现为某个机构提供一个固定场所，为到这个场所交易的多个购买者和销售者提供相应的服务，以此获得利润。这个平台上至少有平台机构、销售者和购买者三方参与。

在很长时间里，这种模式并没有引起人们的过多关注，随着信息技术的发展，这种平台有了新的表现形式——基于互联网的交易平台，并得到迅猛发展。多边平台式商业模式日益成为这个时代重要的商业模式。百度、淘宝、微信、京东、当当网、起点中文网等都是利用现代信息技术发展起来的多边平台式商业模式的经典案例。

多边平台式商业模式的特点是前期投资期限较长，投入资金巨大，一旦突破一定的规模，平台方就有多处赚钱且很难被超越。平台作为各个利益相关者的中介方，其成功的关键是打造足够大的平台，必须同时吸引和服务所有客户群体；产品更为多元化和多样化，更加重视用户体验和产品的闭环设计。如此，淘宝网这个平台上聚集了商家、消费者、广告商、金融机构等多方参与者，同时，满足了这些参与者交易的需要、资金安全的需要、信息分析的需要，从而获得巨大的成功。例如，在起点中文网这个平台上，作家和读者可以对接，而网站从中获得利润分配。

2. 长尾式商业模式

长尾市场也称为利基市场。"利基"一词是英文"Niche"的音译，有拾遗补阙或见缝插针的意思。菲利普·科特勒在《营销管理》中给利基的定义为：利基是更窄地确定某些群体，这是一个小市场并且它的需要没有被服务好，或者说"有获取利益的基础"。通过对市场的细分，企业集中力量于某个特定的目标市场，或严格针对一个细分市场，或重点经营一个产品和服务，创造出产品和服务优势。

传统商业观念认为，企业只能面向大众用户大批量提供少数几种产品，通过规模效应降低成本和价格，以大批量的销售获得利润。随着信息技术的发展，物流和供应链技术与管理水平的提升，现在为利基市场即"长尾市场"提供种类多而数量少的产品，也能够取得与追求规模化销售、为大众市场服务的企业一样甚至更高的盈利水平。

长尾理论最早由克里斯·安德森于2004年提出，用来描述如亚马逊和Netflix之类网站的商业及经济模式。过去，人们只能关注重要的人或重要的事情，如果用正态分布曲线来描绘这些人或事，人们只能关注曲线的"头部"，而将处于曲线"尾部"、需要更多精力和成本才能关注到的大多数人或事忽略。例如，在销售产品时，厂商关注的是少数几个所谓的"VIP"客户，"无暇顾及"大多数的普通消费者。而在网络时代，由于关注的成本大大降低，人们有可能以很低的成本关注正态分布曲线的"尾部"，关注"尾部"产生的总体效益甚至会超过"头部"。例如，某著名网站是世界上最大的网络广告商，它没有一个大客户，收入完全来自被其他广告商忽略的中小企业。安德森认为，网络时代是关注"长尾"、发挥"长尾"效益的时代。

安德森认为，长尾经济具有以下六个特点。

（1）在任何市场中，利基产品都远远多于热门产品，而且由于技术的发展，利基产品的比重以指数级速度增长。

（2）获得利基产品的成本正在显著下降，且利基市场有能力供应空前丰富的产品。

（3）随着需求搜索和自动推荐等技术与工具的发展，个性化的利基产品很容易被找到。

（4）需求曲线日益扁平化，即热门大批量产品的流行度会下降，出现越来越多的利基产品。

（5）虽然利基产品单个销量有限，但大量各类的利基产品销量聚合起来，会形成一个与大众产品市场相抗衡的大市场。

（6）基于上述五点，需求将不受供给瓶颈、信息匮乏和空间有限性限制。

总之，长尾式商业模式是基于强大的平台和低成本的物流与供应链，注重向个性化消费市场提供种类繁多而数量很少的产品和服务而形成的一种新型商业模式。

案例 6-10

唯品会：长尾式商业模式的优秀践行者

在我国电商市场中，唯品会无疑是一个独具特色的平台。它以长尾式商业模式为核心，致力于解决品牌商过季尾货的处理问题，同时通过互联网限时特卖的方式刺激消费者冲动型消费。在激烈的市场竞争中，唯品会不仅成功填补了为有时尚个性需求的消费者提供集中打折商品的市场空白，还为众多时尚品牌提供了一个体面处理库存的平台，确保了充足的货源供给。

首先，从品牌商的角度来看，唯品会为他们提供了一个体面的库存处理平台。在过去，过季商品的处理往往让品牌商头疼不已，不仅要承受巨大的经济损失，还可能影响品牌形象。而如今，通过与唯品会合作，品牌商可以将过季商品以限时特卖的形式出售，既降低了库存成本，又避免了直接降价对品牌形象的影响。

其次，从消费者的角度来看，唯品会为他们带来了丰富的折扣商品。消费者在平台上可以轻松找到各种时尚、个性化的商品，满足其多样化的需求。同时，限时特卖的形式也激发了消费者的购买欲望，促使他们果断下单。这种模式不仅让消费者以更低的价格购买到心仪的商品，还帮助他们紧跟时尚潮流。

最后，从市场角度来看，唯品会的出现填补了集中打折商品市场的空白。在过去，消费者要想购买折扣商品，往往需要四处寻找。而如今，唯品会为消费者提供了一个集中购买的平台，让他们能够更便捷地满足需求。另外，随着越来越多的品牌商加入唯品会，平台的货源供给也得到了保障，使消费者可以享受到更多优质的折扣商品。

总之，作为长尾式商业模式的优秀代表，唯品会成功地将品牌商、消费者和市场三者紧密联系在一起，实现了多方共赢。

3. 免费式商业模式

近年来，免费成了一种非常流行的商业模式，各种免费模式让人眼花缭乱，免费正在颠覆人们传统的商业观念，让消费者体验到了一种全新的商业模式。

对企业来说，免费也成为突破旧发展模式、实现后来居上的赶超模式。例如，百度绝大多数信息让用户免费搜索，绝大部分电子邮箱是免费使用，微信免费给用户提供了一个社交场所等。有的人可能会想，这仅是互联网时代才有的现象。实际上，早在互联网出现之前，免费模式已经发挥了巨大的商业威力。人们熟知的吉列剃须刀技术就是由免费模式发展起来的，克里斯·安德森针对这些现象又提出了免费式商业模式的概念，并获得广泛认同。

免费式商业模式就是在某个市场，至少有一个庞大客户群可以持续享受到免费产品或服务，通过交叉补贴（即以其他细分客户付费的方式给免费客户提供补贴）支撑企业运营并实现盈利的商业模式。

交叉补贴方式有很多：用付费产品补贴免费产品，如用昂贵的爆米花补贴不怎么赚钱的电影票；用日后付费补贴当前免费，如中国移动免费赠送手机，用户必须使用两年以上公司的通信服务；付费人群补贴不付费人群，如用户可以通过百度免费得到信息，由广告商替用户支付相关费用

案例 6-11

360 的免费模式

360 公司，全称奇虎 360 科技有限公司，是中国一家知名的互联网安全公司，以其免费安全产品闻名。该公司的商业模式主要基于为用户提供免费的安全软件和相关服务，在此基础上通过广告、增值服务和数据分析等方式实现盈利。

360 免费的核心在于其安全产品，如 360 安全卫士和 360 杀毒软件。这些产品免费提供给用户，帮助他们防御病毒、木马和其他网络威胁。这种免费模式吸引了大量的用户基础，为公司积累了庞大的用户群和市场份额。与其他收费的安全软件相比，360 的产品由于免费而具有显著的市场竞争力，迅速在用户中传播开来。

尽管 360 的产品免费，但公司并非简单地依靠捐赠或慈善活动来维持运营。相反，它采用了一系列巧妙的商业策略将巨大的用户基础转化为收入。首先，360 在其安全软件中嵌入了广告，这些广告为公司带来了可观的广告收入。其次，公司还提供了一系列增值服务，如安全加固、系统优化、云存储等，虽然这些服务大多也有免费的选项，但为了获得更好的体验，许多用户愿意支付额外费用。另外，360 还通过为企业用户提供定制化的安全解决方案和技术支持来获取 B2B 领域的收入。这包括企业级的安全产品、安全评估和咨询服务等。这些服务通常是基于订阅或项目收费的，为企业客户带来了稳定的收入来源。

另一个重要的收入来源是数据。作为一个拥有数亿用户的安全公司，360 积累了

大量的用户行为数据。这些数据对于广告商和市场研究者来说极其宝贵。通过分析和处理这些数据，360能够提供精准的广告投放服务和市场洞察，从而开辟了新的收入渠道。

360的商业模式还包括与其他公司和开发者的合作。例如，通过与手机制造商合作预装其安全软件，360能够进一步扩大用户基础并从合作伙伴那里获得收益。同时，360也通过应用商店等平台，帮助其他开发者推广应用，从中抽取一定的分成作为收入。

总体来说，360免费的商业模式是一种典型的"免费基础服务＋多元化盈利渠道"的策略。它以免费产品吸引用户，然后通过广告、增值服务、企业服务、数据服务和合作伙伴关系等多种方式实现商业化。这种模式的成功依赖于持续的用户增长、产品和服务的创新及对市场变化的快速响应。通过这些策略，360不仅在国内市场取得了成功，也在国际市场上扩展了其影响力，成为中国互联网公司中的佼佼者。

4. 非绑定式商业模式

非绑定式商业模式认为，企业会因经济因素、竞争因素和文化因素的驱动而形成不同业务，这些业务包括产品创新型业务、客户关系型业务和基础设施型业务。这三类业务的职责各不相同：产品创新型业务的职责是开发新的及有吸引力的产品和业务；客户关系型业务的职责是搜寻和获取客户并与客户建立良好关系；基础设施型业务的职责是构建和管理平台，以支持大量重复性工作。绑定式理论认为，这三种业务类型受不同因素的驱动，在同一组织中这些业务类型彼此之间会发生冲突，或导致不利的权衡妥协，因而，主张在一个企业内分离三种业务，一个企业的业务应该聚焦于其中某一项。

非绑定式商业模式对综合型业务公司和为大型企业服务的中小型企业的商业模式设计具有很好的参考意义。例如，传统的移动通信企业一般都同时经营三种业务，即语音、数据和内容的产品业务；设备管理、网络维护与运营的基础设施管理业务；客户获取、客户维护的客户关系业务。国外已有企业将网络维护运营外包给电信设备制造商，国内通信企业也经常与第三方在新技术、新服务和媒体内容等方面合作，并取得了不错的效果。

二、设计商业模式的方法

商业模式对于企业发展影响重大，即便已经设计了一个独特的商业模式，也会面临其他企业快速模仿或利用相似的商业模式开展竞争的不利情况。因此，设计商业模式极为重要。通常来说，设计商业模式的方法主要有以下几种。

1. 全盘复制法

全盘复制法比较简单，即对经营状况良好的企业的商业模式进行简单复制，根据自身企业状况稍加修正。全盘复制法主要适合同行业的企业，特别是细分市场、目标客户、主要产品相近的企业，甚至可以直接对竞争对手的商业模式进行复制。全盘复制优秀企业的商业模式需要注意以下几点：

（1）复制不是生搬硬套，需要根据企业自身的区域、细分市场和产品特性进行调整。

（2）要注重对商业模式细节的观察和分析，不仅在形式上进行复制，更要注重在流程和细节上进行学习。

（3）为避免和被复制对象形成正面竞争，可在不同时间和区域对商业模式进行复制。

2. 借鉴提升法

通过学习和研究优秀的商业模式，对商业模式中的核心内容和创新概念予以适当提炼与节选，并对这些创新点进行学习。如果这些创新点比企业现阶段商业模式中的相关内容更符合企业发展需求，企业就应结合实际需要，引用这些创新概念并发挥其价值。通过引用创新点来学习优秀商业模式的方法适用范围最为广泛，对不同行业、不同竞争定位的企业都适用。

案例 6-12

自如的商业模式

自如是中国最大的长租公寓品牌，其商业模式的借鉴提升主要体现在以下几个方面：

（1）创新业务模式：自如通过租赁+服务的模式，将传统的房屋租赁业务进行了升级。除提供房源外，还提供了装修、家具、维修等一系列服务，大大提高了用户的居住体验。

（2）数据驱动：自如通过大数据技术，对用户的租房需求、行为习惯等进行深度分析，以提供更精准的服务。同时，也通过数据分析，对房源进行精细化管理，提高运营效率。

（3）社区化运营：自如通过建立线上社区，增强了用户的黏性和活跃度。用户可以在社区中分享生活经验，互相帮助，形成了良好的社区氛围。

（4）金融创新：自如与金融机构合作，推出了租金分期、押金贷款等金融服务，降低了用户的租房压力，提高了用户的租房意愿。

（5）品质保障：自如对房源的质量有严格的把控，所有房源都需要经过专业的房屋检测和装修设计，确保房源的安全和舒适。同时，自如还提供了24小时的客服服务，解决用户在使用过程中遇到的任何问题。

3. 逆向思维法

通过对行业领导者商业模式或行业内主流商业模式的研究学习，模仿者有意识地进行反向学习，即市场领导者商业模式或行业内主流商业模式如何做，模仿者则反向设计商业模式，直接切割对市场领导者商业模式或行业内主流商业模式不满意的市场份额，并为它们打造相匹配的商业模式。

采用逆向思维法时需要以下三个关键点。

（1）找到市场领导者商业模式或行业内主流商业模式的核心点，并据此制定逆向商模式。

（2）企业在选择逆向思维法制定商业模式时，不能简单追求反向，要确保能够为消费者提供更高的价值，并能够塑造新的商业模式。

（3）防范行业领导者的报复行动，评估行业领导者可能的反制措施，并制定相应的对策。

案例 6-13

蒙牛的逆向思维

一个经典的逆向思维在商业领域的案例是中国蒙牛乳业的创始人牛根生。1999年，蒙牛成立之初，牛根生在品牌营销上展现了其独特的逆向思维。首先，他选择了"内蒙古乳业第二品牌"作为其品牌定位。这一策略的背后是牛根生的换位思考：考虑到与伊利的复杂关系及未来可能面临的竞争压力，他选择"向伊利学习"作为掩护，实际上是为了积蓄力量，为未来的竞争做好准备。其次，当伊利放弃了"草原概念"并转而定位为"心灵的天然牧场"时，牛根生再次采取了与众不同的策略，强调蒙牛的"草原出身"，使其成为"草原品牌"的代表，从而在消费者心中树立了一个全新的品牌形象。

这个案例展示了逆向思维在商业模式制定中的巨大价值，它帮助蒙牛在竞争激烈的市场中脱颖而出，成功打造了一个与众不同的品牌形象。

4. 关键因素法

关键因素法是以关键因素为依据来确定商业模式的设计方法。商业模式中存在多个因素影响设计目标的实现，其中若干个因素是关键的和主要的。关键因素法通过对关键因素的识别，找出实现目标所需的关键因素集合，确定商业模式设计的优先次序。采用关键因素法设计商业模式主要有以下五个步骤。

（1）确定商业模式设计的目标。

（2）识别所有关键因素，分析影响商业模式的各种因素及其子因素。

（3）确定商业模式设计中不同阶段的关键因素。

（4）明确各关键因素的性能指标和评估标准。

（5）制订商业模式的实施计划。

5. 价值创新法

对于一些从未出现过的商业模式，往往需要进行创新设计，即通过价值要素的构建、组合等设计出新的商业模式。这一点在互联网企业表现尤为明显。例如，盛大网络最先创建网络游戏全面免费、游戏道具收费的模式，开创了网游行业新的商业模式——CSP（Come-Stay-Pay）。至今各大网游公司依旧沿用这一商业模式运营。Airbnb 和 uber 创建的通过共享资源而获取收益的模式，也成为现今最流行的一种商业模式。

任务四　关于创业计划书

创业计划（Business Plan）也称企业计划、经营计划或业务计划，是一份对新建企业的内部环境、外部环境及企业的战略做出详细描述的书面文件。创业计划有时也称博弈计划（Game Plan）或路线图（Roadmap），用来回答这样一些问题：我们要去哪（Where）？怎样到达那里（How）？潜在的投资者、供应商和顾客有什么需要（What）？什么时候能满足这些需要（When）？要回答这些问题，要求创业者在做出一系列重大决策并在做出创业计划之前收集足够的信息。

一、创业计划书的作用

创业计划书不仅是一份书面的计划，而且是一个实实在在的行动纲领。创业计划书制定的是企业一到三年的规划。

1. 帮助创业者厘清思路，做出正确评价

在使用创业计划书融资前，创业计划书首先应该是给创业者自己看的。因此，创业者应该以认真的态度对自己所有的资源、已知的市场情况和初步的竞争策略做尽可能详尽的分析，并提出一个初步的行动计划，做到心中有数。另外，创业计划书还是创业资金准备和风险分析的必要手段。对初创的风险企业来说，创业计划书的作用尤为重要。一个酝酿中的项目，往往很模糊，如果通过制定创业计划书，把正反理由都书写下来，然后再逐条推敲，创业者就能对这一项目有更加清晰的认知。

2. 帮助创业者凝聚人心，有效管理

一份完美的创业计划书可以增强创业者的自信，使创业者明显感到对企业更容易控制、对经营更有把握。因为创业计划书提供了企业全部的现状和未来发展的方向，也为企业提供了良好的效益评价体系和管理监控指标。创业计划书使创业者在创业实践中有章可循。创业计划书描绘新创企业的发展前景和成长潜力，使管理层和员工对企业及个人的未来充满信心，并明确要从事什么项目和活动，从而使大家了解将要充当什么角色，完成什么工作，以及自己是否胜任这些工作。因此，创业计划书对于创业者吸引所需要的人力资源、凝聚人心具有重要的作用。

3. 帮助创业者对外宣传，获得融资

创业计划书作为一份全方位的项目计划，它对即将展开的创业项目进行可行性分析，也在向风险投资商、银行、客户和供应商宣传拟建的企业及其经营方式，包括企业的产品、营销、市场及人员、制度、管理等各个方面。在一定程度上也是拟建企业对外进行宣传和包装的文件。

4. 指导创业行动

在撰写这份计划书的思考过程中，创业者可以清楚地看到，什么才是未来事业成功中最重要的因素。在计划书中可以将创业者的经营计划及如何实现它写得清清楚楚。

5. 提供创业信息

一份制作规范、专业的创业计划书就等于创业者的第一张创业名片。它会告诉创业者的资金支持者这不仅是一个浓缩的商业计划，同时，也将成就一个未来有信誉、有实力的企业家。创业者在创业初期获得的信任就从这里开始。

案例 6-14

张某的创业计划

张某毕业于某名牌大学，经过多年的业余研究，他在室内环境污染治理方面取得了一项重要突破，这项技术如果在实际中得到应用，前景非常广阔，于是，张某便辞去原来的工作，准备自己创业。但由于多年的积蓄都用在了室内环境污染治理的研究上，在七拼八凑注册了一家公司后，已经无力再招聘员工、试验材料了。无奈之下，张某想到了风险投资基金，希望通过引入合作伙伴的方式解决困境。为此，他多次与一些风险投资机构或个人投资者接洽商谈，虽然张某反复强调他的技术多么先进，应用前景多好，并拍着胸脯保证投资他的公司回报绝对低不了，但总是难以令对方相信，而且他对于投资人问到的多项数据也没有办法提供，如市场需求量具体有多少？一年可以有多少销售量？投资后年回报率有多高？就连招聘一些技术骨干也比较困难，这些人也总是对公司的前景缺乏信心。

这时，曾经在张某注册公司时帮助过他的一位做管理咨询的朋友一句话点醒了他。"你的那些技术有几个投资者搞得懂？你连一份像样的创业计划书都没有，怎么让其他人相信你？投资者凭什么相信你？"于是，在向相关专家请教咨询后，张某又查阅了大量的资料，然后静下心来，从公司的经营宗旨、战略目标出发，对公司的技术、产品、市场销售、资金需求、财务指标、投资收益、投资者的退出等方面进行了分析和论证。当然，在这个过程中，他还不时进行一些市场方面的调查。一个月后就拿出了一份创业计划书初稿，经过几位相关专家的指点，又再次进行了修改和完善。凭着这份创业计划书，张某不久就与一家风险投资公司达成了投资协议，有了风险投资的支持，员工招聘问题也迎刃而解。

思考：为什么张某最开始的保证无法令投资者相信，甚至连招聘技术骨干都很困难？创业计划书对张某的成功起到了什么作用？

二、创业计划书的撰写原则

（1）目标性。创业计划书要有明确目标，优势突出。创业的目的不仅包括追求经济效益，还包括企业的成长和发展。

（2）完整一致性。创业计划书应要素齐全、内容充实、通俗易懂、结构严谨、风格统一，前后基本假设或预估要相互呼应、逻辑合理。

（3）突出竞争优势。创业计划书要将企业的各种竞争优势，如资源、经验、产品、市场及经营能力等一一呈现，做到详略得当。

（4）团队协作性。创业计划书要能展现组建创业团队的思路、团队人员的作用，尽可能地突出专家的作用及专业人才队伍水平，并明确团队核心人物。

（5）市场导向性。创业计划书要明确指出企业的市场机会与竞争威胁，能充分显示出创业者对市场现状的掌握情况及对未来发展的预测能力。

（6）客观实际性。创业计划书要有理有据、循序渐进。创业计划书中的一切数字要尽量客观、实际，以实际资料作证。切忌凭空主观臆断高估市场的潜力和价值，低估经营成本。创业计划书中对各项工作的安排要循序渐进、有条不紊、可操作性强。

拓展阅读

创业计划书中的常见错误

1. 忽略现金流

最早期的商业计划几乎完全集中在盈利能力，如相关费用支出如何能够产生更多的利润。但是，更重要的是要考虑现金流的概念。从技术上讲，企业可以在纸上"有利可图"。但仍有现金流问题。想象在一个场景中，账单堆积和客户不按时支付发票，那么，负现金流可能会使公司陷入破产倒闭的境地。所以，确保现金流管理策略是创业计划书中重要的一部分。

2. 过多地表述个人想法

个人想法是很重要的，但在商业计划书里它不是最重要的。如果你把个人想法放在根本上，回避一些细节性的思考，如"这个想法很好，足够用来工作"，那么你已经创建了一个有缺陷的商业计划了。即使是最好的想法仍然需要一些实际的可操作方案来奠定成功的基础。你的重点应该是减少使用"什么"和"如何"、"哪儿"和"等到"之类的词语。

3. 没有具体目标

在设定目标时，你需要具体描述场景或长期模型，大多数初创企业家会跳过细节，只给一个模糊的描述，如"在前几年大幅增长"，而不是"在第一年销售增长40%，第二年销售增长30%"。这里有两个原因：一是懒惰（或缺乏提供更具体信息的渴望）；二是担心自己提供的数据可能是错的。数字可以是错的。但是，如果你想要得到一个可衡量和可操作的目标，就必须给出一个具体的描述。

4. 商业模型不现实

具体的目标往往并不足以让你的商业计划可行，你还需要设置现实的数据和期望值。大多数创业者会乐观地预测指数增长——他们的描绘中会有一段缓慢增长甚至没有增长的时期，紧随其后的是一个"临界点"，此后销售迎来爆炸式的增长。事实是，大多数企业并不会这样，设置不切实际的期望只会伤害自己。

任务五 创业计划书的撰写

创业计划书的内容不是千篇一律的,创业项目不同,创业计划书的用途不同,其内容也不尽一致,但其结构都是大致相同的。大多数创业计划书包括执行摘要、企业介绍、产品或服务、行业和市场分析、竞争对手分析、市场营销策略、管理团队、财务和融资计划、风险分析、附录10个部分。

一、执行摘要

执行摘要也称执行概览或简介,是创业计划书首页内容,也是整个创业计划书的高度概括。它是读者借以对你的创业计划做出快速决策的部分,因此它应该是整个创业计划书的精华。清晰、简洁的执行摘要应依序介绍创业计划书的各个部分,其中的章节顺序应该与创业计划书中的内容保持一致,每部分的标题以粗体现实。一般要在所有内容编制完毕后,再把主要结论性内容摘录于此,以求一目了然,在短时间内给读者留下深刻的印象,引起读者的共鸣和认可。

在执行摘要中,需要回答以下问题:
(1)存在无限商机的行业和市场环境。
(2)独特的创业机会,即你的产品或服务解决的顾客问题。
(3)取得成功的关键战略,即产品或服务的独特卖点,公司如何把产品或服务推向市场,或者相对于竞争对手来说,公司有哪些"秘密武器"。
(4)财务潜力,即预测的投资风险、投资回报。
(5)管理团队,即参与目标实现的这些人有什么特殊的能力或资源。
(6)所需的资金或资源,你希望从读者那里获得什么,数额是多少。

本部分编写建议:
(1)执行摘要不是创业计划书的引言或前言,而是对整个创业计划的概括。
(2)把执行摘要看作是一个任务宣言,可以让读者快速了解你的创业计划,引起读者的兴趣。
(3)执行摘要是创业计划书中最为重要的部分,虽然它是创业计划书的第一部分,但在编写时可以放在最后来写,待对其他部分有了更深度的理解后,再回过头来概括执行摘要。执行摘要一般2页左右比较合适。

二、企业介绍

该部分能够体现创业者是否善于把抽象的创意转换成具体的事项。企业介绍要对企业的发展历史、基本性质、业务目标等方面做出简单的介绍,让读者明白你们企业业务发展的目标是什么，为什么能够取得成功。该部分的描述应包括以下内容：

（1）你的企业所处的发展阶段，是处于酝酿阶段、初创阶段，还是准备扩张阶段。

（2）这项业务属于哪个行业，服务于哪些市场。

（3）目前财务状况如何。

（4）项目负责人是谁。

（5）企业地址在哪里。

本部分编写建议：

（1）先写下企业业务描述，再起草创业计划书，完成创业计划书后再重新修改公司业务描述。因为行业是处于不断变化中的，这么做可以帮助你明确具体是哪些领域发生了变化。

（2）如果你的产品或服务比较特殊、专业，你可以用一定的篇幅解释它是什么、它会如何发挥作用，帮助读者重点关注你们业务的独特之处。

案例 6-15

公司介绍

（1）本公司所创建的项目名称为"时尚休闲小食吧"。

（2）公司理念：为学生提供饮食及聚会聊天的空间；为社团、学生会提供小型活动的空间。

（3）经营思路：我们坚持以"服务消费者"为中心，将个性化与大众化结合起来开展业务。个性化与大众化相结合，是指在以大众化服务为标准的同时，店铺将会推出为消费者提供个性化的专属服务。

（4）战略目标：结合市场现状及公司自身的实际情况，我们计划每年获取利润大约 3 万元，通过 3 年的经营预计可以收回全部前期投资。

思考： 你认为这个公司介绍有哪些可取之处？存在哪些问题？

三、产品或服务

本部分主要介绍产品或服务的功能、应用领域、市场前景等，说明产品如何向消费者提供价值或所提供的服务方式有哪些，产品填补了哪些急需补充的市场空白等。产品或服务描述主要包括以下内容：

（1）产品名称。

（2）产品特性及性能用途。

（3）产品处于生命周期。

（4）研究开发过程及后续产品的技术改进和更新换代。

（5）新产品的研发计划。

（6）市场竞争力如何及市场前景预测。

（7）相应的产品成本。

本部分编写建议：

（1）说明要准确、通俗易懂，让非专业人员也能明白，尽量不要用一些业内人士才懂的"行话"，如果产品比较难以理解，可以附产品原型、照片或其他介绍。

（2）应该自卖自夸，但不要空口许诺。

四、行业和市场分析

这部分应重点说明目标市场，即选择购买你的产品或服务的这部分人的情况。相对于竞争对手，你们的产品和服务能更好地解决他们的问题或更好地满足他们的需求。在这部分，要围绕两个重点问题展开：一是你们在这个市场里有没有计划；第二，你们将如何运用这一机会。这部分主要包括以下内容：

（1）过去五年，该行业的销售总额是多少。

（2）该行业预计的增长率如何。

（3）过去三年，该行业有多少新进公司，该行业最近有什么新产品上市。

（4）进入该行业有哪些必需的资源、知识和技能。

（5）你的目标客户是谁，他们在哪，有什么特征。

（6）客户为什么能购买你的产品或服务。

（7）对于客户目前存在的问题你有什么解决方案。

本部分编写建议：

（1）在确定主要发展趋势时，要把你的全部信息记录下来，无论是从短期还是长期看，在调研阶段的原始数据和信息都会对你大有裨益。

（2）预测市场规模是一个棘手的问题，不要随便主观臆测，一定要有数据和客观资料作为支撑，否则会让读者产生怀疑。

（3）行业和市场分析如同一个参照点，它展示了行业中一般企业的运行情况和行业的总体发展趋势。在撰写创业计划书的过程中，要不断进行行业和市场的分析与对比。

案例 6-16

"绿色生活"环保公司的市场分析

行业概述：本公司是一家名为"绿色生活"的环保公司，专注于提供可持续的家庭用品和清洁产品。环保行业近年来得到了广泛关注，越来越多的消费者开始关注环保问题，并愿意为此支付一定的溢价。

市场规模：根据市场调查，全球环保产品市场规模在过去五年内以每年5%的速度增长，预计未来几年仍将保持稳定增长。在这个市场中，绿色生活的目标客户群是对环保有意识的消费者，他们愿意为环保产品支付一定的溢价。

竞争态势：目前市场上已经有一些竞争对手提供类似的环保产品，如某某品牌和某某品牌。然而，这些产品的价格通常较高，导致许多消费者望而却步。"绿色生活"的优势在于提供价格合理且性能优越的环保产品，有望吸引更多的消费者。

市场趋势：随着人们对环保问题的关注度不断提高，环保产品的市场需求预计将持续增长。另外，政府对环保产业的支持和鼓励也将有助于推动行业的发展。"绿色生活"将紧跟市场趋势，不断创新和优化产品，以满足消费者的需求。

目标客户：绿色生活的目标客户群是对环保有意识的消费者，他们关注产品的环保性能、价格和品质。这些消费者可能来自不同的年龄段、收入水平和地域背景，但他们都愿意为环保产品支付一定的溢价。

思考：你认为这个公司的市场分析有哪些可取之处？存在哪些问题？

五、竞争对手分析

竞争对手是指同一行业内与你们公司生产相似产品或提供相似服务的公司；也可以是生产的产品或提供的服务可以被划分为另一个行业里，但是你们面临着相似的客户问题的公司。竞争对手分析主要包括以下内容：

（1）你的竞争对手是谁。
（2）竞争对手的产品和服务，以及他们的优势和劣势。
（3）竞争对手的市场份额是多少。
（4）它们的市场营销策略是怎样的。
（5）它们成功的关键因素是什么。
（6）你们的产品和服务与竞争对手的产品服务有什么区别。

本部分的编写建议：

（1）市场始终处于变化中，对于竞争对手的分析也应该是一个持续地动态跟踪的过程。

（2）企业的竞争对手既包括企业面临的直接的、当前的竞争对手，也包括间接的、未来的竞争对手。

六、市场营销策略

企业营销成败直接决定了企业的生存命运。构思完整的创业计划的关键因素之一就是规划精密的市场营销和销售活动。营销策略的制定可以按照市场营销中经典的 4P 理论来构建。

（1）产品（Product）：产品是指企业提供给消费者的具体商品或服务。在市场营销中，产品包括了产品的功能、品质、设计、品牌、包装等方面。企业需要根据目标客户的需求和期望，不断优化和创新产品，以满足市场需求。

（2）价格（Price）：价格是指企业为产品设定的价格水平。价格策略是市场营销的重要组成部分，涉及定价方法、折扣政策、促销活动等方面。企业需要根据市场竞争状况、成本结构和目标客户的支付意愿，制定合理的价格策略。

（3）地点（Place）：地点是指产品从生产地到消费者手中的分销渠道。地点策略涉及产品的销售渠道、物流管理、库存控制等方面。企业需要选择合适的分销渠道，确保产品能够顺利地到达目标客户手中。

（4）促销（Promotion）：促销是指企业通过各种手段和活动，提高产品知名度和购买意愿。促销策略包括广告、公关、销售促进、直接营销等。企业需要根据目标客户的特点和喜好，制定有效的促销策略，以提高产品的市场份额。

本部分的编写建议：

（1）在制定具体的营销策略时，应该从客户的角度出发来确定你们的营销组合。

（2）营销策略是一个动态发展的计划，你要利用它来监管业务发展情况，并根据环境的变化对市场营销计划做必要的调整。

案例 6-17

元气森林的 4P 营销策略

这些年有个品牌火了，那就是元气森林，随着市场的更迭，年轻人成为消费的主力军，元气森林一直在随着市场更新换代，不断地契合年轻人的真正需求。事实上，让营销年轻化的方法只不过是改变 4P 的营销策略，逐步创造一套属于自己的新标准。

1. 产品（Product）：自带传播且惊艳的产品

在品类上，元气森林最初专注于两大细分市场：一是在无糖茶领域，推出了"燃茶"，重点是"无糖、油腻、燃茶"；二是气泡水领域，重点介绍了"0糖、0脂、0卡"的生产工艺。一方面抓住了想健康又舍不得好吃的消费者的心态，另一方面，包装也符合崇尚个性和价值至上的年轻观众的审美。

2. 价格（Price）：好用不贵且合理的价格

价格营销是指根据市场需求、合理制定价格，通过适当降低产品价格刺激市场销售。价格营销是企业营销组合的重要组成部分。消费者在购买商品时，价格的因素影响往往是决定商品能否成交的重大因素。对于元气森林来说，价格会比普通的产品稍微高一点，但是同时由于视觉设计效果分析及相关产品技术本身所带来的消费体验，以及社会消费的主流人群——年轻人群体来说，合理地使用了价格策略。

3. 渠道（Place）：体验完美且便捷的渠道

元气森林的营销恰逢互联网企业营销信息时代，通过年轻女性的"种草社区"——小红书精准广告投放关键词，获得一大波粉丝消费群体。通过直播互动，提升了流动性,改善了过去向报纸、杂志、问人的笨方法,充分把握互联网营销渠道,让消费者体验到完善便捷的品牌认知渠道,从而传播品牌认知,提高宣传质量。

4. 促销(Promotion):内容满满且个性的促销

产品与促销密不可分,在当前的市场发展形势下,内容营销可以更多地获得消费者的购买心理,通过一波明星背书和品牌植入,成功激活品牌的年轻形象,并利用其背后的粉丝经济塑造品牌认知。例如综艺节目《元气满满的哥哥》,创新、活力的节目色调与森林的形象非常协调。除了花样百出的综艺节目植入,元气森林还跨界国民手游《和平精英》、螺蛳粉品牌"好欢螺"等,不断输出品牌新鲜感,"圈粉"年轻人,并进一步扩大企业品牌声量。另外,元气森林并未放弃线下营销推广,大规模投放电梯广告,进入大众视野,成功刷过一波熟悉度。推广不是硬植入,对于元气森林来说,无论是品牌形象,还是各种营销渠道的"种草",年轻的营销思维充分显示出其差异化定位。

七、管理团队

管理团队是创业计划书中的核心部分,尤其是对于酝酿期和初创期的企业来说,管理团队是投资者重点关注的部分。该部分主要向投资者展现管理团队的结构、管理水平和能力,取得的业绩,职业道德和素质,尤其是与目前从事工作有关的经历。必要时,还可以介绍团队成员的经历和个人背景,以显示团队成员的互补性,以使投资者了解管理团队的能力,增强投资信心。此部分主要包括以下内容:

(1)团队成员的优势有哪些。
(2)团队成员曾做过哪些工作,取得过哪些成绩。
(3)团队成员在这个行业或与该行业相关的领域有多少经验,有哪些人际交往的圈子。
(4)他们分别会给公司的业务带来哪些知识、技能和特殊能力。
(5)团队成员对这项事业的热情和忠诚度。
(6)团队的缺点有哪些。

本部分的编写建议:要展现出团队与众不同的凝聚力和团结战斗的精神,可以在这一部分表现团队的管理哲学,证明团队足以支撑后续公司的发展。

八、财务和融资计划

财务和融资计划是创业计划的一个重要组成部分,展现公司财政现状和对未来的预测,以及对资金的需求数额。这里所描绘的财务状况体现着创业者对相关风险和投资回报的估算,是企业能否成功的有形证据。财务计划主要包括以下内容:

（1）制作利润表、资产负债表、现金流量表。
（2）提供将来三年的财务预测。
（3）需要的资金数额是多少。
（4）融资的主要用途是什么。
（5）投资资金如何运作，投资的预期回报率如何。
本部分的编写建议：
（1）企业需要花费较多的精力来做具体的财务分析，必要时最好与专家顾问进行商讨。
（2）对于中小企业来说，财务预测既要为投资者描绘出美好的合作前景，同时又要使这种前景建立在坚实的基础之上，否则会令投资者怀疑企业管理者的诚信或财务分析、预测及管理能力。

九、风险分析

没有风险分析的创业计划书是不完整的。创业带有一定的冒险性，创业过程中的风险通常会让人始料不及。风险分析不仅能打消投资者的疑虑，还能体现管理团队对市场的洞察力和解决问题的能力。风险分析主要分析企业可能面临的各种风险隐患，风险的大小及采取何种措施来降低或防范风险、增加收益等。风险分析的主要内容有：
（1）企业自身条件的限制，如资源限制、管理经验和生产条件等的限制。
（2）创业者自身的不足，包括技术、经验或管理能力的欠缺等。
（3）市场的不确定性。
（4）技术开发的不确定性。
（5）财务收益的不确定性。
（6）针对企业存在的风险，企业制定的风险控制与防范的对策和措施。
本部分的编写建议：
（1）分析企业可能面临的各种风险隐患，风险的大小及将采取何种措施来降低或防范风险、增加收益等。
（2）要采取客观、实事求是的态度，通过对企业所面临的各种风险认真分析，以取得投资者的信任，以利于引入投资后双方的合作。

十、附录

附件主要是对计划书中涉及的一些问题的细节和相关的证书、图表进行描述或证明，如企业的《营业执照》、专利证书、客户名单、工艺图、财务报表等。它与创业计划书主体部分一起装订成册。备查资料只需列出清单，待资金供给方有投资意向时查询。

任务六　创业项目路演

创业计划书完成后，如何在短时间内让创业项目被评委或投资方看到，路演是很重要的一环。创业项目路演是指企业或创业代表在讲台上讲解项目属性、发展计划和融资计划的活动。路演可以让评委或投资者在安静的环境里，真正了解公司的项目，从而做出更准确的判断。特别是对一些技术性强的项目，路演更能消除投资者看不懂和不理解项目的弊端。

一、项目路演的作用

相比文字、静态 BP 传递、表格交互等方式，创业项目通过路演来呈现，能够大大提升融资成功的概率，因为路演更为生动、真实，更能打动投资者。项目路演作用如下：

（1）路演是一种披露信息的方式。从展现形式上，路演包括文字、图片、视频、演讲、互动等内容；从展现的内容上，包括公司概况、行业分析、竞争分析、商业模式、公司发展战略、资金需求、团队成员、融资计划等。这种多角度、多媒体的完整信息披露方式，可以让投资者更为充分地理解创业项目。

（2）路演是一种增强信任的手段。信息披露的本质在于建立信任，而这种信任的建立对于达成投资合作是十分重要的。单纯的问题是有距离感的，因为文字可以包装，而路演可以使投资双方能够面对面零距离接触，能增强彼此的信任。

（3）路演是一种即时沟通的方式。路演特别具有现场感，必须由项目主要负责人现场讲解，特别强调即时沟通，这种没有经过深思熟虑的斟酌而直面问题的交流，往往更能反映项目的真实情况。尤其是在问答环节，双方可以通过互动交流将对彼此的了解达到新的高度。

可以说，项目路演是国内外很多企业实现融资的"高速公路"。通过路演，创业者与投资人实现零距离对话、平等交流、专业切磋，加深互相了解，最终实现融资推进。

二、项目路演的主要内容与技巧

1. 项目路演的主要内容

一般来说，创业项目路演主要包括以下内容：

（1）项目简介：首先，创业者需要简要介绍项目的背景、目标和愿景。这有助于让听众对项目有一个整体的了解。

（2）市场分析：创业者需要对目标市场进行深入的分析，包括市场规模、增长趋势、竞争对手、潜在客户等。这有助于证明项目的市场潜力和竞争优势。

（3）产品或服务介绍：详细介绍项目的核心产品或服务，包括功能、特点、技术优势等。这有助于让听众了解项目的价值主张和创新能力。

（4）商业模式：阐述项目的盈利模式、成本结构、定价策略等。这有助于证明项目的商业可行性和盈利能力。

（5）营销策略：介绍项目的市场推广、渠道建设、品牌塑造等方面的策略。这有助于展示项目的市场执行力。

（6）团队介绍：介绍项目的核心团队成员，包括背景、经验、技能等。这有助于证明团队的能力和信任度。

（7）财务预测：提供项目的财务预测，包括收入、支出、利润等。这有助于让听众了解项目的财务状况和发展前景。

（8）融资需求：明确项目的融资需求，包括金额、用途、期限等。这有助于吸引投资者的关注和支持。

（9）风险评估：分析项目可能面临的风险和挑战，以及应对措施。这有助于展示创业者的危机意识和风险管理能力。

（10）项目进展：介绍项目目前的进展情况，包括产品研发、市场推广、合作伙伴等方面。这有助于证明项目的实际成果和前景。

（11）成功案例或客户评价：如果有的话，可以展示项目已经取得的成功案例或客户评价，增加信任度。

总之，创业项目路演的目的是让听众全面了解项目的各个方面，从而吸引投资者和合作伙伴的关注及支持。因此，创业者需要在路演中充分展示项目的创新性、市场潜力、团队能力和商业可行性。

2. 创业项目路演的黄金圈法则

黄金圈法则是指在进行项目路演时，可以运用的一种思维和表达框架，它帮助创业者更有效地传达他们的理念、策略和行动计划。黄金圈法则具体如下：

（1）为什么（Why）：这是最核心的部分，是企业或项目存在的根本目的，是驱动我们前进的信仰和价值观。创业者需要清晰地传达自己的创业初心和愿景，让听众能够感受到那份热情和决心。例如，如果创业者想要解决某个社会问题，那么他们就需要明确阐述这个问题的严重性和紧迫性，以及他们的项目如何能够有效地解决这个问题。这样的表述不仅能够激发听众的情感共鸣，还能够让人们更加理解和支持创业者的梦想及目标。

（2）怎么做（How）：这部分是关于如何实现"为什么"的具体行动和策略。创业者需要向听众展示他们的行动计划、管理方式和创新方法，让人们看到他们是如何一步一个脚印地朝着目标前进的。例如，创业者可以详细介绍他们的市场调研结果、产品开发流程、营销策略等，以证明他们的项目是经过深思熟虑和精心策划的。同时，创业者还可以分享一些成功的案例或经验教训，以展示他们的应变能力和解决问题的能力。

（3）做什么（What）：最后，这部分是具体的产品、服务或结果。创业者需要向听众详细介绍他们的产品或服务，包括其功能、特点、优势等。例如，如果创业者推出的是一款智能手机应用，那么他们就需要详细介绍这款应用的功能特点、用户体验、市场前景等。同时，创业者还可以展示一些实际的产品原型或服务案例，让听众更加直观地了解他们的项目。

使用黄金圈法则的好处在于，它鼓励创业者从内而外的思考和表达，而不是仅停留在外在的产品或服务层面。这种方法能够帮助创业者更好地与投资者和评委建立情感连接，让他们看到项目背后的热情和承诺。

总的来说，在准备创业项目路演时，运用黄金圈法则可以帮助创业者更加系统地组织他们的思路，确保他们能够清晰、有力地传达出项目的核心价值和愿景，从而吸引投资者和合作伙伴的关注与支持。

3. 路演注意事项

在进行创业项目路演时，有一些关键注意事项可以帮助创业者更好地展示他们的项目并吸引投资者的注意。以下是一些重要的注意事项：

（1）明确目标：在准备路演之前，要明确自己的目标。是为了吸引投资、寻找合作伙伴还是增加曝光度？不同的目标可能会影响你的演讲内容和方式。

（2）了解受众：研究你的听众，了解他们的兴趣和需求。这将帮助你更好地定制演讲内容，使之更具吸引力。

（3）精炼核心信息：确保你的演讲中有一个明确的核心信息，这通常是你的商业理念、产品或服务的独特之处。要简洁明了，避免冗长和复杂的解释。

（4）讲故事：用一个吸引人的故事来展示你的项目。故事能够激发情感共鸣，使听众更容易记住你的项目。

（5）突出独特卖点：强调你的项目与众不同之处，解释为什么人们应该选择你的产品或服务而不是竞争对手的。

（6）数据支持：提供数据来支持你的观点，如市场规模、增长潜力、收入预测等。确保数据准确可靠。

（7）清晰展示幻灯片：如果使用幻灯片，保持设计简洁、专业，避免过多的文字或复杂的图表。幻灯片应作为你演讲的辅助工具，而不是主导。

（8）练习演讲：多次练习你的演讲，以确保流畅和自信。可以录制自己的演讲并进行回放，找出需要改进的地方。

（9）准备应对问题：预料可能会被问到的问题，并准备好回答。这显示了你对项目的深入理解和对潜在挑战的准备。

（10）时间管理：确保你的演讲在规定的时间内完成。通常，投资者的时间很宝贵，因此要确保信息传达得简洁有力。

（11）自信和热情：展现你对项目的热情和信心。投资者更愿意投资那些对自己的项目充满激情和信念的创业者。

（12）专业着装：根据活动的性质和文化，选择合适的着装。专业的形象可以给投资者留下良好的第一印象。

通过遵循这些注意事项，创业者可以提高他们在创业项目路演中的表现，更好地与投资者沟通，并提高获得成功的机会。

拓展阅读

创业项目路演 PPT 的制作技巧

（1）简洁明了：PPT 的内容应该简洁明了，避免使用过多的文字和复杂的图表。尽量使用简单的语言和清晰的图片来表达你的观点。

（2）逻辑清晰：确保你的 PPT 的逻辑结构清晰，每一页都应该有一个明确的主题，并且所有的内容都应该围绕这个主题展开。

（3）视觉效果：使用高质量的图片和视频，避免使用过于花哨的动画和过渡效果，这可能会分散观众的注意力。

（4）一致性：在整个 PPT 中保持字体、颜色和布局的一致性，这可以帮助观众更好地理解你的内容。

（5）互动性：如果可能的话，尝试在你的 PPT 中加入一些互动元素，如投票、问答等，这可以增加观众的参与度。

（6）时间控制：你的 PPT 应该能在规定的时间内完成，避免过于冗长或过于简短。

（7）备份：总是准备好一个备份的 PPT，以防止任何技术问题。

（8）适应观众：了解你的观众，根据他们的需求和兴趣调整你的 PPT 内容。

（9）结尾：在 PPT 的结尾部分，提供一个总结，重申你的主要观点，并提供联系方式以便进一步的交流。

讨论交流

百丽的重生

百丽集团，一家曾经在时尚零售界占据重要地位的公司，其历史可以追溯到 20 世纪。然而，随着市场环境的变化和新兴技术的冲击，这家曾经的巨头也经历了从辉煌到衰落，再到逐步崛起的过程。

在百丽集团的黄金时期，其品牌遍布中国各大城市的购物中心，产品线涵盖了鞋类、服装等多个领域，凭借广泛的分销网络和强大的生产能力，百丽成为家喻户晓的品牌。然而，随着时间的推移，电子商务的兴起和消费者购物习惯的改变，百丽集团开始面临前所未有的挑战。实体店铺的客流量减少，销售业绩不断下滑，公司的市场份额也逐渐被侵蚀。

在这样的背景下，百丽集团不得不开始进行痛苦的转型。首先，公司关闭了大量亏损的实体店，减少了运营成本。接着，百丽开始加大在电子商务平台上的投资，试图通过线上渠道来弥补线下的损失。同时，集团也开始重新审视品牌定位，试图更加贴近年轻消费者的需求，推出更加时尚、个性化的产品。

然而，转型的道路并不平坦。在初期，由于缺乏电商运营经验和对新兴市场趋势的准确把握，百丽集团的线上业务并未取得预期的效果。另外，品牌的重塑也不是一蹴而就的事情，需要时间来让消费者接受新的品牌形象。这些问题导致百丽集团在转型初期遭遇了较大的困难。

面对困境，百丽集团并没有放弃。公司开始引入外部的专业团队，对电商平台进行重新设计和优化，提高了用户体验。同时，集团也开始利用大数据和人工智能技术，对市场趋势进行分析，以便更准确地把握消费者需求。在品牌建设方面，百丽也开始与一些知名的设计师和时尚品牌合作，推出了一系列的联名产品，成功吸引了年轻消费者的注意。

经过一系列的努力，百丽集团终于开始看到了成效。线上销售额逐渐增长，品牌的知名度和美誉度也在不断提升。虽然还未恢复到昔日的辉煌，但百丽集团已经成功地走出了低谷，开始步入了稳步复苏的道路。

总结百丽集团的衰落与崛起过程，我们可以看到一个企业如何在市场环境发生巨变时，通过自我革新和适应变化来实现转型。虽然过程中充满了挑战和不确定性，但只要坚持不懈，就有可能找到新的生存之道。百丽集团的故事，为许多正在经历类似困境的企业提供了宝贵的经验和启示。

【各抒己见】

你认为百丽集团能够重获新生的关键原因是什么？百丽从哪些方面重新塑造了自己的商业模式？

张伟杰的创业计划书

在初期的创业经历中，张伟杰花费了七八个月的时间完成了一份详尽的商业计划书，该计划书关于开发职业中心招聘网站，厚达150页。这份计划书因其完整缜密而在中国创业圈中广受好评，最终帮助他成功筹集到了所需的500万元启动资金。然而，张伟杰后来反思这样长的商业计划书是否真的必要，因为过于冗长繁复的文件可能会分散阅读者的注意力，而不够突出重点。

在随后的创业项目中，他采取了不同的做法。当他在北京有了创建以数据跟踪为特色的减肥中心"重塑健康"的灵感时，他没有再次投入大量时间编写厚重的商业计划书。相反，他用四个月的时间进行市场调研，通过与潜在消费者、分销商和肥胖问题专家的访谈来彻底了解市场。这次，他只撰写了一份2页的商业计划书，这表明他更加注重实际的市场调研和验证想法的可行性，而不是把时间花在编写冗长的商业计划书上。最后，他就靠这两页纸拿到了创业所需的2 700万元启动资金。

【各抒己见】

你认为创业计划书的篇幅是衡量创业计划书好坏的标准吗？你认为有哪些标准衡量创业计划书的质量？如果让你用两页纸的内容描述你的创业计划，你会描述什么内容呢？

实践案例

华夏之音的商业模式创新

华夏之音的发展规划

华夏之音的成功融资

模块实训

一、构想你的商业模式

1. 实训目标

（1）运用商业模式画布分析适合自己的创业项目的商业模式。

（2）明确创业项目的商业逻辑。

2. 实训要求

以小组为单位，完成商业模式画布的绘制，包括对九个关键要素的讨论和撰写。

3. 实训步骤

（1）基于小组选择的创业项目梳理出一个切实可行的商业逻辑。

（2）针对商业模式画布中的九个要素分别讨论。

（3）针对讨论结果概括提炼，并填写在商业模式画布（图6-2）中。

（4）根据填写内容再次讨论、论证商业模式的可行性。

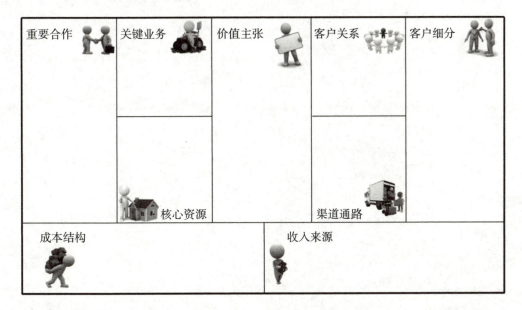

图6-2　商业模式画布模板

二、撰写创业计划书并完成组间互评

1. 实训目标

(1) 通过创业计划书的撰写,加强对项目的梳理,提升对商业逻辑的理解。

(2) 通过组间互评,取长补短,进一步完成创业计划书。

2. 实训要求

以小组为单位,撰写一份创业计划书,并至少完成对一个小组的评价。

3. 实训步骤

(1) 按照创业计划书的内容要求,进行讨论撰写。

(2) 按照评估表内容,完成组间互评(表6-1)。

表6-1 创业计划书评分表

评分项目	分值权重	得分	简述评分依据
项目可行性	产品、服务(10分)		
	市场分析(5分)		
	竞争分析(5分)		
	营销(10分)		
	经营(10分)		
	团队(10分)		
	财务(10分)		
项目创新性(20分)			
计划书内容(20分)			
总分(100分)			

模块七

创新实践：创新发明与创新创业训练项目

学习指南

创新发明对社会进步的意义深远且广泛，它不仅推动了科技领域的革新，更在经济发展、文化繁荣及生活品质提升等方面发挥着至关重要的作用。它不仅推动了科技发展、促进了经济发展，还提升了生活品质并推动了社会文化进步。因此，我们应该高度重视创新发明的重要性，积极支持和推动创新发明的发展，为社会的持续进步和繁荣做出更大的贡献。

请同学们想一想：在日常生活中，有哪些发明对你的生活或学习产生了巨大影响？有哪些企业用创新提高了自身的市场竞争力？创新发明者该如何保护自己的创新成果？

学习目标

知识目标

1. 了解发明的概念和特点，熟悉发明的类型和发明的过程；
2. 了解创新成果的概念和特征，掌握著作权、专利权、商标权取得的途径和方法；
3. 掌握创新发明的知识产权保护和法律法规，确保创新成果的合法性和安全性。

能力目标

1. 能够结合发明的相关知识进行创新发明思考；
2. 能够运用相关法律知识保护自己的创新成果；
3. 具备团队协作和沟通能力，能够与团队成员有效合作，共同推进创新发明的研发和实施。

素养目标

1. 树立发明的意识，主动在学习和生活中进行创新发明思考；
2. 培养积极进取、勇于创新的精神，具备不断探索和追求卓越的品质；
3. 培养创新发明精神和意识，为社会进步和人类福祉贡献力量。

📋 案例导入

大学生为维权走上创新创业之路

2013年，18岁的唐某考入西安交通大学。入学不久，他便觉得这所偏重理工科的名牌院校缺了点"人文气氛"。于是，他和几个谈得来的校友创办了"微品交大"微信公众号，推送有关西安交通大学校史、建筑、校友等内容的文章和视频。很快，"微品交大"就成了全校师生乃至其他高校热议的话题。

但是，2014年初冬发生的一件事，让唐某和小伙伴们很是气愤。唐某说："当时我们组织了摄影师拍摄学校的雪景，还请人为学校的雪景写了一首诗，发布在'微品交大'公众号上。"未曾想到的是，仅短短几个小时，他们的作品就被另一所高校的公众号抄袭了。愤怒的唐某和小伙伴们立刻找到对方并就抄袭问题质问对方，可对方并不承认。无奈之下，同学们又向公众号平台投诉，结果却被平台告知要提供确凿的证据。

作品被剽窃，却因拿不出确凿的证据而束手无策。如何保护自己作品的版权成了唐某的一个心结。那时，版权登记大多依靠人工。在版权局登记一个作品的费用为400元左右，完成登记的周期约为一个月，这对于在校大学生来说是无法承受的。同时，他觉得互联网时代的版权侵权问题最终还是要通过互联网技术去解决。于是，唐某便想到了通过"互联网＋版权"的模式来解决传统版权行业存在的问题。唐某的想法得到了陕西省版权局的支持。

2016年4月，唐某顺利拿到了100万元的投资款。一番"招兵买马"后，唐某的"互联网＋版权"公司应运而生。2016年8月，在线版权登记网站"纸贵"正式上线，在这一平台上，版权所有方只需在线提交自己的创作证明、权属证明文件和样本，即可免费获得由"纸贵"平台利用区块链等技术对作品进行验证、确权后生成的数字版权证。另外，申请人还可以在此网站上选择由陕西省版权局提供的有官方存证的登记服务。

如今，"纸贵"已成为一家为用户提供包括版权登记、侵权监测、法律咨询、快速维权、IP孵化等在内的一站式互联网版权服务平台。

📋 案例思考

唐某在遭遇到侵权后为什么维权困难？在日常生活中我们应该怎样维护自己的知识产权呢？从唐某的创业历程中我们可以得到什么启示？

任务一　开展创新发明

一、发明概述

（一）发明的概念

发明是应用自然规律解决技术领域中的特有问题而提出的创新性方案，以及为实现这一技术方案所应用的措施和最终成果。这里所说的自然规律是指自然界中存在的物理、化学、经济、政治等领域的原理或定律。

（二）发明的特点

发明具有以下几个特点：

（1）发明必须包含技术创新或模式创新。与现有技术或模式相比，发明必须具有实质性的显著进步，而不是对前人成果的重复。当然，利用和借鉴前人成果，在他人现有成果的基础之上做出改进，也是一种发明。

（2）发明必须是一种技术方案或基础方案。为了解决特定的技术难题或社会问题，发明必须是一种方案，唯有如此，人们才能按照方案进行产品制造、技术创新、模式复制等。

（3）发明必须利用自然规律。发明是一种技术方案，而技术则是在利用自然规律的基础上发展起来的各种工艺操作方法和生产技能。从这个意义上说，发明要求的技术是利用自然规律的结果。因此，没有利用自然规律的方案不能称之为发明。

二、发明的类型

（一）专利发明和非专利发明

专利发明和非专利发明根据发明的目的和结果，可以将发明分为专利发明和非专利发明。

（1）专利发明是指以获得专利为目的，并且最终确实获得了相应专利的发明创造。

（2）非专利发明是指不以获得专利为目的，并且最终也未获得专利的发明。

（二）物品发明和方法发明

物品发明和方法发明根据存在形式的不同，可以将发明分为物品发明和方法发明。

（1）物品发明是指以有形的物品形式存在的发明，包括材料类物品发明，如塑料、玻璃；器具类物品发明，如弓箭、蒸汽机；等等。

（2）方法发明是指以无形的现象或过程形式存在的发明，包括工艺性方法发明，如塑料制造工艺、酿酒工艺；非工艺性方法发明，如疾病的诊断和治疗方法；等等。

(三) 简单发明和复杂发明

根据难易程度的不同，可以将发明分为简单发明和复杂发明。

(1) 简单发明是指结构简单、容易实现的发明。发明者的个人杰作多为简单发明。

(2) 复杂发明是指结构复杂、难以实现的发明。众多发明者智慧的共同结晶多为复杂发明。从某种程度上讲，复杂发明也是多个简单发明的组合，如电视机就是电阻器、电感器、显像管等简单发明的组合。

(四) 独立发明和协作发明

根据完成发明人数的不同，可以将发明分为独立发明和协作发明。

(1) 独立发明是指在整个发明过程中，发明者从始至终未与其他人发生任何形式的合作，独自完成的发明。

(2) 协作发明是指在发明过程中，发明者与其他人通过不同形式的协作共同完成的发明。

(五) 创建型发明和完善型发明

根据创造性程度的不同，可以将发明分为创建型发明和完善型发明。

(1) 创建型发明是指那些新的、前所未有的发明。这些发明一般仅有基本的雏形结构，处于最初始的发展阶段，如贝尔发明的电话、巴贝奇发明的计算机等。

(2) 完善型发明是指在原有发明的基础上，通过局部结构的改善和功能的丰富而形成的发明。例如，笔记本电脑就是在台式电脑的基础上发明的。

(六) 生活资料发明和生产资料发明

根据用途的不同，可以将发明分为生活资料发明和生产资料发明。

(1) 生活资料发明是指作为生活资料应用于人们生活中，以满足人们日常需求的发明，如手机、运动鞋、沙发、茶几、自行车、电视机等。

(2) 生产资料发明是指作为生产资料应用于社会生产领域，以服务于社会生产活动的发明，如收割机、播种机、织布机、挖掘机、起重机、车床等。

(七) 自然科学发明和社会科学发明

根据所依据自然规律的不同，可以将发明分为自然科学发明和社会科学发明。

(1) 自然科学发明是指通过对具体科学规律的能动利用而产生的发明。例如，人们通过对力学原理的利用，发明了杠杆、滑轮等。

(2) 社会科学发明是指通过对具体社会规律的能动利用而产生的发明。例如，股份制度的创建、货币制度的创建、中国古代郡县制的创建、英国君主立宪制的创建等。

三、发明的过程

尽管不同专业领域发明活动的内容及所采用的方法有很大的差别,但其发明过程基本一致,一般都需经过以下几个阶段。

(1)发现问题,选择方向。在使用某一产品或方法的过程中,如果发现该产品或方法存在某些问题,且通过调研,确定目前还没有针对这一问题的改良方案,那么可以将其作为发明的方向。

(2)分析问题,提出初步解决方案。首先,应根据选定的发明方向,确定问题产生的原因。然后,利用掌握的知识和相应的工具、设备等,对问题进行分析,提出初步的解决方案。

(3)优化方案。初步的解决方案难免会存在一些不足,因此,需要进行进一步验证和优化。

(4)发明实施。发明实施是指发明由构思转化为产品并进行应用的过程。

案例 7-1

爱迪生发明灯泡的故事

爱迪生在发明电灯的过程中,遭遇了无数次的失败,但他从未放弃。他试验了上千种不同的材料,希望能够找到一种既耐用又便宜的灯丝。他尝试过白金丝,但因其价格昂贵而不得不放弃。后来,他转而使用碳丝,通过一系列复杂的工艺制作出了世界上第一批碳丝白炽灯。

然而,爱迪生并未止步于此。他继续寻找更好的材料,以期提高灯泡的使用寿命。在一次偶然的机会下,他发现了竹丝的潜力。他派遣助手和专家们在世界各地寻找适用的竹子,最后发现日本竹子所制碳丝最为实用,可持续点亮一千多个小时。爱迪生对于发明的热情和执着令人敬佩。他在实验室里常常一天工作十几个小时,有时连续几天进行试验。他的这种精神也影响了他的团队,使他们能够共同克服重重困难,最终实现了电灯的发明。

电灯的发明对人类社会产生了深远的影响。它极大地改变了人们的生活方式,使夜晚不再黑暗,人们的工作和娱乐时间得以延长。同时,电灯的发明也推动了电力工业的发展,为社会进步作出了巨大贡献。

爱迪生通过申请,获得了与电灯相关的专利,保护了自己的发明成果,防止了他人未经授权就使用或复制其技术。这为他赢得了商业上的竞争优势,并确保了他在电灯领域的领先地位。值得注意的是,爱迪生的电灯并非完全是他个人的原创发明。在发明电灯的过程中,他借鉴了前人的研究成果,并对已有的技术进行了改进和创新。因此,爱迪生的电灯专利是在前人基础上的一种发展和完善,而非完全的创新。

任务二 创新成果的转化与保护

一、创新成果的概念

创新成果是指为了达到一定的目的，在遵循事物发展规律的基础上，对事物整体或其中的某部分进行变革或更新而得到的活动成果。简单地说，创新成果就是创新活动的结果。我们这里谈的创新成果，主要是指推向市场取得商业成效的新成果。

二、创新成果的特征

创新成果有别于一般的实践成果，其自身的独特性主要表现在以下几点：

（1）目的性。创新成果是一种有特定目的的生产实践成果。例如，发明电话是为了方便人们通信，发明轮椅是为了方便腿脚不便的人行走等。目的性贯穿创新过程的始终。

（2）新颖性。其包含两种含义：一是指创新成果是具有创造性的，之前没有过类似的东西；二是指虽然已有类似的东西，但通过创新，其在某些方面有了新的突破。新颖性是创新成果最鲜明、最根本的特征。

（3）时效性。求新是创新活动的内在要求，当创新成果运用一段时间后，它必将被更新的成果所替代，这就使创新成果始终处于更替状态，每一次的创新成果都不是最终结果。

（4）价值性。创新活动具有很大的价值。创新实践的成果一般都会满足某些主体的某些需要，其满足主体需要的程度越大，价值也就越大。而一些有社会价值的创新成果，则会推动社会的进步和人类的发展。

三、创新成果的保护

创新成果是发明创造者经过很长时间的艰苦努力，甚至在花费了大量的人力、物力、财力后，才能取得的成果，是发明创造者劳动和智慧的结晶。为了使创新成果得到有效的保护，同时也为了保护发明创造者的创新积极性，国家制定了有关知识产权（即创新成果）保护的法律法规。

所谓知识产权，是指人们的智力劳动成果可依法享有的专有权利，通常是国家赋予创造者对其智力成果在一定时期内享有的专有权或独占权。知识产权是权利人依法就下列客体享有的专有的权利：①作品；②发明、实用新型、外观设计；③商标；④地理标志；⑤商业秘密；⑥集成电路布图设计；⑦植物新品种；⑧法律规定的其他客体。本任务主要对著作权、专利权和商标权进行介绍。

（一）著作权

著作权又称"版权"，是指作者对其创作的文学、艺术和科学作品依法享有的权利。著作权包括发表权、署名权、修改权、保护作品完整权、复制权、发行权、出租权、展览权、表演权、放映权、广播权、信息网络传播权、摄制权、改编权、翻译权、汇编权及应当由著作权人享有的其他权利。

拓展阅读

《中华人民共和国著作权法》保护的作品

根据《中华人民共和国著作权法》第三条规定，本法所称的作品，是指文学、艺术和科学领域内具有独创性并能以一定形式表现的智力成果，包括：①文字作品；②口述作品；③音乐、戏剧、曲艺、舞蹈、杂技艺术作品；④美术、建筑作品；⑤摄影作品；⑥视听作品；⑦工程设计图、产品设计图、地图、示意图等图形作品和模型作品；⑧计算机软件；⑨符合作品特征的其他智力成果。

著作权的取得主要分为自动取得和注册取得两大类。

（1）自动取得，是指著作权自作品创作完成时自动产生，不需要履行任何批准或登记手续。

（2）注册取得，是指作品只有登记注册或经批准后才能取得著作权。在我国，著作权是自作品创作完成之日起自动产生的，无须经过任何批准或登记手续。另外，无论作品是否发表，在其被创作完成的那一刻就能享有著作权保护。

（二）专利权

专利权是指政府有关部门向发明人授予的在一定期限内生产、销售或以其他方式使用其发明创造的独占权或专有权。《中华人民共和国专利法》第二条规定："本法所称的发明创造是指发明、实用新型和外观设计。发明，是指对产品、方法或者其改进所提出的新的技术方案。实用新型，是指对产品的形状、构造或者其结合所提出的适于实用的新的技术方案。外观设计，是指对产品的整体或者局部的形状、图案或者其结合以及色彩与形状、图案的结合所作出的富有美感并适合工业应用的新设计。"

1. 专利权的特征

（1）排他性，也称"独占性""专有性"。专利权所有人对其拥有的专利权享有独占或排他的权利，未经其许可或者出现法律规定的特殊情况，任何人不得使用，否则即构成侵权。

（2）时间性，是指法律对专利权的保护不是无期限的，而是有时间限制的，超过这一时间限制则不再予以保护，专利随即成为人类的共同财富，可被任何人使用。

（3）地域性，是指任何一项专利权只在特定的地域内受到法律保护。该地域通常是一个国家或多个国家。

2. 专利申请的原则

为了更好地保护发明创造，发明创造者必须及时向有关部门申请专利。申请专利应遵循以下原则。

（1）形式法定原则。申请专利的各种手续，都应当以书面形式或国家知识产权局规定的其他形式办理。以口头、电话等非书面形式办理的各种手续均视为未提出，不产生法律效力。

（2）单一性原则。一件发明或者实用新型专利申请应当限于一项发明或者实用新型，属于一个总的发明构思的两项以上的发明或者实用新型，可以作为一件申请提出；一件外观设计专利申请应当限于一项外观设计，同一产品两项以上的相似外观设计，或者用于同一类别并且成套出售或者使用的产品的两项以上外观设计，可以作为一件申请提出。

（3）先申请原则。两个以上的申请人分别就同样的发明创造申请专利的，专利权授予最先申请的人。

3. 专利申请的流程

专利申请的流程包括提交申请、受理、初步审查、公布、实质审查及授权六个阶段。其中，实用新型和外观设计的专利申请不进行公布和实质审查阶段。

（1）提交申请。申请人向国务院专利行政部门提出专利申请，并提交相关文件。提交的文件必须采用书面形式，并按照规定的格式填写。申请发明专利或实用新型专利的流程，应当提交请求书、说明书及其摘要、权利要求书等文件；申请外观设计专利的，应当提交请求书、该外观设计的图片或照片，以及对该外观设计的简要说明等文件。

（2）受理。国务院专利行政部门收到专利申请后进行查看，对符合受理条件的专利申请，国务院专利行政部门将确定该专利的专利申请日，并发放申请号和受理通知书，然后通知申请人缴纳申请费。对不符合受理条件的专利申请，则不予受理。

（3）初步审查。按照规定缴纳完申请费的专利申请自动进入初审阶段。在初审阶段，专利行政部门要对申请是否存在明显缺陷进行审查。对审查合格的，将发放初审合格通知书。

（4）公布。专利申请从获得《初审合格通知书》起进入公布阶段。公布以后，该专利申请就获得了临时保护。

（5）实质审查。在实质审查阶段，国务院专利行政部门将对专利申请是否具有新颖性、创造性、实用性及法律规定的其他实质性条件进行全面审查。

（6）授权。经实质审查未发现驳回理由的，由国务院专利行政部门作出授予专利权的决定，并发放专利证书，同时予以登记和公告。专利权自公告之日起生效。

（三）商标权

商标是用以区别商品和服务来源的商业性标志，由文字、图形、字母、数字、三维标志、颜色组合、声音或者上述要素的组合构成。

商标权是指商标所有人依法对其商标享有的受国家法律保护的专有权。商标所有人拥有依法支配其商标并禁止他人侵害的权利，包括商标所有人对其商标享有的排他使用权、收益权、处分权、续展权和禁止他人侵害的权利。

要取得商标专用权，商标持有人需依照有关法律法规进行商标注册。商标注册的一般流程如下：

（1）选择注册方式。商标所有人可以自行通过国家知识产权局商标局的网上服务系统在线提交商标注册申请，也可以到国家知识产权局商标局委托地方市场监管部门或知识产权部门设立的商标受理窗口办理。

（2）准备资料。办理商标注册申请，应当提交下列文件：

1）商标注册申请书一份。申请人为法人或其他组织的，应当在申请书的指定位置加盖公章；申请人为自然人的，应当由申请人使用钢笔或签字笔在指定位置签字确认。

2）申请人身份证明文件及其复印件。

3）商标图样。

4）要求优先权的，应当提交书面声明，并同时提交或在申请之日起三个月内提交优先权证明文件。

（3）提出申请。《商标注册用商品和服务国际分类》将商品和服务分成45个大类，其中，商品为1～34类，服务为35～45类。申请注册时，申请人应按商品与服务分类表的分类确定使用商标的商品或服务的类别。同一申请人在不同类别的商品上使用同一商标的，应分别按不同类别提出注册申请。

（4）初步审定。对申请注册的商标，商标局自收到商标注册申请文件之日起9个月内审查完毕。对于符合商标注册有关规定的商标，予以初步审定公告。商标注册采用申请在先原则，这意味着一旦发生有关商标权的纠纷，申请日靠前的商标将受到法律保护。所以，确定申请日十分重要。申请日以商标局收到申请书的日期为准。

（5）领取商标注册证。对初步审定公告的商标，自公告之日起3个月内无人提出异议的，予以核准注册，发给商标注册证，并进行公告。

拓展阅读

不得作为商标使用与注册的标志

《中华人民共和国商标法》第十条规定，下列标志不得作为商标使用：

（1）同中华人民共和国的国家名称、国旗、国徽、国歌、军旗、军徽、军歌、勋章等相同或者近似的，以及同中央国家机关的名称、标志、所在地特定地点的名称或者标志性建筑物的名称、图形相同的。

（2）同外国的国家名称、国旗、国徽、军旗等相同或者近似的，但经该国政府同意的除外。

（3）同政府间国际组织的名称、旗帜、徽记等相同或者近似的，但经该组织同意或者不易误导公众的除外。

（4）与表明实施控制、予以保证的官方标志、检验印记相同或者近似的，但经授权的除外。

（5）同"红十字""红新月"的名称、标志相同或者近似的。

（6）带有民族歧视性的。

（7）带有欺骗性，容易使公众对商品的质量等特点或者产地产生误认的。

（8）有害于社会主义道德风尚或者有其他不良影响的。

县级以上行政区划的地名或者公众知晓的外国地名，不得作为商标。但是，地名具有其他含义或者作为集体商标、证明商标组成部分的除外；已经注册的使用地名的商标继续有效。

《中华人民共和国商标法》第十一条规定，下列标志不得作为商标注册：

（1）仅有本商品的通用名称、图形、型号的。

（2）仅直接表示商品的质量、主要原料、功能、用途、重量、数量及其他特点的。

（3）其他缺乏显著特征的。

前款所列标志经过使用取得显著特征，并便于识别的，可以作为商标注册。

《中华人民共和国商标法》第十二条规定，以三维标志申请注册商标的，仅由商品自身的性质产生的形状、为获得技术效果而需有的商品形状或者使商品具有实质性价值的形状，不得注册。

案例 7-2

女大学生商标风波：1 800 元注册的商标以 20 万元转让

某天，郝某突然收到了商标管理部门的来函。函中告知，有企业反映，她六年前申请的禽蛋类商标"土而奇"一直处于闲置状态，按照商标法的相关规定，应予收回。

接到通知的郝某很是不解。"'土而奇'是我为自家鸡蛋申请的商标，一直在用，怎么就要收回呢？"按照公函上的说法，她需要在三个月内准备好自诉材料，否则商标就要被收回。

通过相关部门，郝某了解了具体情况。郝某曾花费 1 800 元向工商管理部门申请了"土而奇"商标，商标使用类别是食品大类下的禽蛋类。在郝某申请商标后，四川一家大型农产品企业与她"想到了一起"，也把"土而奇"用作自家商标，并向有关部门备案。由于郝某注册在先，所以这家公司没有拿到"土而奇"在禽蛋类中的商标使用权。"但是他们的产品类别很多，除禽蛋类外的其他食品类别都用这个商标进行了注册。"郝某说。

在这之前，郝某已经为这个"热门"商标做了不小的投入。她印制了大量的包装盒，还以"土而奇"的名义向电视台投放了广告。郝某说，她不愿意轻易放弃这个已经使用了 6 年的商标。除准备自诉材料外，她还要"反将一军"。

通过网络，郝亚婷找到了该公司的产品。在这些产品的包装盒上，无一例外地印有"土而奇"字样，其中就包括禽蛋类制品。"禽蛋类的商标使用权在我这里，他们这是侵权。"郝某一下子看到了反诉的希望,决定杀个"回马枪"。

之后,她向四川当地的工商部门提交了举报材料,指出这家公司涉嫌违规使用商标。不久,这家四川农产品企业便通过工商部门传达了谈判意愿,称愿意收购郝某手中的商标。经过多轮协商,禽蛋类的"土而奇"商标最终以20万元的价格转让。"注册商标是自己用的,现在卖掉也不是为了钱,自己应享有的权利就要去维护。"郝某说。

资料来源: http://edu.people.com.cn/n/2014/1020/c1053-25865111.html,有改动.

任务三　创新创业训练项目简介

一、"挑战杯"全国大学生系列科技学术竞赛

挑战杯是"挑战杯"全国大学生系列科技学术竞赛的简称,是由共青团中央、中国科协、教育部和全国学联共同主办的全国性的大学生课外学术实践竞赛,竞赛官方网站为www.tiaozhanbei.net。"挑战杯"竞赛在中国共有两个并列项目,一个是"挑战杯"中国大学生创业计划竞赛,另一个则是"挑战杯"全国大学生课外学术科技作品竞赛。这两个项目的全国竞赛交叉轮流开展,每个项目每两年举办一届。

(一)"挑战杯"全国大学生课外学术科技作品竞赛

"挑战杯"全国大学生课外学术科技作品竞赛是由共青团中央、中国科协、教育部、全国学联主办的大学生课外科技活动中一项具有导向性、示范性和群众性的全国竞赛活动。自1989年首届竞赛举办以来,"挑战杯"竞赛始终坚持"崇尚科学、追求真知、勤奋学习、锐意创新、迎接挑战"的宗旨,在促进青年创新人才成长、深化高校素质教育、推动经济社会发展等方面发挥了积极作用,在广大高校乃至社会上产生了广泛而良好的影响。竞赛的发展得到党和国家领导同志的亲切关怀,江泽民同志为"挑战杯"竞赛题写了杯名,李鹏、李岚清等党和国家领导同志题词勉励,"挑战杯"竞赛已经成为:

(1)吸引广大高校学生共同参与的科技盛会。从最初的19所高校发起,发展到1 000多所高校参与;从300多人的小擂台发展到200多万大学生的竞技场,"挑战杯"竞赛在广大青年学生中的影响力和号召力显著增强。

(2)促进优秀青年人才脱颖而出的创新摇篮。竞赛获奖者中已经产生了两位长江学者、6位国家重点实验室负责人、20多位教授和博士生导师。他们中的代表人物有:第二届"挑战杯"竞赛获奖者、国家科技进步一等奖获得者、中国十大杰出青年、北京中星微电子有限公司董事长邓中翰,第五届"挑战杯"竞赛获奖者、"中国杰出青年科技创新奖"

获得者、安徽中科大讯飞信息科技有限公司总裁刘庆峰，第八届和第九届"挑战杯"竞赛获奖者、"中国青年五四奖章"标兵、南京航空航天大学2007级博士研究生胡铃心等。

（3）引导高校学生推动现代化建设的重要渠道。成果展示、技术转让、科技创业，让"挑战杯"竞赛从象牙塔走向社会，推动了高校科技成果向现实生产力的转化，为经济社会发展做出了积极贡献。

（4）深化高校素质教育的实践课堂。"挑战杯"竞赛已经形成了国家、省、高校三级赛制，广大高校以"挑战杯"竞赛为龙头，不断丰富活动内容，拓展工作载体，把创新教育纳入教育规划，使"挑战杯"竞赛成为大学生参与科技创新活动的重要平台。

（5）展示全体中华学子创新风采的亮丽舞台。中国香港、中国澳门、中国台湾众多高校积极参与竞赛，派出代表团参加观摩和展示。竞赛成为广大青年学子展示创新风采的舞台，增进彼此了解、加深相互感情的重要途径。

（二）"挑战杯"中国大学生创业计划竞赛

创业计划竞赛起源于美国，又称商业计划竞赛，是风靡全球高校的重要赛事。它借用风险投资的运作模式，要求参赛者组成优势互补的竞赛小组，提出一项具有市场前景的技术、产品或服务，并围绕这一技术、产品或服务，以获得风险投资为目的，完成一份完整、具体、深入的创业计划。大力实施"科教兴国"战略，努力培养广大青年的创新、创业意识，造就一代符合未来挑战要求的高素质人才，已经成为实现中华民族伟大复兴的时代要求。作为学生科技活动的新载体，创业计划竞赛在培养复合型、创新型人才，促进高校产学研结合，推动国内风险投资体系建立方面发挥出越来越积极的作用。

案例 7-3

挑战杯优秀创新创业案例分享

项目名称： 源梦"210"——国内燃烧剂领域引领者

参赛组别： 科技创新和未来产业

参赛院校： 西北大学

项目简介： 随着导弹等武器系统的发展，迫切要求作为动力源的固体推进剂具有大比冲、高燃速等特性，燃烧剂作为固体推进剂的重要组成部分，开发新型高效的燃烧剂可以直接满足国家的战略需求。本团队发现燃烧剂在应用过程中的两大痛点问题后，历经5年的技术创新，首创了高取代度硝化壳聚糖制备技术、开发了系列高性能纳米燃烧剂、采用了先进的声共振制备技术，有效解决了相关问题。

本团队主要由西北大学化工学院在读博、硕士研究生组成，在徐抗震教授、陈苏杭副教授、马海霞教授及中国兵器集团204所首席科学家赵凤起研究员的指导下，充分利用陕西兵器、航天军工单位云集的资源优势，加强合作，努力攻克新技术、研发新产品。团队成员近年来在国家自然科学基金、国防科技基础计划项目等的支持下，申请国家发明专利5件，以第一作者发表高水平论文20余篇，产品已应用于多种武器预研及重大军工项目研究。团队负责人万冲作为化工学院2022级博士研究生，近年来已取得包括国家奖学金在内的多项国家级、省级荣誉。本团队怀着"拥抱科技、服务国防"的理想，致力于将"源梦210"打造成国内燃烧剂领域引领者，为国家发展及国防建设贡献西大青春力量。

作品名称：高速公路智能节能照明系统

团队名称：绿色速度队

作品类别：乙类　未创业

作品领域：机械能源组

作品简介：高速公路智能节能照明系统包括路灯系统、路灯控制系统和信息反馈系统，整合光电传感检测技术、自动控制技术和多媒体显示技术，实现路灯的自动开闭和追踪照明，其中旋转式路灯作为公司核心技术已申请国家实用新型专利。系统扩大了单盏路灯有效照明面积，降低了路灯建设密度，严格做到"按需照明"，能有效降低能耗，提高交通安全系数，实现智能化管理，创造了高速公路绿色照明的全新方式，给使用者带来安全、舒适、高效的使用体验。

作品名称：精灵智能用电科技有限责任公司

团队名称：精灵智能用电创业团队

作品类别：乙类　未创业

作品领域：机械能源组

作品简介：在智能电网和物联网均上升为国家战略的背景下，智能用电系统将带来一场用电革命。本公司基于物联网和云计算技术的智能用电系统包括智能电表、智能终端和智能插座，具有全方位互动体验、全维度控制覆盖、家居全景状态的实时可视化、双向电能计量与管控和智能用能服务等创新突破。本产品拥有7项国家专利技术，获得国家级创业实践项目支持，与企业签订对接协议，并且技术经济分析表明本项目将取得良好的经济和社会效益。

项目名称：万合生物——合成生物学靶向药物技术解决方案

参赛组别：科技创新和未来产业

参赛院校：四川大学

项目简介：目前市场上的小分子药物还是绝对主流，但是其副作用大、口袋位点有限，技术瓶颈短期难以突破。我们探索并证明了体外合成技术的应用潜力，并在部分领域形成了自己的独特理解。

在全国首届转化医学创新奖获得者解慧琪教授支持下，团队以华西临床八年制学生为主体，汇集工业工程、商学等多学科人才，应用体外合成技术尝试解决蛋白药物开发和生产过程中的杂质多、速度慢、成功率低的难题。并成功应用该技术开发了一款靶向抑制纤维化的候选蛋白药物，实验室研究效果良好。

团队负责人自中学开始接收系统科研训练。大一开始在实验室进行科研训练，逐渐结交了一群志同道合的伙伴。团队成员目前已于国际顶级期刊发表多篇论文。

团队与哈佛等高校团队同台竞技，斩获合成生物学顶级赛事 iGEM 竞赛全球金奖，项目突破性的研究设计获国际评委高度评价。项目现已获得企业数万元启动资金资助，目前已经产生营收，并有更多合作在快速推进当中。

项目名称： 开启 6G 新可能——太赫兹高速无线通信系统

参赛组别：科技创新和未来产业

参赛院校：电子科技大学

项目简介：项目团队依托电子科技大学双 A+ 学科和两个国家级重点实验室，深耕太赫兹固态技术领域多年，核心技术自主可控，并已推广应用。团队研制了系列化太赫兹高速无线通信系统，实现公里级太赫兹 40 Gbps 速率实时双向传输。核心模组支撑鹏城国家实验室的高速无线通信系统，入选 2022 年世界互联网领先科技成果，全球仅 15 项成果获奖。

项目名称： 行走非遗 —— 云展厅 + 技艺传承工坊先行者

参赛组别：社会治理和公共服务

参赛院校：泸州职业技术学院

项目简介："行走非遗——云展厅 + 技艺传承工坊先行者"是一个致力于区域非遗文化传播、技艺传承、文创产品售卖的综合项目。项目主要针对区域非遗技艺面临的传承难、传播难、销售难三大问题，将客户定位为 K12 群体、企事业单位工会、青年，以云推广、研学、文创三大方向开展运营，打造了以传地方非遗文化、学大师匠人匠心、研产学融合范式、创时代物化成果、育地方非遗人才"五位一体"的区域非遗文化传播模式，最终实现项目模式可复制、团队发展可持续、成效可推广。

信息来源：网络

二、中国国际大学生创新大赛

中国国际大学生创新大赛由中华人民共和国教育部、中国共产党中央委员会统一战线工作部、中央网信办、国家发展和改革委员会、中华人民共和国工业和信息化部、中华人民共和国人力资源和社会保障部、中华人民共和国农业农村部、中国科学院、中国工程院、国家知识产权局、国家乡村振兴局、共青团中央等部门主办，原名为"中国国际'互联网+'大学生创新创业大赛"。

1. 大赛主题

我敢闯，我会创。

2. 总体目标

更中国、更国际、更教育、更全面、更创新、更协同，落实立德树人根本任务，传承和弘扬红色基因，聚焦"五育"融合创新创业教育实践，开启创新创业教育改革新征程，激发青年学生创新创造热情，打造共建共享、融通中外的国际创新盛会，让青春在全面建设社会主义现代化国家的火热实践中绽放绚丽之花。

（1）更中国。更深层次、更广范围体现红色基因传承，充分展现新发展阶段高水平创新教育的丰硕成果，集中展示新发展理念引领下创新人才培养的中国方案，提升新时代中国高等教育的感召力。

（2）更国际。深化创新教育国际交流合作，汇聚全球知名高校、企业和创业者，服务以国内大循环为主体、国内国际双循环相互促进的新发展格局，搭建全球性创新创业竞赛平台，提升新时代中国高等教育的影响力。

（3）更教育。推动思想政治教育、专业教育与创新教育深度融合，弘扬劳动精神，加强学生创新实践能力培养，造就敢想敢为又善作善成的新时代好青年，提升新时代中国高等教育的塑造力。

（4）更全面。推进职普融通、产教融合、科教融汇，鼓励各学段学生积极参赛，形成创新创业教育在高等教育、职业教育基础教育、留学生教育等各类各学段的全覆盖，打通人才培养各环节，提升新时代中国高等教育的引领力。

（5）更创新。积极开辟发展新领域新赛道，不断塑造发展新动能新优势，丰富竞赛内容和形式，激发全社会创新创造动能；促进高校创新成果转化应用，进一步服务国家重大战略需求和经济社会高质量发展，提升新时代中国高等教育的创造力。

（6）更协同。充分发挥大赛平台纽带作用，促进优质资源互联互通，推动形成开放大学、开放产业、开放问题的良好氛围，助推大赛项目落地转化，营造支持青年大学生创新创业、共同合作、互相包容、互相支持的良好生态。

3. 主要任务

（1）以赛促教，探索人才培养新途径。全面提高人才自主培养质量，强化高校课程思政建设，深入推进新工科、新医科、新农科、新文科建设，深化创新创业教育改革，引领各类学校人才培养范式深刻变革，形成新的人才培养质量观和质量标准，切实提高学生的创新精神、创新意识和创新能力。

（2）以赛促学，培养创新创业主力军。着力造就拔尖创新人才，激励广大青年扎根中国大地了解国情民情，在创新创业中增长智慧才干，怀抱梦想又脚踏实地，敢想敢为又善作善成，做有理想、敢担当、能吃苦、肯奋斗的新时代好青年。

（3）以赛促创，搭建产教融合新平台。把教育融入经济社会发展，推动成果转化和产学研用融合，促进教育链、人才链与产业链、创新链有机衔接，以创新引领创业、以创业带动就业，推动形成高校毕业生更高质量创业就业的新局面。

4. 大赛内容

（1）主体赛事：包括高教主赛道、"青年红色筑梦之旅"赛道、职教赛道、产业命题赛道和萌芽赛道。

（2）"青年红色筑梦之旅"活动。

（3）同期活动：即大赛优秀项目资源对接会、大学生创新成果展、世界大学生创新论坛、世界大学生创新指数框架体系发布会等系列活动。

案例 7-4

大赛优秀案例分享

项目一：狄赛生物科技——全球免疫再生修复领跑者

所属高校：浙江大学

所获奖项：第七届"互联网+"大学生创新创业大赛国赛金奖

项目概述：浙江狄赛生物科技有限公司（以下简称"狄赛"）是一家专注骨骼肌肉系统完美修复再生的高新技术企业。基于脱细胞技术，狄赛巧妙去除天然组织的细胞成分，完好保留了物种间高度同源、具有强劲再生修复功能的细胞外基质（ECM）。

狄赛成功研发骨、肌肉、肌腱、肝肾器官等系列 ECM 产品，并在国际上率先制备 ECM 凝胶产品，首度提出"免疫调控智能化"，实现多维度（促细胞定植及血管化，调节局部免疫），多阶段（修复不同时间点）的全时空修复策略。创伤骨折、关节退变、肌肉老化三大问题伴随人类一生。目前传统植入材料效果尚不理想且价格昂贵，使完美修复仍是遥不可及的神话。狄赛借自然进化之力，融仿生创造理念，力求通过再生修复、免疫调节实现人类机体的"二次进化"。

公司重视科技自立，抢占技术高地。学术成果发表于 JACS、Biomaterials 等生物材料顶级期刊，影响因子累计 100 余分，在 EFORT 等国内外顶级学术会议发言；申请国家发明专利项 17（已授权 10 项），PCT 专利 2 项。先发优势和技术壁垒使公司竞争压力小。

本公司首款产品，脱细胞脱钙骨 ECM 支架已完成申试和注册检验合格，已启动临床试验。产品通过免疫调节，解决了现有市场上竞品排斥渗液等问题，加速血管生成、新生骨长入，修复效果佳。第二代 ECM 凝胶系列产品国内外均属空白。丰富的转化经验，可获绿色审批通道。

狄赛已获科技部在内的系列重点研发计划资助，产品可进入绿色审批通道，抢占市场先机。国内销售覆盖广。通过科惠医疗现有的 1 000 余家合作医院及 500 余家经销商，实现产品迅速覆盖。国际市场布局。推动国际专利申请，与澳洲 Orthocell 等海外生物公司合作，联手布局国际市场。师生共创赢未来。获第七届浙江省互联网+大学生创新创业大赛省亚军、金奖。

导师范顺武教授占股 31%，任董事长；博士生林贤丰占股 29%，任 CEO。公司全职员工 26 人（硕士 5 人，博士 3 人），浙江大学在读硕博生研发占比高。

公司设置股权激励池，发展储备人才。公司董事长范顺武教授作为中国骨科领军人物，浙江省医学会骨科分会前任主委，"十三五"重点研发计划的首席科学家，拥有 30 余年的临床一线经验和强大的临床资源。2020 年获得科惠医疗 800 万种子轮投资，2021 年 9 月获得浙商创投 2 000 万天使轮融资，2021 年底预计获得钱塘区政府 650 万人才资助。项目获得 2 项"十三五"科技部重点研发计划 4 000 余万。

项目二：定波助缆——陶瓷滤波器稳定高效滤波解决方案

所属高校：西安交通大学

所获奖项：第七届"互联网+"大学生创新创业大赛国赛金奖

项目概述：西安志通科技有限责任公司，是一家提供滤波器金属化镀银服务的高科技企业。致力于解决传统通信基站滤波器电镀银成本高、污染大、性能差等问题，通过新型磁控溅射技术，实现了低成本、高性能、无污染的滤波器金属化镀银服务。

公司依托于西安交通大学的材料科学与工程学院专家团队与金属材料强度国家重点实验室的研发平台，在表面镀膜技术领域深耕多年，有丰富的技术积累，拥有相关技术专利10余项，可为客户提供定制化、高性能、低成本、污染小的滤波器镀银服务。公司是国内滤波器金属化镀银领域技术实力最雄厚、研发能力最强的科技型公司。

公司秉承锐意进取之心，以"突破传统技术壁垒，给滤波器穿上银大衣"为理念，科技为动力，市场为导向，长期潜心于表面镀膜技术研究，定制出有自主知识产权的适用于滤波器金属化镀银的磁控溅射设备，研发出滤波器金属化镀银系统解决方案，使滤波器在性能方面有更高的频带选择、Q值及更低的插入损耗，让滤波器更好应对无线环境干扰，大大提升滤波质量，而且在实际生产中为客户节省巨额成本，创造了巨大的经济效益。

公司为客户提供定制化服务，致力于解决不同种类、不同性能要求的滤波器金属化镀银问题，基于团队在表面工程领域的多年潜心研究积累，并利用材料数据库与高性能计算机配合快速、科学、高效地制定出技术方案，提出全新磁控溅射镀银技术替代传统电镀银工艺，生产出高性能表面银涂层，并采用先进的弧技术弧磁约束系统，来解决滤波器盲孔内表面涂覆及厚涂层高效高速制备问题。

目前产品已通过三星、中兴滤波器供应商——韩国公司总部和西安中心的性能测试；同时，通过苏州安洁科技股份有限公司、江西一创新材料有限公司、苏州波发特电子科技有限公司等客户的性能测试，得到认可，目前已经与安洁科技、艾福电子、波发特电子等公司签订了长期意向合作协议，且已与多家相关企业建立了长期合作。同时基于本团队的技术积累，可实现滤波器金属化镀银的全过程自主生产，为未来追求更高性能需求市场打下基础。

项目三：沈阳舞指科技有限公司

所属高校：东北大学

所获奖项：第七届"互联网+"大学生创新创业大赛国赛金奖

项目概述：舞指科技，致力于打造生物电信号领域的Neuralink（马斯克创立的脑机接口领域全球龙头企业），通过基于生物电信号的神经接口，随时随地控制智能设备，成为万物互联的基础设施之一。

公司构建了国际领先的从信号处理的SIP封装芯片到算法、数据库的一整套核心壁垒，对比国际当前行业指标提升10倍以上，解析动作数量突破1 000种，准确率达到90%以上。

公司作为冬奥会独家官方手语转换与翻译供应商，产品入选《中国残联辅助器具指导目录》，为来自各国的聋人和听人提供跨国界、无障碍的沟通服务。与小米集团、科大讯飞等名企携手打造全球最大的中文手语数据库。

公司天使轮获洪泰基金【工商已变更】及科大讯飞【协议已签订】数百万元战略投资，当前估值超两亿元，Pre-A轮融资获陆奇博士【华人在全球科技圈前最高职位，前微软全球副总裁，前百度总裁】领衔的奇绩创坛、顺为、英诺天使基金等一线机构TS【投资意向书】。

公司产品已应用于AIOT【AI+物联网】、VR、AR、助残、军工【快速响应】等多个领域，已和小米集团、科大讯飞、新松机器人、中易康复、中国残联、航天科工集团等行业头部企业及组织就产品协同研发及销售、生产基地建设、供应链整合等方面达成深度合作，2019—2021年营收增长均超过400%，截至2021年度8月，签单额已超过2 000万元。

创始人曾振，入选领航类"5213"计划，是最年轻的东吴科技创业领军人才，获批杭州市、苏州市总额超千万的项目资金支持，入选福布斯全球2018U30社会创新榜。于2018年、2019年两次代表中国科创企业出访硅谷，与Google、Apple、斯坦福等世界著名科技企业及研究机构进行深度交流，并多次获得新华社、央广网、中国日报、哈佛商业评论等国内外媒体报道。

团队主要成员毕业于东北大学、北京大学、加利福尼亚大学伯克利分校等相关专业一流高校，曾就职于日产自动车株式会社、大疆、Google、依图科技、网易等世界500强及行业头部企业。其中博士10人，硕士22人。目前公司直接带动就业32人，建设残疾人就业培训基地、云端数据基地，捐赠东创基金，间接带动就业上千人。

计划3年时间营收超过5亿元，成为全球神经接口领域的头部企业，登陆科创板。

项目四：欧姆威克，胃你守护——开启幽门螺杆菌免疫新时代

所属高校：南昌大学

项目奖项：第七届"互联网+"大学生创新创业大赛国赛金奖

项目概述：

（1）项目背景：幽门螺杆菌是一种长期定植于胃黏膜上皮黏液层的革兰阴性菌，具有高传染率与高感染率。目前，全球幽门螺杆菌平均感染率为62.8%，我国幽门螺杆菌感染率为55.8%。诸多共识及指南均指出幽门螺杆菌的感染与胃部疾病及胃癌的发病密切相关，每年治疗幽门螺杆菌所致疾病的费用超过100亿元。抗生素作为治疗幽门螺杆菌感染的主流方法，其耐药性却逐年上升，且易产生毒副作用，治疗费用高。疫苗的研发无疑成了这种背景下的最优解，然而目前市面上仍没有一款成熟的预防幽门螺杆菌的疫苗用于临床。

（2）产品介绍：本项目团队以足够安全的外膜囊泡为出发点，通过对幽门螺杆菌外膜囊泡进行改造和提纯，制成口服幽门螺杆菌疫苗——幽菌清，临床前期试验从16个方面、54组数据证实了"幽菌清"外膜囊泡疫苗的安全性和高效稳定的免疫保护效力。疫苗有效率达到 86%，预计可让全国 6.6 亿人免于幽门螺杆菌感染。项目团队自主拥有高效刺激宿主免疫反应的幽门螺杆菌突变株构建、外膜囊泡的纯化方法两大核心技术，力争在未来实现幽门螺杆菌全民免疫。

（3）市场分析：前期通过对江西、湖南两地的调研结果显示，89.27% 的人对于接种幽门螺杆菌疫苗持支持态度。本项目首先将选取 0 至 35 岁未曾感染幽门螺杆菌的人群作为目标人群，以江西为中心，向抗生素耐药率高的地区扩展，最终面向全国市场，市场规模预计超过 38.81 亿元。

（4）商业模式：本项目团队提供纯化和生产技术，掌握核心幽门螺杆菌突变菌株，委托公司进行大规模生产，形成完整的生产销售网络。并成功与成都康华生物制品股份有限公司签订投资合作意向书、代理销售意向书，实现成本最低化，利益最大化，具备了疫苗生产研发初创企业的先决条件。

（5）项目团队：本团队为本科生多学科复合型团队，成员优势互补、分工明确。项目团队有强大的专家团队阵容，包括中华消化学会幽门螺杆菌学组秘书谢勇教授、西南大学孔庆科教授为项目保驾护航。

（6）项目成果：本项目已拥有技术相关 4 项授权发明专利、2 项正在审批的发明专利、相关 SCI 论文 14 篇、1 项科技查新报告。其中美国国家科学院院士、美国微生物学会院士 Dr.Roy Curtiss Ⅲ，上海交大全球健康学院郭晓奎院长，2015—2019 年 Elsevier 数据库发布的生物医学工程领域的"中国高被引学者"文学军教授对本项目高度认可。

三、其他创新创业训练项目

（一）全国职业院校技能大赛

全国职业院校技能大赛是由中华人民共和国教育部发起，联合国务院有关部门、行业组织和地方共同举办的一项全国性职业院校学生技能竞赛活动。大赛旨在充分展示职业教育改革发展的丰硕成果，集中展现职业院校师生的风采，努力营造全社会关心、支持职业教育发展的良好氛围，强化"崇尚一技之长、不唯学历凭能力"的现代职业教育理念，促进职业院校与行业企业的产教结合，更好地为中国经济建设和社会发展服务。全国职业院校技能大赛是专业覆盖面最广、参赛选手最多、社会影响最大、联合主办部门最全的国家级职业院校技能赛事。

全国职业院校技能大赛作为我国职业教育工作的一项重大制度设计与创新，是培养、选拔高素质劳动者和高水平技能型人才的重要途径，也是培养高素质劳动者和技能型人才的要求。大赛深化了职业教育教学改革，推动了产教融合、校企合作，促进了人才培养和产业发展的结合，扩大了职业教育的国际交流，增强了职业教育的影响力和吸引力。大赛已成为广大师生展示风采、追梦圆梦的广阔舞台，成为促进我国职业教育改革发展的重要抓手,对职业院校办出特色、办出水平有十分重要的引领作用。

大赛组委会是全国职业院校技能大赛的最高领导决策机构,组委会主任由教育部部长担任,委员由联办单位相关负责人组成。组委会的主要职责包括:确定大赛定位、办赛原则及组织形式;审定设赛范围及实施方案;审定年度赛区安排;顶层设计制度安排,审定赛事规划;指导开展全国职业院校学生技能竞赛;审定发布大赛最终成绩等。大赛组委会设秘书处负责大赛组委会日常事务。大赛组委会秘书处设在教育部职业教育与成人教育司,秘书长由教育部职业教育与成人教育司司长担任。大赛组委会主任、秘书处秘书长的人选足以证明该项赛事在全国职业教育领域举足轻重的地位。

全国职业院校技能大赛是中国职业教育学生切磋技能、展示成果的舞台,也是总览中国职业教育发展水平的窗口,被誉为中国职业教育的"奥林匹克"。

(二) 全国大学生网络商务创新应用大赛

为全面贯彻《2006—2020年国家信息化发展战略》《国务院办公厅关于加快电子商务发展的若干意见》和《电子商务"十二五"发展规划》,自2007年开始,中国互联网协会每年主办全国大学生网络商务创新应用大赛,搭建由中央及各地方政府、教育主管部门、业界典型的互联网企业及地方知名企业、全国的高校师生共同参与的大学生网络创新创业生态圈。

大赛的竞赛项目都是由企业的真实商业问题构成的。选手可选择任一商业项目,提交策划、撰写方案。学生撰写方案时,可以根据需要利用大赛协办单位的网络工具平台,将方案对应一个主题赛事。参赛学生(团队)不必拘泥于大赛组委会提供竞赛项目的内容和形式,可以选择特定商业问题的一个侧面或改变商业问题的内容或形式作为自己的竞赛项目,也可以自己选定的商业问题和企业作为自己的竞赛项目,甚至也可以自己的创业项目作为自己的竞赛项目。

优秀的方案将在大赛官网和大赛协办单位平台上展示。中国互联网协会还邀请大赛特别研究与策划机构——北京师范大学电子商务研究中心在大赛过程中梳理企业对于网络商务人才需求的能力标准,整理网络商务教学案例,并对优秀大学生的网络商务作品进行汇编,供全国各大高校参考。

(三) 全国大学生电子商务"创新、创意及创业"挑战赛

随着我国电子商务支撑环境不断完善、应用模式不断拓展、创业浪潮持续高涨,我国电子商务的发展存在着巨大的创新空间。由于电子商务创业的成本低、风险小、见效快,因此,电子商务的创业实践也容易引进到高等学校电子商务类专业的教学活动中,特别是通过产、学、研结合等模式进行人才培养模式的综合改革。

从2009年开始,教育部高等学校电子商务专业教学指导委员会面向全国高校(含港澳台地区)举办以"创新、创意及创业"为主题的全国大学生电子商务"三创赛"。全国大学生电子商务"三创赛"是教育部、财政部高等学校"教学质量与教学改革工程"重点

支持项目。"三创赛"在与企业项目接轨的实战过程中营造产、学、研紧密结合的大学生实训实战氛围,"三创赛"注重比赛的前瞻性、实战性、普及性和引导力,为大学生理论联系实际,学以致用,强化网络交互能力、团队协作能力、项目组织开发能力等大学生创新创业素质的培养,在实践中学习、在实战中成长,提供了施展才华的广阔空间。大学生通过竞赛挑战企业需求项目,激励创意、创新、创业热情,建立高校教育教学与社会经济发展紧密联系的立交桥。

(四) 全国大学生电子设计竞赛

全国大学生电子设计竞赛是教育部、工业和信息化部共同发起的大学生学科竞赛之一,是面向大学生的群众性科技活动,目的在于推动高等学校促进信息与电子类专业课程体系和课程内容的改革,有助于高等学校实施素质教育,培养学生的创新能力、协作精神、动手能力、工程实践能力、针对实际问题进行电子设计制作的能力,以及大学生的实践创新意识和工程实践素质的培养;同时,有助于吸引、鼓励广大青年学生踊跃参加课外科技活动,为优秀人才的脱颖而出创造条件。

全国大学生电子设计竞赛的特点是与高等学校相关专业的课程体系和课程内容改革密切结合,以推动其课程教学与改革和实验室建设工作。竞赛的特色是与理论联系实际的学风建设紧密结合,竞赛内容既有理论设计,又有实际制作,以全面检验和加强参赛学生的理论基础及实践创新能力。

全国大学生电子设计竞赛的组织运行模式为"政府主办、专家主导、学生主体、社会参与",以充分调动各方面的参与积极性。

全国大学生电子设计竞赛原则上安排在单数年的9月中旬举行,为期4天。竞赛以赛区为单位统一组织报名、竞赛、评审和评奖工作。鼓励设有信息与电子学科及相关专业或已开展电子设计科技活动的高等学校,积极组织学生参加全国大学生电子设计竞赛。学生自愿组合,三人一队,由所在学校统一向赛区组委会报名。参赛队数由学校自行确定。为鼓励不同类型的高校和不同专业或专业方向的学生都能参加竞赛,全国竞赛专家组根据命题原则,将统一编制若干个竞赛题目,供参赛学生选用。竞赛所需场地、仪器设备、元器件或耗材原则上由参赛学校负责提供。

(五) 全国大学生结构设计竞赛

全国大学生结构设计竞赛是由高等学校土木工程学科专业指导委员会和中国土木工程学会联合主办,由高校轮流承办,是土木工程学科培养大学生创新精神、团队意识和实践能力的最高水平学科竞赛。

全国大学生结构设计竞赛的宗旨是,培养大学生的创新意识、合作精神,提高大学生的创新设计能力、动手实践能力和综合素质,加强高校间的交流与合作。2005年,第一届全国大学生结构设计竞赛在浙江大学成功举办,随后大赛原则上每年举办一次,竞赛时间一般安排在下半年。竞赛为高等学校开展创新教育和实践教学改革、加强高校与企业之间的联系、推动学科创新活动起到积极示范作用。

参赛学校原则上以通过全国高等学校土木工程专业教育评估的学校为主，已有省、直辖市、自治区级竞赛的地区，可由各地区推荐优秀作品参赛；根据需要可适当邀请其他高校参加；参赛队员应为全日制在校本、专科生。申报参赛作品以小组申报，每件作品参赛者不超过3人。参赛作品在比赛现场展示或演示，供专家评审和其他人员观摩。获奖作品在竞赛结束后保留15天的异议期，若收到投诉，竞赛委员会将会同专家委员会组织调查，经确认有违规行为，则取消该作品奖项，并予以通报。

（六）全国大学生广告艺术大赛

全国大学生广告艺术大赛（以下简称"大广赛"），由教育部高等教育司指导，中国高等教育学会、教育部高等学校新闻传播学类专业教学指导委员会共同主办，中国传媒大学、全国大学生广告艺术大赛组委会承办，是面向全国在校大学生的一项群众性的广告策划创意实践活动。大赛的目的在于活跃大学生的课外文化生活，激发大学生的创意灵感，加强大学生实践能力、创新能力和合作精神的培养，推动大学新闻传播、广告艺术教育的人才培养模式改革，不断提高人才培养质量。参赛作品分为平面类、视频类、动画类、互动类、广播类、策划案类、营销创客类、公益类八大类。

大广赛组委会聘请高校和广告业界专家组成"全国大学生广告艺术大赛评奖委员会"，负责制定《全国大学生广告艺术大赛评奖办法》和参赛作品的评审工作。

为了扩大受益面、推动实践教学改革和教学研究，大广赛采取学校初选、分赛区评选、总赛区评审的形式。各分赛区将获等级奖的作品报送大广赛组委会参加全国总赛区评审。获各分赛区奖项的作品由分赛区颁发获奖证书，获得全国总赛区奖项的作品由全国大广赛组委会颁发证书。

大广赛自2005年开始，每两年举办一届，从2014年开始改为一年举办一届，全国一千多所高校参与其中，数十万学生提交作品。企业牵手大广赛，使学校、企业、社会得以沟通。大学生对企业品牌背景资料的挖掘、了解、分析、进行创作，不仅使企业得到最鲜活的原创作品，给予企业灵感与启迪，同时，也使企业的理念、产品在大学生这个庞大的群体中产生深远影响，得到有效的传播。

实践案例

华夏之音创业团队对
大学生开展创新实践的建议

站在企业角度看待
在校大学生创新能力的提升

在创新实践中的收获

模块实训

模拟专利申请

1. 实训目标

（1）熟悉专利申请流程。

（2）理解创新成果保护的重要性。

2. 实训要求

以小组为单位，完成专利申请，包括对不同专利的理解，专利申请书、说明书和权利要求书的讨论与撰写。

3. 实训步骤

（1）教师对学生进行分组，每组3～5人，同时选出一名组长。

（2）组长组织小组成员进行讨论，设定申请专利的情景。

（3）设定好情景后，组内成员分成两方进行角色扮演。一方扮演专利申请人，另一方扮演专利行政部门的工作人员。

（4）课上进行表演，教师对每个学生的表现进行点评。

模块八
创业实践：新企业的创办与管理

学习指南

选择不同的企业组织形式，将会对企业有不同的要求，如注册资金、业主的风险责任、办理相关手续的难易程度、贷款的难易程度、企业的决策程序和利润所得等。企业需要进行登记注册，才能受到国家相关法律的保护。在开办和经营企业的过程中，必须遵守国家的税法、企业法、劳动合同法、环境保护法等法律、法规。通过本模块的学习，了解新企业组织的形式与选择、新企业的选址、新企业的注册登记等内容。

学习目标

知识目标
1. 了解新企业的组织形式；
2. 掌握新企业选址的步骤及策略；
3. 掌握新企业注册登记的方法；
4. 掌握新企业组织管理、营销管理、财务管理、产品管理的方法。

能力目标
1. 能够根据实际需求注册企业组织形式；
2. 能够为新创办的企业选址；
3. 能够掌握企业注册相关流程并进行注册登记；
4. 能够通过有效管理，增强企业能力，保持企业核心竞争力。

素养目标
1. 加强日常行为举止修炼，逐步具备创业者的基本素质；
2. 具备勇于创新的精神，不断提升自己的综合素质和创业能力；
3. 遵守法律法规和商业道德，诚信经营，承担企业的社会责任；
4. 加强创业者的基本素质，养成遵守法律法规和商业道德，承担企业的社会责任。

案例导入

摸不清企业注册的流程产生畏难情绪

毕业于某学院美术系的小陈准备与他的3个大学同学一起创办一家专门从事彩绘、墙绘、企业文化建设的企业。他们一共凑齐了12万元，随后就开始张罗着选址、注册公司，并给公司起名字。然而，4个从来没有创办企业经历的年轻人从企业注册这一步就开始"晕菜"了。虽然在绘画、艺术设计中他们个个都是好手，但是在准备创办企业这件事情上，他们甚至连工商管理部门的大门朝哪儿开都不清楚，这让他们心里没了底。为了弄清楚企业注册的法律流程，他们先到工商管理部门拿了一套企业注册的程序介绍。几个人回来研究了一番，却发现越研究越不明白。像他们这样从事彩绘、墙绘的公司究竟应该注册成什么类型的企业？注册时应该提供哪些资料？具体的费用是多少？究竟该怎么给自己的公司起名？几个人商讨了好几个晚上还是没有结果。烦琐的注册程序使几个人同时产生了畏难情绪。

案例思考

小陈和他的同学们应该选择注册什么类型的企业？注册企业时需要提供哪些必要的文件和资料？注册公司的名字和地址如何选择？如何更好地理解和应对企业注册的法律流程？

任务一 新企业组织形式

一、企业的组织形式

企业的组织形式反映企业的性质、地位和作用，表明一个企业的财产构成、内部关系及与外部经济组织之间的联系方式。目前，我国常见的企业组织形式有个人独资企业、合伙制企业和公司制企业（有限责任公司、股份有限公司）三大类别。

（一）个人独资企业

个人独资企业，即为个人出资经营、归个人所有和控制、由个人承担经营风险和享有全部经营收益的企业。以独资经营方式经营的独资企业有无限的经济责任，破产时借方可以扣留业主的个人财产。

1. 个人独资企业的特点

个人独资是最常见的企业组织形式，它具有以下特点：

（1）只有一个出资者。

（2）出资人对企业债务承担无限责任。在个人独资企业中，出资人直接拥有企业的全部资产并直接负责企业的全部负债，也就是说出资人承担无限责任。

（3）独资企业不作为企业所得税的纳税主体。一般来说，个人独资企业并不作为企业所得税的纳税主体，其收益纳入所有者的其他收益一并计算缴纳个人所得税。

2. 个人独资企业的优点和缺点

个人独资企业是企业制度序列中最初始和最古典的形态，也是民营企业中最常见的形式之一。许多的大企业、大集团，当初在创业的时候都是以个人独资企业的身份开始的。之所以会这样，是鉴于个人独资企业有以下优点：

（1）保密性强。个人独资企业由创业者经营管理，和企业相关的商业保密信息由创业者一人掌管，杜绝了核心技术机密的泄露，保证了企业在市场经济中的竞争优势。很多以配方为核心竞争力的企业都是个人独资企业，至少是从个人独资企业起步的，例如，"老干妈""俏江南"这些是我们熟知的品牌。

（2）灵活性强。创业者以个人或一个家庭为单位，无资本数量限制，而且企业的创立、转让、倒闭等行为只需创业者向政府及相关部门登记申请即可，没有其他手续，故而免掉了很多程序，节约了时间和成本。个人独资企业不受外来限制，创业者对企业的经营有很大的自由，创业者可以灵活地调整企业的经营模式，方便快捷地解决难题，快速地适应市场。

（3）缴纳税金少。相比较法人企业，个人独资企业只需缴纳个人所得税，无双重课税。企业经营发展所赢得的利润归个人所有，无须与别人共享，企业的经济负担较小。

虽然个人独资企业有以上的优点，但它也有比较明显的缺点，具体如下：

（1）如果企业规模较小则难以筹集大量资金。创业者个人的资金终归有限，当企业还处于发展初期、规模较小的时候，借贷款难度也较大。因此，个人独资企业反过来也限制了企业的发展。

（2）高风险成为创业者的软约束。创业者以个人财产对企业承担无限责任，在硬化了企业预算约束的同时，也带来了创业者承担风险过大的问题，从而限制了创业者向风险较大的部门或领域进行投资的活动，对新兴产业的形成和发展极为不利。

（3）企业经营的连续性得不到保障。企业所有权和经营权高度统一的产权结构，虽然使企业拥有充分的自主权，但也意味着企业是创业者个人的企业，创业者的健康、学识、能力及其所受的各种影响，都可能关乎企业的存亡。

由于个人独资企业创设条件简单，易于组建，所以大多数的小企业按个人独资企业组织设立。

（二）合伙制企业

合伙制企业是指由两人或两人以上按照协议投资，共同经营、共负盈亏的企业。合伙制企业财产由全体合伙人共有，共同经营，合伙人对企业债务承担连带无限清偿责任。

1. 合伙制企业的特点

（1）有两个以上所有者（出资者）；

（2）合伙人对企业债务承担连带无限责任，包括对其他无限责任合伙人集体采取的行为负无限责任；

（3）合伙人通常按照他们对合伙企业的出资比例分享利润或分担亏损；

（4）合伙企业一般不缴纳企业所得税，其收益直接分配给合伙人。

2. 合伙制企业的优点和缺点

（1）合伙制企业的优点。

1）资金来源较广。与个人独资企业相比较，合伙企业可以从众多的合伙人处筹集资本，合伙人共同偿还债务，减少了银行贷款的风险，使企业的筹资能力有所提高。

2）管理能力较高。合伙制企业的合伙人都具有企业决策权，可以集思广益，突破个人独资企业只有创业者一人的局限性，从而提高了企业在市场的竞争力。

3）保障小股东利益。在企业管理和决策时，小股东和大股东有相同的地位，小股东也可以参与进来，这样大大地保证了小股东的利益。

（2）合伙制企业的缺点。

1）风险高。合伙制企业和个人独资企业一样，合伙人在企业倒闭还债时，个人的家庭财产也面临威胁。

2）灵活性差。合伙人的产权不可以自由出售或转让，必须经过其他合伙人的同意才可以实施。每位合伙人都要对一定比例的净利润缴纳所得税，无论他们是否获得这部分利益。由于每一位合伙人都有决策权，每一件事情都要协商才能决策，灵活性不高，如果合伙人之间有分歧矛盾，会直接影响到企业的发展。

（三）有限责任公司

有限责任公司是在我国境内依法设立的，股东以其认缴的出资额为限对公司承担责任，公司以其全部资产为限对公司的债务承担责任的企业法人。

1. 有限责任公司的特点

（1）有 1~50 个出资者，需要说明的是一人有限责任公司是在 2005 年 10 月 27 日第十届全国人大第十八次会议上通过的《中华人民共和国公司法》中新加入的。

（2）股东出资须达到法定资本最低限额。一人有限责任公司注册资本的最低限额为 10 万元人民币，而一般有限责任公司注册资本的最低限额为 3 万元人民币。

（3）有限责任公司不能公开募集股份，不能发行股票。

（4）股东对公司的债务承担有限责任，倘若公司破产清算，股东的损失以其对公司的投资额为限。

2. 有限责任公司的优点和缺点

（1）有限责任公司的优点。

1）公司便于治理。由于有限责任公司产权主体多元化，每一位投资者都会按照一定的份额来享受权利、履行义务。所以,每一位投资者都有提高治理公司能力的要求,重视制定公司章程,争取让公司的决策管理实现最优,并且通过成立股东大会、董事会、监事会,来参与到公司运行的每一个环节,提高了公司的生产效率,保证了公司发展途中的公开化、透明化。

2)延续性强。具有所有权的董事由股东会选举和罢免,具有经营权的经理由董事会聘任和辞退,所以即使某些股东出让股份也不影响公司的延续,公司可以实现长远发展。

3)投资风险有限。和个人独资企业及合伙企业不同,有限责任公司的股东以投资额为限承担有限责任,出资额以外的财产不受债权影响。

(2)有限责任公司的缺点。

1)税收繁重。有限责任公司承担双重税收,不仅要上缴净利润的所得税,而且股东还要缴纳股息的所得税,公司财产负担较重。

2)企业规模受限。由于有限责任公司自身的限制,企业不能公开发行股票,导致企业规模受限。

(四)股份有限公司

股份有限公司是依法设立,其全部资本分为等额股份,股东以其所持股份为限对公司承担责任,公司以其全部资产对公司的债务承担责任的企业法人。股份有限公司是与其所有者即股东相对独立的法人,对公司债务承担有限责任。

1. 股份有限公司的特点

在现代企业的各种组织形式中,股份有限公司在企业组织形式中占据主导地位。股份有限公司和以上三种组织形式相比具有以下特点:

(1)有限责任。这一点与有限责任公司相同,股东对股份有限公司的债务承担有限责任,倘若公司破产清算,股东的损失以其对公司的投资额为限。而对独资企业和合伙企业,其所有者可能损失更多,甚至损失个人的全部财产。

(2)永续存在。股份有限公司的法人地位不受某些股东死亡或转让股份的影响。因此,其寿命较独资企业或合伙企业更有保障。

(3)可转让性。股份有限公司的股份转让比独资企业和合伙企业的权益转让更为容易。

(4)易于筹资。从筹集资本的角度看,股份有限公司是最有效的企业组织形式。由于其永续存在及举债和增股的空间大,股份有限公司具有更大的筹资能力和弹性。

(5)对公司的收益重复纳税。作为一种企业组织形式,股份有限公司也有不足,最大的缺点是对公司的收益重复纳税:公司的收益先要缴纳公司所得税;税后收益以现金股利分配给股东后,股东还要缴纳个人所得税。

2. 股份有限公司的优点和缺点

(1)股份有限公司的优点。

1)资本集中快捷。股份有限公司可以面向大众发售股票债券,吸收社会上的闲散资金，以最快、最便捷的方式收取资金。

2）股份流动性强。股份有限公司的股票易于转让，公司可以通过资本运作、优化资源配置、提高企业自身价值，加快公司产权的流动与重组。

3）公开化。股份有限公司必须坚持公开性原则，公开企业所有相关信息，便于社会的监督及检查，促进了公司向透明化发展，杜绝了腐败现象，有利于公司的市场竞争，保证了公司的经营效率。

（2）股份有限公司的缺点。受到来自各方面的限制较多，如法律限制和社会限制，而且设立手续复杂，组建经费较高，风险较大。

二、企业组织形式的选择

创业伊始，创业者不但需要了解我国现有的企业组织形式有哪些，更应当了解每一种组织形式的优劣，从而选择一种最合适的企业组织形式。通常，选择组织形式需要考虑以下五个因素。

1. 拟投资的行业

对于一些特殊的行业，法律规定只能采用特殊的组织形式，如律师事务所只能采用合伙形式而不能采用公司形式。对于银行、保险等行业，只能采用公司制。因此，根据拟投资的行业选择企业的组织形式是首要考虑的因素。对于法律强制规定了的行业，只能按照法律的要求选择组织形式。近来非常热门的私募股权基金，法律只允许选择公司制和合伙制，越来越多的私募股权基金选择了有限合伙制的组织形式。

2. 创业者的风险承担能力

创业者自身的风险承担能力是创业者必须考虑的因素之一，企业组织形式与创业者日后承担的风险息息相关。公司制企业股东仅以出资额为限承担责任，普通合伙制企业投资人、个人独资企业投资人都要承担无限责任。选择后两种企业组织形式，创业者要承担较大风险。

3. 税务因素

由于不同的企业组织形式所缴纳的税不同，因此，选择企业组织形式必须考虑税务问题。根据我国税法规定，个人独资企业和合伙企业的生产经营所得计征个人所得税，公司制企业既要缴纳企业所得税，又要在向股东分配利润时为股东代扣代缴个人所得税。因此，从税负筹划的角度，选择个人独资企业和合伙企业税负更低。

4. 未来融资需要

如果创业者资金充足，拟投资的事业资金需求也不大，则采用合伙制和有限责任公司制均可，如果日后发展业务所需资金规模非常大，建议采取股份有限公司组织形式。

5. 关于经营期限的考虑

对于个人独资企业，一旦投资人死亡且无继承人或继承人决定放弃继承，则企业必须解散。合伙企业由合伙人组成，一旦合伙人死亡，除非不断吸收新的合伙人，否则合伙企业寿命也是有限的。因此，合伙企业和个人独资企业经营期限都不会很长，很难持续发展下去。但公司制企业则不同，除出现法定解散事由或股东决议解散外，原则上公司制企业可以永远存在。

当然，除上述因素外，还可以从投资权益的自由流通和经营管理需要等多个方面就企业组织形式的优劣进行分析比较，进而选择最合适的组织形式。

案例 8-1

选择适合的企业组织形式

学过平面设计的李琴想开办一个设计工作室，但由于一时还凑不出创业所需要的资金，便暂时放下了创业的想法，应聘到了本地最大的一家平面设计机构去工作。在工作中，李琴刻苦认真、谦虚好学，不断从老设计师身上学习新的设计技术和理念，同时，也在为自己的创业做准备。在工作一年多后，李琴正式辞职，决心用自己的积蓄开始创业。为了节约成本，李琴租下了一栋旧写字楼里的一间仅十几平方米的小办公室。有了办公室之后，李琴又到旧货市场买了办公桌椅、文件柜等办公家具，并把自己家里的计算机搬到办公室进行办公，她还买了一台彩色打印机，所有成本总共不到1万元。

一切准备工作就绪后，李琴到工商局进行注册咨询，咨询后得知，如果注册有限责任公司，各种手续办下来要花2 000多元，而注册个体工商户的花费要少很多，于是她就用"李琴设计工作室"的名字办理了个体工商户的注册手续。当领到《营业执照》时，李琴无比自豪，她的创业梦想终于走出了第一步，接下来就可以开展业务了。

任务二　新企业选址

创业者开始走上真正的创业之路，并需要成立一家企业，那么有一个真正属于自己的正规的办公场所就显得十分重要。新企业的选址对于新企业的生存有时起着非常关键的作用。创业者在进行新企业的选址时需要考虑一些具体的因素，遵循一定的规范流程，在开展具体选址调查时要符合客观、科学、全面等要求。

一、新企业选址需要考虑的因素

经济、技术、政治、社会文化、自然等方面的因素均会影响新企业选址的决策过程。

1. 经济因素

一般来说，新企业设立在关联企业和关联机构相对集中的地区就会相对容易获得成功。这是因为如果相互关联的企业集中在某一地区选址，该区域内的企业将产生一种既竞争又合作的关系，这种关系将推动该地区经济竞争力的发展，共同实现区域繁荣。

2. 技术因素

由于新技术对于高科技新企业的成功起着关键作用，因此相当多的高科技企业在创业选址时，将企业建在技术研发中心附近或新技术信息传递比较迅速的地区，以在第一时间掌握技术的变化趋势，规避技术进步的不确定性带来的风险。例如，美国的硅谷、我国的中关村等都是根据技术因素选址的典型代表。

3. 政治因素

政治因素是指影响企业经营的各种政治要素，包括政局、政策等。

政局即政治局面或政治局势，是指创业企业所处的国家或地区的政治状况。一个国家或地区的政局稳定与否会给企业，特别是创业企业的生产和营销活动带来重大影响。稳定的政局会给企业带来良好的生产和营销环境；相反，政局不稳定，社会矛盾尖锐，社会秩序混乱，不仅会影响经济发展和民众的购买力，而且对企业的营销心理也有重大的影响。因此，创业者在创业前要对影响企业经营的政局环境进行详细分析。

各个国家在不同时期，根据不同需要颁布各种不同政策，制定各种经济发展方针，这些政策对创业企业的活动有着重要影响。政策是国家或执政党为实现一定历史时期的路线和任务而规定的行动准则。国家政策是企业经营必须遵守的准则，企业制订的经营战略和目标必须适应国家政策，创业者应对各种相关政策有充分的了解，并能对它们的变化趋势做出正确的判断，充分利用政策带来的机会来选择有利的地理位置。

4. 社会文化因素

不同地域的社会习俗、文化价值观、生活态度等方面差别很大，社会对安全、健康、营养及环境的关注程度也不尽相同，因此，新企业在选址时，如果不考虑上述因素，其所提供的产品或服务就很有可能不被其所在地的市场接受。

5. 自然因素

在新企业选址时，创业者还必须考虑气候变化、地质状况、水资源可利用性等自然因素，这些因素可能影响企业日常生产经营调度、原材料供给、安全生产等方面。

二、新企业选址的步骤

一个企业经营项目，若选错了地址，小则影响生意兴隆，大则可能导致"关门大吉"。创业选址工作，对于一些缺乏经验的创业者来说，是创业者需要面对的一个难题，对于大学生更是如此，新企业选址的具体步骤如下。

1. 分析客户群体，选择黄金场地

每个行业都有对应的消费人群，不同的行业需要不同的区位场地，所以在选择场地时，首先就要正确分析客户群体，判断所选场地是否靠近客户群体。例如，要开一个小商品零售店，就应该选择在人群密集区域；如果打算开一个有情调的茶吧，那么选址则要在幽静的场地。总之，企业的环境一定要与客户群体相适应，选择有针对性的黄金场地。

2. 考虑租金承受力，做好成本考量

初次创业者一般还没有能力拥有一个场地，这时创业者就要考虑租房。开业初期，需要资金的地方很多，还需要一定的储备资金，所以在选择地点时企业的租金也至关重要，租金的高低与以下两个方面息息相关。

（1）办公场所面积。需要考虑清楚自己要用到多大面积的办公场地。如果准备开一个微型公司，潜在客户也不需要来访，那就找一个小办公室。如果公司业务网较大，那就需要足够大的面积，能容纳员工，且拥有多种功能。

（2）房屋情况。办公场地的结构、装修等情况也是需要着重考虑的因素。一般来说，新企业的老板们倾向于选择水电安装、房屋装修到位的办公室，这样直接入驻，就能开展工作了。

3. 留意交通情况，方便客户驻留

交通是否顺畅已经成了企业最关心的因素之一。交通甚至会改变城市人口的经济行为、居住选择、空间概念。例如，商店附近的交通状况会在很大程度上影响商店的经营状况，尤其是住宅区，上班与下班的高峰时间，街道两旁的行人、车辆，可呈现明显的差距，因此，创业者一般在商店选址时都会考虑交通路线问题。很多消费者通常会在下班回家的途中进行消费，因此并不是主干道的旁边才算是开设商店的黄金位置，由主干道延伸出的巷弄内，也有许多适合开店的地点。而一般评估巷道内的"黄金店面"，多可用漏斗理论，即同一个街口，如果有数家商店，那么位于主干道转进巷道的第一家商店，会像漏斗一样，最先吸引消费者入店。

4. 考察周边环境，促进良性循环

有了备选地点之后，要考察周边的环境，包括社会环境和自然环境。这个时候要从两个角度来考量，一个是获利的角度：有什么迹象显示你中意的地点可以给你创造佳绩？另一个就是从客户的角度：如果是你，你会不会到这儿来逛街？逛到这儿的时候会不会进来看看？即便是黄金地段也有冷清的店铺，二级商圈里也有热门的区位。

三、新企业选址的策略

1. 生产性质的新企业选址

生产性质的新企业在选址时要考虑周边地区具备的生产条件：交通方便，便于原料运进和产品运出；生产用电要充足，生产用水要保证；生产所使用的原料基地要尽量距离企业地址不远；所使用的劳动力资源要尽量就地解决；当地税收是否有优惠政策等。如果是一些可能对环境造成影响的生产项目，还须考虑环保问题。

2. 商业性质的新企业选址

商业性质的新企业在选址时应考虑创业地点的实际情况、客流量、店铺租金等方面，如在城市，若干个商业圈往往可以带动圈内商业的规模效应，新企业选择建立在商业圈内会较易经营，但与繁华商业圈寸土寸金的消费能力相应，其店铺租金或转让费也十分昂贵，往往会让创业者捉襟见肘，使新企业很难在商业圈内得到一席之地。为此，创业者可以在商业圈内利用联合经营、委托代销等方式或在商业圈边缘选址，转向"次商圈"，将因此而节约下来的资金用于货品升级、提升服务等。

3. 服务性质的新企业选址

服务性质的新企业在选址时要根据具体的经营对象灵活选址，但对客流量要求较高。"天下熙熙，皆为利来；天下攘攘，皆为利往"，因而，可以说客流在一定意义上就等于财流。在车水马龙、人流量大的地段经营，服务性质的新企业成功的概率往往比在人迹罕至的地段要高得多，但也应结合企业的目标消费群体的特点。

与竞争对手的相对位置是影响服务企业选址的一个非常重要的因素。服务业企业在进行设施选址时必须考虑竞争者的现有位置，还需估计他们对新选址的反应。在有些情况下，选址时应该避开竞争对手，但对于商店、小吃店等，在竞争者附近设址有更多的好处。在这种情况下，可能会有一种"聚集效应"。

案例 8-2

选址的重要性

经营一个小休闲吧一年多的时间，从当初的惨淡维持到目前的渐有起色，业主马女士说，开店选地址是非常重要的，不能只凭自己的主观判断和房东的热情推荐，否则经营得再好，也受先天不足的制约。

马女士很早就有自己创业的想法，经过自己的考察和朋友的建议后，她选择开一个小型休闲吧。很多人在娱乐方面比较喜欢打扑克，马女士看好这个市场。考虑到一些繁华地带已经有了很多著名品牌的连锁咖啡店，马女士就决定从次一级的地段入手，黄河路沿线成了她的首选。看了好几个地方，租金都太高，后来一个大约 60 m² 的小店面吸引了她。

这个地方原先开过饭店，包间的格局基本已经固定了，房东租的价格很低，每个月只要 2 000 元。但有一个缺点就是不临街，而是在黄河路的侧面上。装修的花费不高，租下来 10 天左右就开业了。收入的主要来源就是饮料和小吃等，马女士预计有一半的上座率，每天翻两番，每天营业收入可以达到 1 000 元。咖啡、小吃的成本很低，初期只请了一个服务员，工资 2 000 元。这种小吧只在客人刚来的时候忙一些，太忙了自己就顶一阵。这样每月的营业额能达到 3 万元。

但实际情况并不是马女士估计的那样，地段不醒目，客人来得零零落落，周围几个没有固定职业的邻居倒是常来。因为没设最低消费，他们只要一壶 20 元的茶水，几个人就能坐上一天。烟抽得很大，小店面积还小，也影响了其他的客人。

马女士想了几种办法来增加人气，联系几位常玩的朋友，让他们把客人往这儿带，发打折的会员卡等。一番努力之下，人来得渐渐多了，这时候地段又成为致命的影响因素，朋友让人来，电话里说了好几遍人家也不知道怎么走，发传单标明小店的位置也费了很大周折。

现如今，马女士的小休闲吧渐渐有了人气。她总结自己的创业经验表示，地段还是非常重要的，好地段租金可能会高一点，但是绝对物有所值，同样一番努力，如果地段好一点，自己多付出的租金也早就挣回来了。

任务三　新企业注册登记

一、个人独资企业注册登记

1. 个人独资企业注册登记应提交文件材料目录

（1）投资人签署的《个人独资企业设立登记申请书》（表8-1）。

（2）投资人身份证明。

（3）企业住所证明。

（4）国家市场监督管理总局规定提交的其他文件。

（5）法律、行政法规规定须报经有关部门审批的业务的有关批准文件。

2. 说明

（1）申请人是指向登记机关提出设立登记申请的人。申请人是投资人的，应提交投资人的身份证明；申请人是投资人委托代理人的，应提交投资人的委托书和代理人的身份证明或资格证明。申请人也是领取执照的人。

（2）申请人提交的文件、证明应当是原件，不能提交原件的，其复制件应当由登记机关核对。

（3）申请人应当使用钢笔、毛笔或签字笔认真填写表格或签字。

（4）投资人身份证明是指投资人的居民身份证或户籍证明。

（5）企业住所证明：投资人自有的住所，应当提交房管部门出具的产权证明；租用他人的场所，应当提交租赁协议和房管部门的产权证明。没有房管部门产权证明的，提交其他产权证明。企业住所在农村，没有房管部门颁发的产权证明的，可提交村委会出具的证明。

（6）申请书中"居所"是指投资人的现住址。申请人在填写申请书中"居所""企业住所"栏时，应填写所在市、县、乡（镇）及村、街道门牌号码。

（7）申请人在填写申请书中"出资方式"栏时，在选择项的序号上画"√"。

（8）申请人在填写申请书中"从业人员数"栏时，应填写企业拟聘用从业人员的数量。

表 8-1　个人独资企业设立登记申请书

一、投资人基本情况						
姓名		性别		出生日期		
文化程度		政治面貌		民族		照片粘贴处
居所				邮政编码		
身份证号				联系电话		
申请前职业状况						
二、申请登记项目						
企业名称						
备用名称1						
备用名称2						
企业住所				邮政编码		
				联系电话		
经营范围及方式						
出资额		万元		从业人员数		人
出资方式（请在选择上打"√"）	1. 以个人财产出资 2. 以家庭共有财产作为个人出资 　 家庭成员签名					
投资者身份证粘贴处			投资人名字： 申请日期			

二、合伙企业注册登记

1. 登记依据

合伙企业的登记依据是《中华人民共和国合伙企业法》和《中华人民共和国市场主体登记管理条例》。

2. 登记条件（设立）

（1）有两个以上合伙人。合伙人为自然人的，应当具有完全民事行为能力。

（2）有书面合伙协议。

（3）有合伙人认缴或实际缴付的出资。

（4）有合伙企业的名称和生产经营场所。

（5）法律、行政法规规定的其他条件。

3. 登记程序

合伙企业的登记程序：审查→受理→决定。

4. 登记期限

（1）材料不齐全、形式不合法的，5日内告知申请人需要补正的全部内容。

（2）材料齐全、形式合法，不需核实的，当场决定受理，做出准予登记决定，当场核发《营业执照》。

（3）需要核实的，自受理之日起15日内核实，并做出是否准予登记的决定，准予登记的，10日内核发《营业执照》。

5. 提交申请材料目录（设立）

（1）全体合伙人签署的《合伙企业设立登记申请书》。

（2）全体合伙人的主体资格证明或者自然人的身份证明。合伙人为自然人的，提交居民身份证复印件；合伙人是企业的，提交《营业执照》副本复印件；合伙人为事业法人的，提交事业法人登记证书复印件；合伙人为社团法人的，提交社团法人登记证复印件；合伙人为农民专业合作社的，提交农民专业合作社《营业执照》副本复印件；合伙人为民办非企业单位的，提交民办非企业单位证书复印件。

（3）全体合伙人指定的代表或者共同委托的代理人的委托书。

（4）全体合伙人签署的合伙协议。

（5）全体合伙人签署的对各合伙人认缴或者实际缴付出资的确认书。

（6）主要经营场所证明。某一合伙人以自有经营场所作为出资的，提交房管部门出具的产权证明；租用他人场所的，提交租赁协议和房管部门的产权证明。没有房管部门产权证明的，提交其他产权证明。经营场所在农村的，没有房管部门颁发的产权证明的，提交场所所在地村委会出具的证明。

（7）全体合伙人签署的委托执行事务合伙人的委托书；执行事务合伙人是法人或其他组织的，还应当提交其委派代表的委托书和身份证明复印件。

（8）合伙人以实物、知识产权、土地使用权或者其他财产权利出资，经全体合伙人协商作价的，提交全体合伙人签署的《协商作价确认书》；经全体合伙人委托法定评估机构评估作价的，提交法定评估机构出具的评估作价证明。

（9）法律、行政法规规定设立特殊的普通合伙企业需要提交合伙人的职业资格证明的，提交相应证明。

（10）办理了名称预先核准的，提交《名称预先核准通知书》。

（11）法律、行政法规或者国务院决定规定在登记前须经批准的项目的，提交有关批准文件。

（12）国家市场监督管理总局规定提交的其他文件。

三、有限公司设立登记须知

1. 登记依据

有限公司登记的依据有《中华人民共和国民法典》《中华人民共和国公司法》《中华人民共和国市场主体登记管理条例》。

2. 登记条件

申请有限责任公司登记应具备下列条件：

（1）股东符合法定人数。

（2）股东出资达到法定资本最低限额。

（3）股东共同制定公司章程。

（4）有公司名称，建立符合有限责任公司要求的组织机构。

（5）有固定的生产经营场所和必要的生产经营条件。

3. 登记程序

有限公司的登记程序：审查→受理→决定。

4. 登记期限

（1）材料不齐全、形式不合法的，5日内告知申请人需要补正的全部内容。

（2）材料齐全、形式合法，不需核实的，当场决定受理，做出准予登记决定，10日内核发《营业执照》。

（3）需要核实的，自受理之日起15日内核实，并做出是否准予登记的决定，准予登记的，10日内核发《营业执照》。

5. 应提交的申请材料目录

一般有限责任公司设立登记应提交的材料如下：

（1）公司法定代表人签署的《公司设立登记申请书》。

（2）全体股东签署的《指定代表或者共同委托代理人的证明》（股东为自然人的由本人签字；自然人以外的股东加盖公章）及指定代表或委托代理人的身份证复印件（本人签字）。应标明具体委托事项、被委托人的权限、委托期限。

（3）全体股东签署的公司章程（股东为自然人的由本人签字；自然人以外的股东加盖公章）。

（4）股东的主体资格证明或者自然人身份证明复印件。股东为企业的，提交《营业执照》副本复印件；股东为事业法人的，提交事业法人登记证书复印件；股东为社团法人的，提交社团法人登记证复印件；股东为民办非企业单位的，提交民办非企业单位证书复印件；股东为自然人的，提交身份证复印件。

（5）依法设立的验资机构出具的验资证明。

（6）股东首次出资是非货币财产的，提交已办理财产权转移手续的证明文件。

（7）董事、监事和经理的任职文件及身份证明复印件。

依据《中华人民共和国公司法》和公司章程的规定和程序，提交股东会决议、董事会决议或其他相关材料。股东会决议由股东签署（股东为自然人的由本人签字；自然人以外的股东加盖章），董事会决议由董事签字。

（8）法定代表人任职文件及身份证明复印件。根据《中华人民共和国公司法》和公司章程的规定及程序，提交股东会决议、董事会决议或其他相关材料。股东会决议由股东签署（股东为自然人的由本人签字；自然人以外的股东加盖章），董事会决议由董事签字。

（9）住所使用证明。自有房产提交产权证复印件；租赁房屋提交租赁协议复印件及出租方的房产证复印件；未取得房产证的，提交房地产管理部门的证明或者购房合同及房屋销售许可证复印件；出租方为宾馆、饭店的，提交宾馆、饭店的《营业执照》复印件。

（10）《企业名称预先核准通知书》。

（11）法律、行政法规和国务院决定规定设立有限责任公司必须报经批准的，提交有关的批准文件或者许可证书复印件。

（12）公司申请登记的经营范围中有法律、行政法规和国务院决定规定必须在登记前报经批准的项目，提交有关的批准文件或者许可证书复印件或许可证明。

依照《中华人民共和国公司法》《中华人民共和国市场主体登记管理条例》设立的除一人有限责任公司和国有独资公司外的有限责任公司申请设立登记适用本规范。

《公司设立登记申请书》《指定代表或者共同委托代理人的证明》可以通过国家市场监督管理总局官方网站下载或者到各工商行政管理机关领取。

以上各项未注明提交复印件的，应当提交原件；提交复印件的，应当注明"与原件一致"并由股东加盖章或签字。

四、一人有限责任公司设立登记

1. 登记依据

一人有限责任公司的登记依据：《中华人民共和国公司法》《中华人民共和国行政许可法》《中华人民共和国市场主体登记管理条例》。

2. 办理程序

一人有限责任公司的办理程序为：名称预先核准→向工商登记机关申请登记→工商登记机关审查、受理（当场或5日内）→工商行政机关当场做出是否准予登记的决定→发核准决定书（当场）→颁发《营业执照》（核准决定做出后10日内）。

3. 申报材料

（1）公司法定代表人签署的设立登记申请书。

（2）股东指定代表或者委托代理人的证明。证明应由股东盖章或签字（自然人股东），应标明具体委托事项和被委托人的权限。

（3）公司章程。

（4）依法设立的验资机构出具的验资证明，法律、行政法规另有规定的除外。

（5）股东首次出资是非货币财产的，应当在公司设立登记时提交已办理其财产权转移手续的证明文件。

（6）股东的主体资格证明或者自然人身份证明（复印件）。

（7）载明公司董事、监事、经理的姓名、住所的文件以及有关委派、选举或者聘用的证明。根据公司章程的规定和程序，提交股东决议，由股东盖章或签字（自然人股东）。

（8）公司法定代表人任职文件和身份证明。根据本公司章程的规定和程序，提交股东决议。股东决议由股东盖章或签字（自然人股东）。

（9）企业名称预先核准通知书。

（10）公司住所证明。自有房产提交产权证复印件；租赁房屋提交租赁协议原件或复印件以及出租方的产权证复印件；以上不能提供产权证复印件的，提交其他房屋产权使用证明复印件。

（11）国家市场监督管理总局规定要求提交的其他文件。外商投资的有限责任公司的股东首次出资额应当符合法律、行政法规的规定，其余部分应当自公司成立之日起 2 年内缴足，其中，投资公司可以在 5 年内缴足。

（12）法律、行政法规规定设立有限责任公司必须报经审批的，提交有关部门的批准文件。

（13）公司的经营范围中，属于法律、行政法规规定必须报经审批项目的，提交有关部门的批准文件。

案例 8-3

商标注册与侵权事件

由 iPad 商标风波而引发的苹果和唯冠之间的诉讼早已为大众熟知，如日中天的苹果公司要在中国付出一大笔和解费。而随着此后 Facebook 在华注册商标的新闻爆出，商标抢注一时成为众矢之的，但在商业社会里，商标战本就是正常的竞争策略，商业问题道德化解决不了问题。

其实 iPad 商标不是苹果在华遭遇的第一场商标纠纷，此前因为"i-phone"商标苹果已经吃过一次亏。早在 2002 年，苹果公司就向中国商标局提交了"IPHONE"商标的注册申请，但让人无法理解的是，商标的类别居然只包括计算机软件和硬件，而未涵盖电话和移动电话类。结果到 2004 年，汉王针对电话机、手提电话、可视电话等商品申请了"i-phone"商标，并获得注册通过。

由于这个让人十分不解且低级的失误，导致苹果的 iPhone 手机在 2007 年发布后迟迟无法进入中国。直到 2009 年 7 月 18 日，苹果与汉王达成协议，向汉王支付了 365 万美元，折合人民币 2 490.46 万元，才最终拿回了这个商标。

对于负债 30 多亿的深圳唯冠来说，否认曾参与卖出中国区商标显然是合理策略。而这次 iPad 商标案中，此前苹果通过代理公司仅花了 3.5 万英镑就取得了唯冠的相关商标。而如今当唯冠已经负债高达 38 亿时，这家公司发现买卖商标的合同居然存在漏洞，而 iPad 商标的真正买家是苹果。显然利用合同的漏洞去保住商标所有权，并以此"痛宰"苹果公司一顿才是合理选择。

这次苹果遭受如此大的麻烦,根本的原因还是自己没有做好前期的商标保护。实际上,每一次的商标纠纷背后都是企业对于自己公司品牌保护意识的不足。而至于苹果当年在中国注册"IPHONE",居然没有注册移动电话的分类,正是因为当初对自己的品牌保护不力,商标意识不足,所以才会有后面动辄长达数年的商标诉讼。

2014年7月2日消息,据广东省高级人民法院官方透露,苹果公司与深圳唯冠就iPad商标案达成和解,苹果公司向深圳唯冠公司支付6 000万美元。本案调解协议于2014年6月25日生效,苹果公司于6月28日向该案的一审法院深圳市中级人民法院申请强制执行上述民事调解书。深圳中院向国家市场监督管理总局商标局送达了将涉案iPad商标过户给苹果公司的裁定书和协助执行通知书。

(资料来源:iPad商标侵权案,百度百科,2014-07-02。)

任务四　新企业管理

一、新企业管理的特殊性

在全球创业观察(GEM)的报告中,新企业指的是成立时间为42个月以内的企业。新企业在发展过程中,容易遭遇资金不足、制度不完善及因人设岗等问题。企业主要把希望寄托在产品(服务)的市场前景和创业者的企业家精神上,而企业的财务资本、人力资本、技术水平、治理结构和管理制度都十分有限,更没有品牌、商誉等无形资产,生存是企业的首要任务。因此,企业不仅要面临外部环境竞争的极大压力,还要面对各种资源短缺的压力。

(1)新企业创业初期是以生存为首要目标的行动阶段。创业初期的首要任务是在市场中生存下来,让消费者认识和接受自己的产品或服务。只有这样,企业才能够持续地为顾客创造价值,才能继续发展壮大。因此,在创业阶段,企业应始终将"生存"放在第一位,一切行为都要围绕生存而运作,一切危及生存的做法都必须予以避免。不要空谈理想,而忽略了企业生存这一根基;也不要墨守成规、只顾眼前,而失去了企业发展的大好机会;最忌讳的,就是在创业阶段不切实际地进行盲目扩张,其结果只会是:不但不会成功"跨越",反而会加速创业企业的灭亡。

(2)新企业创业初期是主要依靠自有资金创造自由现金流的阶段。现金流是指不包括资本支出及纳税和利息支出的经营活动的净现金流。它就像是人的血液,企业可以承担暂时的亏损,但不能承受现金流的中断。新企业创业初期,企业需要大量的资金用于购买机器、厂房、办公设备、生产资料、技术研究与开发、销售等,而该时期企业的资金来源有限,风险较大、风险承受能力有限,产品刚投入市场,销路尚未打开,造成产品积压,现金的流出经常大于现金的流入，资金相对匮乏。由于一般投资者无法承受巨大的风险，而企业又没有过去的经营记录和信用记录。因此，新企业从银行获取贷款的可能性和向新投资者获取权益性资金的可能性均很小，企业主要依靠创业者自己或朋友亲戚的资金资助，通过加大营销力度，扩大市场份额和规模来创造自由现金流，以解决企业的生存问题。

（3）新企业创业初期是充分调动"所有的人做所有的事"的群体管理阶段。新企业创业初期组织结构比较简单，创业者或经理不仅对部门负责，而且和部门负责人一起对企业的全体员工及其岗位，创业者或核心管理者常常既是管理者，又是技术人员或市场业务员，甚至总经理、总工程师、市场部经理等都是创业者一人兼任。企业组织很不正规，没有明确的分工，采取个人独立工作或分散的小组运作方式，通常有许多人同时担任好几种职责，但效率高。

（4）新企业创业初期是一种"创业者亲自深入运作细节"的阶段。新企业创业初期由于企业规模较小，组织管理的层次较少，管理上基本都是直线控制指挥，一般为企业家、创业者直接领导，他们处于最强有力的位置，采用仁慈独裁式或独裁式领导。事无巨细，一般要创业者直接参与决策，甚至创业者本人到第一线直接参与经营活动。创业者是企业的核心，控制并参与企业的全部经营业务，包括原材料、能源、经营、资产与合作。

二、新企业的组织管理

1. 企业的组织架构

企业的组织架构主要有以下几种形式：

（1）直线制。直线制是一种最早也最简单的组织形式。其特点是企业各级行政单位从上到下实行垂直领导，下属部门只接受一个上级的指令，各级主管负责人对所属单位的一切问题负责。厂部不另设职能机构，一切管理职能基本上都由行政主管自己执行。

（2）职能制。职能制组织结构是各级行政单位除主管负责人外，还相应地设立一些职能机构。如在厂长下面设立职能机构和人员，协助厂长从事职能管理工作。这种结构要求行政主管把相应的管理职责和权力交给相关的职能机构，各职能机构就有权在自己业务范围内向下级行政单位发号施令。因此，下级行政负责人除了接受上级行政主管指挥外，还必须接受上级各职能机构的领导的指挥。

（3）直线—职能制。直线—职能制也称为生产区域制或直线参谋制。它是在直线制和职能制的基础上，取长补短，吸取这两种形式的优点而建立起来的。目前，绝大多数企业都采用这种组织结构形式。这种组织结构形式是把企业管理机构和人员分为两类，一类是直线领导机构和人员，按命令统一原则对各级组织行使指挥权；另一类是职能机构和人员，按专业化原则，从事组织的各项职能管理工作。直线领导机构和人员在自己的职责范围内有一定的决定权和对所属下级的指挥权，并对自己部门的工作负全部责任。而职能机构和人员则是直线指挥人员的参谋，不能对直接部门发号施令，只能进行业务指导。

（4）事业部制。事业部制最早是由美国通用汽车公司总裁阿尔弗雷德·斯隆于1924年提出的，故有"斯隆模型"之称，也称"联邦分权化"，是一种高度（层）集权下的分权管理体制。其适用于规模庞大、品种繁多、技术复杂的大型企业，是国外较大的联合公司所采用的一种组织形式，近几年，我国一些大型企业集团或公司也引进了这种组织结构形式。

（5）矩阵制。在组织结构上，把既有按职能划分的垂直领导系统，又有按产品（项目）划分的横向领导关系的结构，称为矩阵组织结构。矩阵制组织是为了改进直线职能制横向联系差、缺乏弹性的缺点而形成的一种组织形式。其特点表现在围绕某项专门任务成立跨职能部门的专门机构上，例如，组成一个专门的产品（项目）小组去从事新产品开发工作，在研究、设计、试验、制造各个不同阶段，由有关部门派人参加，力图做到条块结合，以协调有关部门的活动，保证任务的完成。这种组织结构形式是固定的，人员却是变动的，任务完成后就可以离开。项目小组及负责人也是临时组织和委任的，任务完成后就解散，有关人员回原单位工作。因此，这种组织结构非常适用于横向协作和攻关项目。

2. 企业主要部门及职责

无论企业是什么组织结构，营销部、采购部、制造部、财务部、人力资源部、信息部、技术部是最基本和最重要的部门之一。这些部门职能的完成情况和它们之间的相互协作情况基本上决定了整个企业的绩效。

（1）营销部。企业的利润是由销售收入带来的，销售实现是企业生存和发展的关键。而销售订单的取得依赖于市场营销的力度。随着市场竞争的加剧，企业的销售工作越来越难，人们发现单靠销售部门努力去推销很难实现企业的目标。必须靠与营销结合才能不断推动企业的销售工作，实现企业的战略目标。

（2）采购部。采购是企业运作的重要环节。据统计，产品成本的1/3是物料成本，而采购价格是物料成本的重要组成部分。另外，采购承担着为企业获取资源的责任，保证企业连续生产运作。在信息化和市场竞争一体化的形式下，采购理念和职能都在不断更新，基于供应链模式下完成采购职能是采购管理的最有效方式。现代采购管理从职能管理转向流程管理，从采购管理转向供应管理，从企业间交易性管理转向关系性管理，从零和竞争转向多赢竞争，从简单的多元化经营转向核心竞争力管理。供应链管理成了采购管理职能的重要内容。

（3）制造部。生产制造是企业价值创造的主要承担者，承担着企业产品形成的功能。现代企业的生产要求及时快速地生产出市场需要的产品，而且成本要求越来越低，质量要求越来越高，生产管理在方法上不断创新，ERP、JIT、全面质量管理及 ISO9000 质量管理体系在企业生产管理中得到广泛应用，生产制造部门承担的职责不断强化，计划的准确性不断提高，企业精细化集成管理时代已经到来。

（4）财务部。财务部包括企业财务和会计的职能，是企业资金运转和利用效率的管理者。

（5）人力资源部。人力资源是企业最重要的竞争资本，人力资源的管理也成为现代企业管理最重要的方面。

（6）信息部。信息部是企业收集企业内部动态、市场、客户、竞争对手，以及国家即将推行的各种行业相关政策等信息的部门，信息的重要性在这个互联网时代已经不言而喻，谁能预先得到有价值的信息，谁就离成功更近一步。

（7）技术部。企业技术部的职能主要是为企业研发新产品，开发产品新功能，维护企业内部信息化设备、企业生产设备、计算机、局域网络等通信设施等。

3. 新企业的战略选择

"竞争战略之父"迈克尔·波特提出了三大基本战略，即低成本战略、差异化战略和专一化战略。迈克尔·波特认为，这些战略类型的目标是使企业的经营在产业竞争中高人一筹。在一些产业中，这意味着企业可取得较高的收益；而在另外一些产业中，一种战略的成功可能只是企业在绝对意义上能获取些微收益的必要条件。有时企业追逐的基本目标可能不止一个，但迈克尔·波特认为这种情况实现的可能性是很小的，因为有效贯彻任何一种战略，通常都需要全力以赴，并且要有一个支持这一战略的组织安排。如果企业的基本目标不止一个，则这些方面的资源将被分散。

（1）低成本战略。成本领先要求坚决地建立起高效规模的生产设施，在经验的基础上全力以赴降低成本，抓紧成本与管理费用的控制，以及最大限度地减少研究开发、服务、推销、广告等方面的成本费用。

（2）差异化战略。差异化战略是将产品或公司提供的服务差别化，树立起一些全产业范围中具有独特性的东西。实现差异化战略可以有许多方式，如设计名牌形象、技术、性能特点、顾客服务、商业网络及其他方面的独特性。

（3）专一化战略。专一化战略是从竞争态势和全局出发进行专一化，把有限的人力、财力、物力、领导的关注力、企业的潜在力等聚焦在某一方面，力求从某一局部、某一专业、某一行业进行渗透和突破，形成和凸显企业自身的优势，争取企业在竞争中的主动性和有利形势。它是一种避免全面出击、平均使用力量的创业战略，更是一种进行市场和产品的深度开发、促进企业获取超额利润的竞争战略。

波特认为，这三种战略是每一个公司必须明确的，因为徘徊其间的公司处于极其糟糕的战略地位。这样的公司缺少市场占有率，缺少资本投资，从而削弱了"打低成本牌"的资本。全产业范围的差别化的必要条件是放弃对低成本的努力。而采用专一化战略，在更加有限的范围内建立起差别化或低成本优势，更会面临同样的问题。徘徊其间的公司几乎注定是低利润的，所以，它必须做出一种根本性战略决策，向三种通用战略靠拢。一旦公司处于徘徊状态，摆脱这种令人不快的状态往往要花费很长时间并经过一段持续的努力；而相继采用三个战略，波特认为注定会失败，因为它们要求的条件是不一致的。

三、新企业的营销管理

成熟企业往往设有专门的营销费用，可以承受高额的广告费、赞助费等，而且在市场中已经有了一些知名度，做营销相对容易。而新企业做营销是比较困难的，主要是因为新企业资源有限，而营销资源又更是有限。那初创企业怎样做营销呢？关键就要是"准"。

精准的市场定位能够有效弥补新企业在营销资源上的短板,并且有助于企业快速抓住市场机会。

(一)市场营销调研

市场营销是计划和执行关于商品、服务及创意的观念、定价、促销、分销,以创造符合个人和组织目标交换的一种过程。最简短的定义就是"有利益地满足需求"。

企业要实现利润,首先必须满足顾客的需求。企业对目标市场的顾客越了解,提供的产品或服务就越能满足顾客的需求。因此,从创业的第一天开始,创业者就必须不停地思考以下问题:谁是我们的顾客?我们的市场由哪些顾客组成?市场是如何细分的?我们通过什么方式吸引顾客?顾客为什么选择我们的产品而不是竞争对手的产品?竞争对手是谁及怎样才能使竞争更有成效?真正的市场营销人员所采取的第一个步骤,就是要调查研究,即市场营销调研。

市场营销调研是针对企业特定的营销问题或寻找机会,采用科学的研究方法,系统、客观地收集、整理、分析、解释和沟通有关市场营销各方面的信息,为营销管理者制订、评估和改进营销决策提供依据。

(二)市场细分

1. 市场细分的概念

市场细分的概念是美国市场学家温德尔·史密斯(Wendell Smith)于20世纪50年代中期提出来的。市场细分是指营销者通过市场调研,依据消费者的需要和欲望、购买行为和购买习惯等方面的差异,把某一产品的市场整体划分为若干消费者群的市场分类过程。每一个消费者群就是一个细分市场,每一个细分市场都是由具有类似需求倾向的消费者构成的群体。

2. 市场细分的步骤

市场细分作为一个比较、分类、选择的过程,通常有以下几步:

(1)确定进入市场的范围。企业根据自身的经营条件和经营能力确定进入市场的范围,如进入什么行业,生产什么产品,提供什么服务。

(2)进一步确定细分标准。市场细分标准指的是以消费者所具有的明显不同的特征为分类的依据。常见的市场细分标准见表8-2。

表 8-2 市场细分标准

细分标准	具体变量
地理环境	国别、城乡、气候、交通、地理位置等
人口因素	年龄、性别、职业、收入、教育程度等
心理因素	个性、兴趣、爱好、生活方式等
购买行为	购买动机、追求利益、使用频率、品牌与商标的信赖程度等

(3)分析潜在顾客的不同需求,初步划分市场。企业将所列出的各种需求通过抽样调查,进一步收集有关市场信息与顾客背景资料,然后初步划分出一些差异最大的细分市场,至少从中选出三个分市场。

(4)剔除无效市场。根据有效市场细分的条件,对所有细分市场进行分析研究,剔除不合要求、无用的细分市场。

(5)为细分市场定名。为便于操作,可结合各细分市场上顾客的特点,用形象化、直观化的方法为细分市场定名,如某旅游市场分为商人型、舒适型、好奇型、冒险型、享受型、经常外出型等。

(6)充分分析细分市场的特点。进一步对细分后选择的市场进行调查研究,充分认识各细分市场的特点,本企业所开发的细分市场的规模、潜在需求,还需要对哪些特点进一步分析研究等。

(7)决定细分市场规模,选定目标市场。企业在各子市场中选择与本企业经营优势和特色相一致的子市场,作为目标市场。没有这一步,就没有达到细分市场的目的。

(三)选择目标市场

目标市场是企业经营活动所要满足的市场,是企业为实现预期目标要进入的市场。一旦公司确定了市场细分方案,就必须评估各种细分市场和决定为多少个细分市场服务。

企业进行目标市场选择的营销策略一般有无差异性营销、差异性营销和集中性营销。

1. 无差异性营销

实行无差异性营销策略的企业将整体市场视为一个大的目标市场,不进行细分,用同一种产品、统一的市场营销组合对待整个市场。例如,可口可乐公司早期曾使用无差异性营销,推出的饮料具有单一的价格和单一的口味,来满足所有顾客的需要。运用这种策略,可以获得成本的经济性。产品种类少,有利于降低生产、库存和运输成本。

广告计划之间的无差异,可以降低广告成本。无须进行细分市场的调研工作和筹划工作,可以降低市场营销调研和生产管理成本。但是,实践证明,用一种产品或品牌同时满足所有顾客的全部需要,几乎是不可能的。

无差异性营销的主要优点是成本的经济性;其缺点是顾客的满意度低,适用范围有限。

2. 差异性营销

差异性营销是一种以市场细分为基础的目标市场策略。采用这种策略的企业,将产品的整体市场划分为若干细分市场,从中选择两个以上乃至全部细分市场作为自己的目标市场,并为每个选定的细分市场制订不同的市场营销组合方案,同时,多方位或全方位地分别开展针对性的营销活动。例如,某服装公司为不同性别、不同年龄段、不同收入水平、不同生活方式的消费者提供不同颜色、不同规格、不同款式、不同档次的服装,并运用不同的传播策略进行广告宣传,就是差异性营销策略。

差异性营销的主要优点是可以有针对性地满足具有不同需求特征的顾客群,提高产品的竞争力并能够树立起良好的市场形象，吸引更多的购买者。但是，由于产品品种、销售渠道、广告宣传的多样化，市场营销费用会大大增加，差异性营销的优势成为其劣势。问题还在于，市场营销成本增加的同时，并不保证效益会同步上升。因此，企业要防止把市场分得过细。如果分得过细，要进行"反细分"，或扩大顾客的基数。

差异性营销策略显然能比无差异性营销创造更大的销售额，越来越多的公司正在接受这种策略。

3. 集中性营销

集中性营销策略追求的目标不是在较大的市场上占有较小的市场份额，而是在一个或几个市场上有较大的甚至是领先的市场份额。其优点是适应了本企业资源有限这一特点，可以集中力量向某一特定子市场提供最好的服务，而且经营目标集中，管理简单方便。使企业经营成本得以降低，有利于集中使用企业资源，实现生产的专业化，实现规模经济的效益。

集中性营销对环境的适应能力较差，有较大风险，放弃了其他市场机会。如果目标市场突然变化，如价格猛跌、购买者兴趣转移等，企业就有可能陷入困境。集中单一产品或服务的增长战略风险较大，因为一旦企业的产品或服务的市场萎缩，企业就会面临困境。因此，企业在使用单一产品或服务的集中增长战略时要谨慎。

这种策略特别适用于势单力薄的初创企业。

（四）市场定位

市场定位是指根据竞争者现有产品在市场上所处的位置，针对消费者或用户对该种产品的某种特征、属性和核心利益的重视程度，强有力地塑造出此企业产品与众不同的、给人印象深刻、鲜明的个性或形象，并通过一套特定的市场营销组合把这种形象迅速、准确而又生动地传递给顾客，影响顾客对该产品的总体感觉。

市场定位的关键是企业要设法在自己的产品上找出比竞争者更具有竞争优势的特性。竞争优势一般有两种基本类型：一是价格竞争优势，就是在同样的条件下比竞争者定出更低的价格。这就要求企业采取一切努力来降低单位成本。二是偏好竞争优势，即能提供确定的特色来满足顾客的特定偏好。这就要求企业采取一切努力在产品特色上下功夫。因此，企业市场定位的全过程可以通过以下三大步骤来完成。

1. 识别潜在竞争优势

这一步骤的中心任务是要回答以下三个问题：

（1）竞争对手产品定位如何？

（2）目标市场上顾客欲望满足程度如何及确实还需要什么？

（3）针对竞争者的市场定位和潜在顾客的真正需要的利益要求企业应该及能够做什么？

要回答这三个问题，企业市场营销人员必须通过一切调研手段，系统地设计、搜索、分析并报告有关上述问题的资料和研究结果。

通过回答上述三个问题，企业就可以从中把握和确定自己的潜在竞争优势在哪里。

2. 核心竞争优势定位

竞争优势表明企业能够胜过竞争对手的能力。这种能力既可以是现有的，也可以是潜在的。选择竞争优势实际上就是一个企业与竞争者各方面实力相比较的过程。比较的指标应是一个完整的体系，只有这样，才能准确地选择相对竞争优势。通常的方法是分析、比较企业与竞争者在经营管理、技术开发、采购、生产、市场营销、财务和产品七个方面究竟哪些是强项，哪些是弱项。借此选出最适合此企业的优势项目，以初步确定企业在目标市场上所处的位置。

3. 战略制定

战略制定的主要任务是企业要通过一系列的宣传促销活动，将其独特的竞争优势准确传播给潜在顾客，并在顾客心目中留下深刻印象。

（1）应使目标顾客了解、知道、熟悉、认同、喜欢和偏爱此企业的市场定位，在顾客心目中建立与该定位相一致的形象。

（2）企业通过各种努力强化目标顾客形象，保持对目标顾客的了解，稳定目标顾客的态度和加深目标顾客的感情来巩固与市场相一致的形象。

（3）企业应注意目标顾客对其市场定位理解出现的偏差，或由于企业市场定位宣传上的失误而造成的目标顾客模糊、混乱和误会，及时纠正与市场定位不一致的形象。企业的产品在市场上定位即使很恰当，但在下列情况下，还应考虑重新定位：

1）竞争者推出的新产品定位于此企业产品附近，侵占了此企业产品的部分市场，使此企业产品的市场占有率下降。

2）消费者的需求或偏好发生了变化，使此企业产品销售量骤减。

重新定位是指企业为已在某市场销售的产品重新确定某种形象，以改变消费者原有的认识，争取有利的市场地位的活动。如某日化厂生产婴儿洗发剂，以强调该洗发剂不刺激眼睛来吸引有婴儿的家庭。但随着出生率的下降，销售量减少。为了增加销售，该企业将产品重新定位，强调使用该洗发剂能使头发松软有光泽，以吸引更多、更广泛的购买者。重新定位对于企业适应市场环境、调整市场营销战略是必不可少的，可以视为企业的战略转移。重新定位可能导致产品的名称、价格、包装和品牌的更改，也可能导致产品用途和功能上的变动，企业必须考虑定位转移的成本和新定位的收益问题。

四、新企业的财务管理

财务管理是企业管理活动的一项重要内容，是对资金进行的管理，主要解决企业资金的筹集、运用和分配等问题。财务管理讲求成本效益原则，对资金进行管理，使企业资金更有效地为企业带来效益。

（一）记好流水账和日记账

1. 流水账

流水账是一种简单的账目，是按照企业每天发生的收入和支出事项的时间顺序，把所花费和收入的金额及时记录下来的一种记账的方法，见表8-3。流水账并不是规范的财务记账方法，一般只对内不对外，可以任意更改，还可以根据流水账编制记账凭证。

表8-3 企业日常流水账

××年		摘要	收入	支出	余额	备注
月	日					

2. 日记账

日记账属于比较正规的账簿，是根据编制的原始凭证登记的，不允许任意更改，即使想更改也需按规定的格式更改。日记账在编写的时候，要注意保证清晰、明确、完整，一目了然，也就是说要简洁无重复，这是十分重要的。

日记账有以下几种类型：

（1）现金日记账：记录每日的现金收支情况。

（2）银行日记账：记录每天银行账户的收支情况。

（3）销售日记账：记录每天的销售收入情况。

（4）采购日记账：记录每天采购的物品和支出情况。

（二）看懂三大财务报表

看懂三大财务报表——资产负债表、损益表、现金流量表是创业者的必备技能。创业者一定不要怕面对财务数字，不要怕进行财务分析，因为财务是企业最关键的事项，它能帮助创业者优化事务决策，帮助分析经营状况，并能帮助更快创造价值。

（三）做好财务预算

财务预算主要是指月预算、季度预算、半年度预算和年度预算，财务预算数据作为财务对现金流控制的基础依据，分析预算的各类成本费用是否合理。例如，了解货币资金的未来使用情况，将本年度预算和货币资金对比，货币资金不够，那么需要如何调整或企业必须在上半年度内实现营业利润兑现；如货币资金足够，并且过多，企业股东考虑扩展业务，那么有多少资金可以使用，能够周转多少时间等。

（四）注意企业的现金流

现金流是决定企业的资金周转能力及自身融资潜力的重要指标。现金流还是银行贷款时关注的重要指标，是银行衡量企业偿还能力的一大标准。

对于新企业，资金缺乏是最为普遍的问题，如果创业者不能及时解决，非常容易造成创业夭折。因此，创业者要特别注意，在创业初期资金不要被固定资产占用太多，在企业经营的任何时期，必须保持正的现金流，不能让现金断流。

（五）做好税务筹划

税务筹划又称"合理避税""税收筹划"，是指在纳税行为发生之前，在不违反法律、法规（税法及其他相关法律、法规）的前提下，通过对纳税主体（法人或自然人）的经营活动或投资行为等涉税事项做出事先安排，以达到少缴税或递延纳税目标的一系列谋划活动。

我国对一些特殊的行业企业（如废品回收、农林牧渔、福利企业等）会有特殊的税收优惠，企业可根据实际情况创造条件来达到合法避税的目的。

五、新企业生产管理

1. 物资需求计划

物资需求计划（Material Requirement Planning，MRP）与主生产计划一样属于ERP计划管理体系。其主要解决企业生产中的物资需求与供给之间的关系，即无论是对独立需求的物资，还是相关需求的物资，物资需求计划都要解决"需求什么、现有什么、还缺什么、什么时候需要"等几个问题。它是一个时段优先计划系统，其主要对象是决定制造与采购的净需求计划。它是由主生产计划推动运行的，但是，它又是主生产计划的具体化和实现主生产计划的保证计划。制订物资需求计划前就必须具备以下基本数据：第一项数据是主生产计划，它指明在某一计划时间段内应生产出的各种产品和备件，它是物资需求计划制订的一个最重要的数据来源；第二项数据是物资清单（简称BOM），它指明了物资之间的结构关系，以及每种物资需求的数量，它是物资需求计划系统中最为基础的数据；第三项数据是库存记录，它把每个物资品目的现有库存量和计划接受量的实际状态反映出来；第四项数据是提前期，决定着每种物资何时开工、何时完工。应该说，这四项数据都是至关重要、缺一不可的。其基本计算步骤如下：

（1）计算物资的毛需求量。即根据主生产计划、物资清单得到第一层级物资品目的毛需求量，再通过第一层级物资品目计算出下一层级物料品目的毛需求量，依次一直往下展开计算，直到最低层级原材料毛坯或采购件为止。

（2）净需求量计算。即根据毛需求量、可用库存量、已分配量等计算出每种物资的净需求量。

（3）批量计算。即由相关计划人员对物料生产做出批量策略决定，无论采用何种批量规则或不采用批量规则，净需求量计算后都应该表明有无批量要求。

（4）安全库存量、废品率和损耗率等的计算。即由相关计划人员来规划是否要对每个物料的净需求量做这三项计算。

（5）下达计划订单。下达计划订单是指通过以上计算后，根据提前期生成计划订单。物资需求计划所生成的计划订单，要通过能力资源平衡确认后，才能开始正式下达计划订单。

（6）再一次计算。物资需求计划的再次生成大致有两种方式，第一种方式会对库存信息重新计算，同时覆盖原来计算的数据，生成的是全新的物资需求计划；第二种方式则只是在制订、生成物资需求计划的条件发生变化时，才相应地更新物资需求计划有关部分的记录。这两种生成方式都有实际应用的案例，至于选择哪一种要看企业实际的条件和状况。

总之，物资需求计划模块是企业生产管理的核心部分，该模块制订的准确性将直接关系到企业生产计划是否切实可行。

2. 能力需求计划

能力需求计划（Capacity Requirement Planning，CRP）是帮助企业在分析物资需求计划后产生出一个切实可行的能力执行计划的功能模块。该模块帮助企业在现有生产能力的基础上，及早发现能力的瓶颈所在，提出切实可行的解决方案，从而为企业实现生产任务提供能力方面的保证。

通常，编制能力需求计划的方式有无限能力负荷计算和有限能力负荷计算两种。无限能力负荷计算是指在不限制能力负荷情况下进行能力计算，即从订单交货期开始，采用倒排的方式根据各自的工艺路线中的工作中心安排及工时定额进行计算。但是，这种计算只是暂时不考虑生产能力的限制，在实际执行计划过程中无论由于什么原因，如果企业不能按时完成订单，就必须采用顺排生产计划、加班、外协加工、替代工序等方式来保证交货期。这时，有限能力负荷计算方式就派上了用场。有限能力负荷计算就是假定工作中心的能力是不变的，把拖期订单的当期日期剩下的工序作为首序，向前顺排，对后续工序在能力允许下采取连续顺排不断地实现计划，以挽回订单交货期。编制能力需求计划遵照如下思路：首先，将MRP计划的各时间段内需要加工的所有制造件通过工艺路线文件进行编制，得到所需要的各工作中心的负荷；然后，再同各工作中心的额定能力进行比较，提出按时间段划分的各工作中心的负荷报告；最后，由企业根据报告提供的负荷情况及订单的优先级因素加以调整和平衡。

（1）收集数据。能力需求计划计算的数据量相当大，通常能力需求计划在具体计算时，可根据MRP下达的计划订单中的数量及需求时间段，乘以各自的工艺路线中的工时定额，转换为需求资源清单，加上车间中尚未完成的订单中的工作中心工时，成为总需求资源，再根据现有的实际能力建立起工作中心可用能力清单，有了这些数据，才能进行能力需求计划的计算与平衡。

（2）计算与分析负荷。将所有的任务单分派到有关的工作中心上，然后确定有关工作中心的负荷，并从任务单的工艺路线记录中计算出每个有关工作中心的负荷。然后，分析每个工作的负荷情况，确认导致各种具体问题的原因所在，以便正确地解决问题。

（3）能力/负荷调整。解决负荷过小或超负荷能力问题的方法有调整能力、调整负荷与同时调整能力和负荷三种。

（4）确认能力需求计划。在经过分析和调整后，将已修改的数据重新输入相关的文件记录中，通过多次调整，在能力和负荷达到平衡时，确认能力需求计划，正式下达任务单。能力需求计划帮助企业在现有生产能力的基础上及早发现能力的瓶颈，提出切实可行的解决方案，从而为企业实现生产任务提供能力方面的保证。

3. 主生产计划

企业资源计划（Enterprise Resource Planning，ERP）作为一个利用现代企业的先进管理思想，同时借助信息技术手段，为企业提供经营、决策的全方位、系统化的管理平台，其设计思想自然也是以计划为主线而展开的。一般来说，ERP 计划管理体系大致可分为销售计划、生产加工计划、主生产计划、能力需求计划和物资需求计划等几个层次。

具体来说，主生产计划在企业经营管理中主要行使以下几项基本功能：

（1）把企业生产大纲同具体的作业计划联系起来。主生产计划就是通过对被制造的产品进行详细的计划，来决定企业"将要生产什么、生产多少、何时完成"。它比生产大纲或生产规划更加详细具体，是切合实际的、可实施的计划。

（2）主生产计划把企业管理层计划、物资需求计划、能力需求计划与日程计划联系在一起，并且在整个计划过程中始终贯穿财务成本控制的概念，对企业资源进行一体化的、全过程的计划。

（3）为生产计划管理者提供了一个"控制工具"。主生产计划是企业管理者控制之下最重要的一组计划数据，基于此，企业管理者对整个生产经营过程就有了控制、评价的依据。

一般来说，制订主生产计划应遵照的程序：首先，企业通过客户订单、预测、备品备件、厂际间需求、客户选择件及附加件、计划维修件等多种信息途径，准备产品需求信息，确定产品总需求；其次，企业根据总需求、现有库存量、企业计划等要素条件对需求产品进行搭配组合，确定每一个具体产品在每一个具体时间段的生产计划，提出初步的MPS；再次，企业要对初步的 MPS 进行可行性论证，对关键资源进行平衡，一般采取的是粗能力计划核算的方法，即以关键资源为计划对象，评价主生产计划对关键资源的总影响如何，从而决定所需能力并测定出主生产计划是可行还是不可行的方法。如果某个部门或某个关键工作中心的负荷超出可用能力过大，就要对主生产计划采取必要的调整或改变生产时间，重新进行模拟，直到基本满意为止。

这个过程一般要反复多次，调整后的主生产计划由主生产计划员确认后，才能作为提交批准或运行物资需求计划的根据。最后，企业负责部门对主生产计划进行相应的审核、批准，以保证主生产计划符合企业的经营规划。

MPS 的基本原理和基本流程：MPS 是闭环计划系统的一个部分。MPS 的实质是保证销售规划和生产规划对规定的需求（需求什么、需求多少和什么时候需求）与所使用的资源取得一致。MPS 考虑了经营规划和销售规划，使生产规划同它们相协调。它着眼于销售什么和能够制造什么，这就能为车间制订一个合适的"主生产进度计划"，并且以粗能力数据调整这个计划，直到负荷平衡。然后，主生产进度计划作为物资需求计划 MRP 的输入，MRP 用来制订所需零件和组件的生产作业计划或物资采购计划，当生产或采购不能满足 MPS 的要求时，采购系统和车间作业系统就要把信息反馈给 MPS，形成一个闭环反馈系统。

4. 产品生命周期管理

产品生命周期（Product Life Cycle，PLC）是产品的市场寿命，即一种新产品从开始进入市场到被市场淘汰的整个过程。产品生命是指市场上的营销生命，产品和人的生命一样，要经历形成、成长、成熟、衰退的周期。就产品而言，也就是要经历一个开发、引进、成长、成熟、衰退的阶段。

典型的产品生命周期一般可分成开发期、引入期、成长期、成熟期和衰退期五个阶段。

（1）第一阶段：开发期。开发期即从开发产品的设想到产品制造成功的时期。此期间该产品销售额为零，公司投资不断增加。

（2）第二阶段：引入期。新产品投入市场，便进入了引入期。此时产品品种少，顾客对产品还不了解，除少数追求新奇的顾客外，几乎无人实际购买该产品。生产者为了扩大销路，不得不投入大量的促销费用，对产品进行宣传推广。该阶段由于生产技术方面的限制，产品生产批量小，制造成本高，广告费用大，产品销售价格偏高，销售量极为有限，企业通常不能获利，反而可能亏损。

（3）第三阶段：成长期。当产品在引入期的销售取得成功之后，便进入了成长期。成长期是指产品通过试销效果良好，购买者逐渐接受该产品，产品在市场上站住了脚并且打开了销路。这是需求增长阶段，需求量和销售额迅速上升。生产成本大幅度下降，利润迅速增长。与此同时，竞争者看到有利可图，纷纷进入市场参与竞争，使同类产品供给量增加，价格随之下降，企业利润增长速度逐步减慢，最后达到生命周期利润的最高点。

（4）第四阶段：成熟期。成熟期是指产品走入大批量生产并稳定地进入市场销售，经过成长期之后，随着购买产品的人数增多，市场需求趋于饱和。此时，产品普及并日趋标准化，成本低而产量大。销售增长速度缓慢直至转而下降，由于竞争的加剧，导致同类产品生产企业之间不得不加大在产品质量、花色、规格、包装服务等方面的投入，在一定程度上增加了成本。

（5）第五阶段：衰退期。衰退期是指产品进入了淘汰阶段。随着科技的发展及消费习惯的改变等原因，产品的销售量和利润持续下降，产品在市场上已经老化，不能适应市场需求，市场上已经有其他性能更好、价格更低的新产品，足以满足消费者的需求。此时成本较高的企业就会由于无利可图而陆续停止生产，该类产品的生命周期也就陆续结束，以致最后完全撤出市场。

5. 产品定价策略

一个产品在它生命周期的不同阶段价格不同，无论企业生产的产品质量有多好，产品价格还得由市场决定。

（1）开发阶段。在产品开发阶段进入市场，定价较高，但利润较低，因为营销成本高。

（2）成长阶段。产品逐渐得到市场认可，定价较高，利润开始增长。

（3）成熟阶段。因为大多数潜在顾客已经购买，新顾客很少，价格降低或打折销售，盈利减少，营销费用加大。应在此时开发新产品并迅速引进市场。

（4）衰退阶段。原有产品销售额和利润开始下降，宣布退出市场，新产品开始盈利。

讨论交流

雪贝尔：开一间火一间

雪贝尔蛋糕店开一间火一间是业内有目共睹的。同样是蛋糕店，为什么雪贝尔就可以越开越火？

雪贝尔公司的原"选址员"、现雪贝尔深圳公司经理的倪修兵介绍说："我刚刚到雪贝尔公司的工作就是选址，在广州培训了一个月后，我就被派到了人生地不熟的深圳，专门负责公司新开蛋糕店的选址。当时我选择的店面是开一间火一间，所以，我今天才坐到了经理的位置。"那么，倪修兵选址有什么诀窍？倪修兵认为，开店的人都特别讲究一个人气，有人气才有生意。但是，是不是选择店址的时候，找准人多的地方就好呢？其实也不尽然。很多人都存在一个误区，那就是把人流量当成了一个地段好坏的唯一标准。诚然，人流量是决定生意成败的一个重要因素，但是了解客流的消费目标，才是更为重要的工作。在开店以前要研究的不是人有多少，而是这些人中，你的"潜在顾客"或者说"有效客流量"有多少。雪贝尔每建立一个新连锁店，都要做大量的最佳店址选择，其中一项最重要的工作就是测算分析人流量，他们派员工拿着秒表到目标场所测算流量。这些测算人员除要汇报日人流数量外，还要详细汇报以下数据：附近有多少路公共汽车经过；过往人中，多少是走路来的，多少是坐公共汽车来的，多少是乘出租车或开车来的，以此来分析该地区人群的消费水平和消费习惯。

据了解，倪修兵可以很快成为选址专家，还在于他很有悟性，他发现肯德基与雪贝尔都同属于一种业态，于是就取巧地看肯德基开在哪里，雪贝尔的新店址就选择在肯德基方圆百米内，这样新店生意果然火爆！

【各抒己见】

你认为影响企业选址最重要的因素是什么？你认为这些影响因素的重要性如何排序？

加多宝营销案例

鸿道集团在王老吉商标使用权到期后，决定打造自己的凉茶品牌——加多宝，以避免品牌落入他人之手。加多宝与红罐王老吉在原料、配方和包装上相同，但名字和厂家不同。双方因此展开了激烈的市场竞争。尽管王老吉品牌在商标之争中胜出，但鸿道集团通过加多宝的营销策略成为最大赢家。

加多宝通过以下几个方面的营销策略成功转型：

（1）品牌定位：加多宝采用差异化营销策略，实施"去王老吉化"战略，通过广告投入加速品牌重塑，吸引原有消费群体并拓宽消费群体。

（2）品牌宣传：加多宝结合多种营销手段，包括设立单独品牌货柜、电视广告、地铁广告、发布会等，并通过QQ、微博等社会化媒体获取消费者支持，实现立体传播策略。

（3）渠道之争：加多宝凭借其扁平化的销售网络组织和高效的业务员队伍，在渠道之战中取得优势。同时，通过设立总经销商和邮差商，确保资源能够到达终端，实现销售利润。

（4）法律之争：加多宝采取主动侵权策略，通过产品侵权、宣传侵权和法律策略，增加曝光度，让消费者可了解品牌背后的故事，以获得消费者的同情和支持。

综上所述，加多宝在品牌之争中成功转型，通过营销策略树立了自己的品牌，成为凉茶市场上的领导者。

【各抒己见】

加多宝是如何平衡吸引原有消费群体和拓宽新消费群体的需求的？加多宝是如何构建其扁平化的销售网络组织的？加多宝的成功转型对于其他企业在面临类似商标或品牌问题时有何启示？

实践案例

关于注册
新企业的注意事项

新创企业法律
组织形式选择建议

对新创企业的管理、
风险和发展的建议

◆ 模块实训

一、企业选址调研

1. 实训目标

（1）通过选址调研，制订选址方案。

（2）掌握根据创业项目的实际情况合理选址的技能。

2. 实训要求

以小组为单位，完成调研活动，包括编写调研方案、实施调研和汇报总结。

3. 实训步骤

（1）教师对全班同学进行分组，4~6人为一组，各组选出一个小组负责人。

（2）各小组选择不同的经营项目，编写调研方案，确定调研内容、调研方法、调研人员及分工等事项。调研内容包括但不限于以下几项：

1）企业的目标客户包括哪些人？

2）所选地址的日客流量是多少？

3）所选地址的房租在什么价位？

4）所选地区有多少家同行业者？他们的实力如何？

5）所选地区具有长远的发展前景吗？

6）所选地区的经济繁荣吗？

7）所选地区的消费者收入、消费者文化品位和消费心理具有什么特点？

8）所选地区的交通便利吗？

（3）实施调研方案。

（4）制订选址方案。

（5）将选址方案制作成 PPT，由小组负责人上台演示。

（6）教师进行点评。

二、企业成长调研活动

1. 实训目标

（1）了解企业所属行业特点，调研企业成长历程。

（2）分析企业成长的驱动因素和管理策略。

2. 实训要求

以小组为单位，选择比较熟悉的行业，从中选择两个比较有代表性的企业作为研究对象，对两个企业进行对比分析。

3. 实训步骤

（1）分析企业成长历程。

（2）分析企业成长的驱动因素。

（3）了解企业成长管理策略。

（4）总结企业调研所获得的启示。

参考文献

[1] 李家华. 创业基础 [M]. 北京：北京师范大学出版社，2013.

[2] 赵延忱. 民富论——创造企业的基本规律 [M]. 2版. 北京：中央编译出版社，2013.

[3] 汪戎. 创业基础——大学生创业理论与实务 [M]. 北京：高等教育出版社，2014.

[4] 林强，马超平. 大学生创业实务 [M]. 大连：大连理工大学出版社，2012.

[5] 马雅红. 大学生创新创业教育基础与能力训练 [M]. 北京：北京理工大学出版社，2016.

[6] 杨秋玲，王鹏. 创业基础 [M]. 北京：北京理工大学出版社，2019.

[7] 李燕. 创业基础 [M]. 北京：北京理工大学出版社，2018.

[8] 张兵. 大学生创新创业基础 [M]. 北京：高等教育出版社，2016.

[9] 吴亚梅，龚丽萍. 大学生创新创业教程 [M]. 重庆：重庆大学出版社，2018.

[10] 胡楠，郭勇. 大学生创新创业指导 [M]. 北京：人民邮电出版社，2017.

[11] 赵俊亚，李明. 大学生创新创业教育 [M]. 北京：清华大学出版社，2018.

[12] 胡艳，苟延杰，吕雪. 大学生创新创业基础 [M]. 成都：西南财经大学出版社，2019.

[13] 张雪黎，刘安卿. 大学生创新创业教程 [M]. 北京：人民邮电出版社，2017.

[14] 周军，方显峰. 大学生创新创业教程（慕课版）[M]. 北京：人民邮电出版社，2018.

[15] 李永芳. 大学生创新创业教育指导 [M]. 北京：航空工业出版社，2010.

[16] 刘小庆，曹静，王存芳. 大学生创新创业 [M]. 北京：人民邮电出版社，2019.